CREMONA
PAVIA
PADOVA
VERONA
MESTRE
VICENZA
LAGO DI GARDA
BRESCIA
RECOARO
GARDONE RIV.
ISEO
BERGAMO
ASIAGO
RIVA
COMO
LECCO
FELTRE
TRENTO
BELLAGIO
LAGO DI COMO
LUGANO
MADONNA DI CAMPIGLIO
APRICA
SONDRIO
S. MARTINO DI CASTROZZA
CAVALESE
TIRANO
BELLINZONA
BOLZANO BOZEN
CHIAVENNA
SOLDA SULDEN
BORMIO
ORTISEI ST. ULRICH
PONTRESINA
ST. MORITZ
MADESIMO
SAMEDAN
MERANO MERAN
BRESSANONE BRIXEN
BRUNICO BRUNECK
OBERGURGL
VIPITENO STERZING
SCUOL TARASP
DAVOS
AROSA
DISENTIS
NAUDERS
KLOSTERS
CHUR
FLIMS
SÖLDEN
GALTÜR
ISCHGL
STEINACH
FULPMES
SCHRUNS
BAD RAGAZ
GLARUS
LANDECK
ST. ANTON
SCHWYZ
INNSBRUCK
ÖTZ
ZÜRS LECH
BLUDENZ
VADUZ LIECHTENSTEIN
EINSIEDELN
SCHWAZ
IMST
BUCHS
SEEFELD
FELDKIRCH
ZUG
EHRWALD
RIEZLERN
MITTENWALD
OBERSTDORF
GARMISCH-PARTENKIRCHEN
HINDELANG
DORNBIRN
ST. GALLEN
REUTTE
SONTHOFEN
FÜSSEN
PFRONTEN
IMMENSTADT
BREGENZ
RORSCHACH
KOCHEL
OBERAMMERGAU
LINDAU
BODENSEE
BAD WIESSEE
MURNAU
WINTERTHUR
FRAUENFELD
BAD TÖLZ
KEMPTEN
FRIEDRICHSHAFEN
KREUZLINGEN
KONSTANZ
WEILHEIM
SCHONGAU
MEERSBURG
RAVENSBURG
SCHAFFHAUSEN
ÜBERLINGEN
STARNBERG
BAD WÖRISHOFEN
S
MEMMINGEN
LANDSBERG
MÜNCHEN
DONAU

Peter Janssen · Klaus Tänzler

Drachen fliegen

Mit 194 Abbildungen, davon
21 in Farbe

Vorwort von Ulrich Stanciu

nymphenburger

Fotografen: Maja Englerth, Charlie Jöst, Tilman von Mengershausen, Werner Pfändler, Alfred Pichler, Andreas Schmidtler, Josef Stellbauer, Klaus Tänzler, Michael Weingartner, Manfred Zimmermann

Demonstrationsfotos: Benny's Buidl Fabrik, Klaus Tänzler

Titelfoto: Michael Weingartner
Foto Innentitel: Klaus Tänzler
Vorsatz: Ausschnitte aus »Die Alpen im Panorama«, Verlag Morsak, Grafenau

Zeichnungen: Corinna Veit

Besonderen Dank an Peter Croeniger für die Mitarbeit an der Flugpraxis
und an Horst Jürgensmann, Bundesverkehrsministerium, für seine fachliche Beratung zum Luftrecht

5., völlig neu überarbeitete Auflage 1993

Reproduktionen: Concept GmbH, Höchberg
Satz: Concept GmbH, Höchberg
Druck: Jos. C. Huber KG, Dießen
Binden: Thomas Buchbinderei, Augsburg
Printed in Germany
ISBN 3-485-01799-X

Inhalt

Einführung

Wer heute fliegt, fliegt eigentlich nicht. Moderne Flugzeuge mit zehn komfortablen Sitzreihen nebeneinander, Bordbar und Filmvorführung, sehen innen eher aus wie gigantische Omnibusse. Die Passagiere reisen mit dem Flugzeug – daß sie sich dabei durch die Luft bewegen, ist fast Nebensache – und der gute Service läßt das Fliegen oft völlig vergessen.
Auch der Kapitän eines solchen Jumbos ist eigentlich kein Flieger mehr. Er überwacht nur noch Instrumente und Computerdaten, genauso wie es die Leute in einer Steuerzentrale am Boden machen.
Das ursprüngliche Gefühl, zu fliegen wie ein Vogel, sich mit eigener körperlicher Geschicklichkeit in der Luft zu bewegen, hat man heute im Flugzeug nicht. Dabei ist es gerade das, wovon die Menschen seit Jahrtausenden träumen.

Diesen Traum vom Vogelmenschen hat das Drachenfliegen wahr werden lassen. Mit einem Minimum an Aufwand, einem Bündel Aluminiumrohr, ein paar Stahldrähten und ca. 15 Quadratmeter Segeltuch, alles zusammen vielleicht 30 Kilogramm schwer, schwebt man durch die Luft, frei, allein, den Wind auf der Haut spürend. Man betrachtet die Erde, die Landschaft, die Menschen plötzlich aus einer Perspektive, die man nie vorher hatte. Und dieses scheinbar schwerelose Gleiten hoch über der Erde mit Flügeln, die beinahe wie angewachsen sind, ist ein Erlebnis, wie man es auf keine andere Weise im Leben bekommt. Ein Drachenpilot beschrieb das Gefühl beim Drachenfliegen: »Es ist jedesmal so, wie wenn man das erste Mal verliebt ist.«

Dabei ist der Drachen ein Gerät, das praktisch jeder Mensch bedienen kann, ähnlich wie ein Fahrrad oder ein Ruderboot. Man braucht zum Fliegen kaum Kraft, allerdings eine Menge Übung und theoretisches Wissen. Man kann im Sommer und im Winter fliegen, in Hoch- und Mittelgebirgen, an den Dünen und Klippen und – dank Schlepptechnik – sogar im Flachland. Der Drachen läßt sich zusammenlegen und leicht auf jedem Autodach transportieren, das bedeutet, daß man beinahe überall dort fliegen kann, wo man will. Vor allem aber: Die einengenden Vorschriften sind geringer als beim Segel- oder Motorfliegen.
Um diesen faszinierenden Sport zu erleben, braucht man allerdings zwei wichtige Voraussetzungen: eine gründliche Ausbildung und ein sicheres Fluggerät. Die Ausbildung liefert die Schule. Etwa 100 solcher zugelassenen Drachenflugschulen existieren in Deutschland (die Adressen finden Sie im Anhang) . Der Grundkurs in einer Schule dauert eine Woche. Hier lernt man die Konstruktion, die Steuerung des Gerätes kennen, man macht die ersten Hüpfer mit dem Drachen, dann Geradeausflüge und leichte Kurven im Schulungsgelände. Weiterführende Kurse bis zum unbeschränk-

ten Luftfahrerschein für Überlandflüge liefern ebenfalls die zugelassenen Drachenflugschulen.
Es gibt bisher schon Tausende von Menschen, die einen solchen Kurs absolviert haben, und jedes Jahr kommen etwa Tausend hinzu. Dieses Buch ist nach dem offiziellen Lehrplan gestaltet. Es soll die Ausbildung begleiten, das in der Schule Gelernte vertiefen und es später wieder in Erinnerung rufen. Die zweite Voraussetzung für sicheres Drachenfliegen ist ein einwandfreies Fluggerät. Die technische Prüfung für Drachen führt in Deutschland der Deutsche Hängegleiterverband e.V. (DHV) – Fachverband der Drachenflieger und Gleitsegler – im Auftrag des Bundesministers für Verkehr durch.
Die Entwicklung des Drachens war besonders abhängig von den Materialien, die zum Bau des Hängegleiters – so die amtliche Bezeichnung des Drachens – verwendet wurden. Sie mußten leicht und dennoch sehr stabil sein. Und deshalb ist die Entwicklungsgeschichte stark an die des Flugzeugbaus und der Weltraumfahrt gekoppelt. Kein Wunder also, daß der Erfinder des modernen Drachens ein Mann der Weltraumfahrt war: Francis Melvin Rogallo, ein Amerikaner,

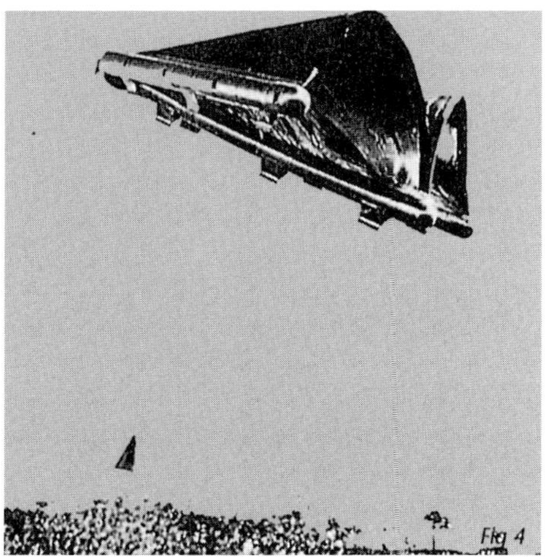

NASA-Gleiter

entwickelte das Gerät im Auftrag der NASA. Es sollte im zusammengefalteten Zustand möglichst wenig Platz in Anspruch nehmen und dennoch in der Lage sein, nach dem Entfalten einen tonnenschweren Körper aus einer Erdumlaufbahn in die Atmosphäre zurückzubringen. Dabei mußte das Raumfahrzeug von 5000 km/h auf etwa 100 km/h abgebremst werden, eine schwierige Aufgabe. Francis Rogallo arbeitete jahrelang, bis er sein Gerät von der Form des früheren Standard-Drachens 1948 zum Patent anmeldete.
Die NASA entschloß sich dann doch nicht für sein Weltraum-Rückkehrsystem. Der Todesstoß für den Rogallo-Flügel? Nein, denn Bill Moyes griff die Idee in den 60er Jahren wieder auf, baute in seinem Heimatland Australien einen Schleppdrachen ähnlicher Konstruktion und ließ sich damit auf Wasserskiern hinter einem Motorboot herziehen. Und Bill Moyes flog. Das Sportgerät Drachen war geboren. Der nächste Schritt zum frei fliegenden Drachen war nicht mehr groß. Die Pioniere in Hawaii und Kalifornien probierten zwar noch jahrelang mit Geräten aus Bambusstangen und Plastikfolie herum, wobei sie ohne Gurtzeug mit den Armen frei im Gestell hängend flogen, aber Ende der 60er Jahre gab es dann den Hängegleiter in heutiger Form.
Vor dieser Entwicklung hatte es außer den kühnen Versuchen des Ikarus und des Schneiders von Ulm und einigen Zeichnungen des Leonardo da Vinci keine Ansätze im Drachenfliegen gegeben. Otto von Lilienthals Gleiter hatte zwar Ähnlichkeit mit manchen der heutigen Drachen, aber er ließ sich kaum steuern. Der Mann, der das Drachenfliegen in Europa populär machte, ist ein Amerikaner. Mike Harker – ein junger Mann mit indianischem Blut – schaffte es, mit einem Schlag berühmt zu werden, als er am 15. April 1973 mit seinem Standard-Drachen von der Zugspitze ins österreichische Ehrwald flog. Dabei brach er sämtliche Rekorde: Er flog 12 Kilometer weit, überwand einen Höhenunterschied von 1980 Metern und war insge-

Historisches Foto: Otto von Lilienthal 1894

Bambus-Hängegleiter

samt 11 Minuten und 51 Sekunden in der Luft! Sämtliche Zeitungen berichteten über diesen damals noch wagemutigen Superflug, und so wurde das Drachenfliegen in Deutschland bekannt.
Heute werden in den Alpen Strecken von mehr als 200 Kilometer geflogen und die Weltbestleistungen aus den Thermik-Eldorados wie Owens-Valley in USA haben bereits die 500-Kilometer-Marke überschritten.
Natürlich gibt es auch Wettbewerbe im Drachenfliegen. Die erste, allerdings noch inoffizielle Weltmeisterschaft wurde im Frühjahr 1975 in Kössen (Tirol) abgehalten. Der Erfolg war riesig: Über 300 Teilnehmer zeigten vor etwa 30000 Zuschauern, was sie konnten. Seither findet wechselweise jedes Jahr eine Weltmeisterschaft oder eine Europameisterschaft statt, die Weltmeisterschaft 1983 in Deutschland am Tegelberg. Wer einfach nur Spaß daran hat, sich mit anderen Piloten im Wettbewerb zu messen, der kann auch an einem der zahlreichen Pokalfliegen oder auch an den Landesmeisterschaften, an der Deutschen Meisterschaft – die jährlich stattfinden – teilnehmen.

Noch ein Wort zu den Unfällen, die beim Drachenfliegen passieren: Drachenfliegen ist kein gefährlicher Sport, wenn der Pilot die Sicherheitsregeln beachtet; dies hat das deutsche Bundesarbeitsgericht in einem Grundsatzurteil entschieden. Trotzdem haben schon zu viele ihr Leben lassen müssen, in der heutigen Zeit jedoch fast ausschließlich durch menschliches Versagen. Die Piloten sind bei erkennbar widrigen Wetterbedingungen geflogen oder sie hatten ihren Drachen und ihr Gurtzeug nicht kontrolliert oder sich einfach zu viel zugetraut. Der amerikanische Drachenflieger Dave Cronk sagte: »Nicht das Drachenfliegen ist gefährlich, sondern viele Piloten.«
Drachenfliegen ist ein Sport für charaktervolle, sorgfältige Menschen, die sich selbst in der Disziplin haben, für Menschen, die den Schneid haben, trotz sensationslüsterner Zuschauer ihr Gerät wieder abzubauen und zu Fuß den Berg hinunterzugehen, wenn der Wind zu stark ist.
Drachenfliegen verzeiht keine groben Fehler. Wer etwa beim Skifahren seine Sicherheitsbindung nicht korrekt eingestellt hat, bricht sich vielleicht ein Bein. Wer aber seinen Drachen nicht richtig zusammenbaut und durchcheckt, stürzt mit großer Wahrscheinlichkeit ab. Und das endet meist schlimmer als mit einem Beinbruch.
Wir hoffen, daß Sie in Zukunft auch einmal den Dialog führen werden, den schon fast jeder Drachenflieger einmal hatte. Sie stehen am Hang, der Drachen ist aufgebaut, und ein Zuschauer kommt zu Ihnen:
»Sagen Sie, was wiegt dieses Gerät eigentlich?« »Na so etwa 30 kg«.
»Hmmm, und wieviel kostet das?« »Etwa 5000 Mark«.
»Ja, sagen Sie, ist denn das nicht gefährlich, damit zu fliegen?« »Es kann gefährlich sein, wenn man nicht aufpaßt.«
»Warum machen Sie es dann?«
»Weil es so wunderschön ist.«

Ulrich Stanciu

Foto: Alfred Pichler

Gerätekunde

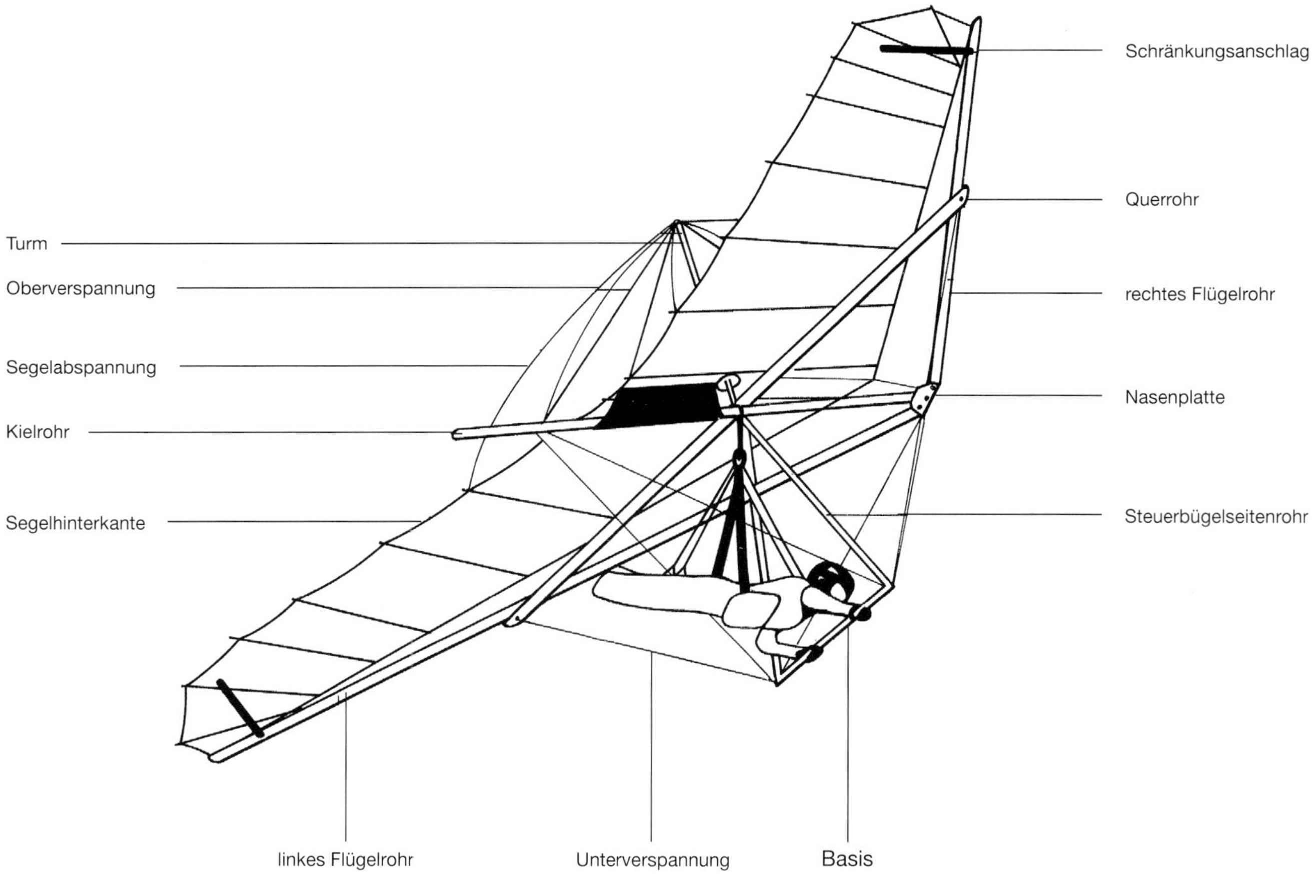

Die Grundkonstruktion

Heutige moderne Drachen weisen eine Vielzahl von Sonderkonstruktionen auf, die der Steigerung von Flugsicherheit und Flugleistung gelten. Die Grundkonstruktion ist dagegen im wesentlichen unverändert geblieben und sie entspricht nach wie vor dem ursprünglichen Rogallo-Standard.

Flügelgestänge

Das Flügelgestänge trägt das Segel. Das Gestänge besteht aus Kielrohr, linkem Flügelrohr, rechtem Flügelrohr und Querrohr mit Querrohrgelenk. Die Nasenplatte verbindet die vorderen Enden des Kielrohrs und der Flügelrohre miteinander.
Das Querrohr spreizt die beiden Flügelrohre auseinander und fixiert den Abstand der Flügelrohre zum Kielrohr. Kielrohr und Querrohr sind entweder starr durch den Herzbolzen oder flexibel miteinander verbunden. Im Flug sind die beiden Flügelrohre hauptsächlich auf Biegung belastet, das Querrohr auf Druck.

Steuerbügel

Der Steuerbügel, auch Trapez genannt, besteht aus Basisrohr und zwei Seitenrohren. Die Steuerbügelhalterung, auch Trapezkopf genannt, verbindet den Steuerbügel mit dem Kielrohr.
Im Flug dient der Steuerbügel der Festigkeit des Flügels und – wie der Name sagt – der Steuerung. Von den beiden Enden des Basisrohrs verzweigt sich die Unterverspannung zum Flügel und versteift ihn im Flug. Dabei sind die Steuerbügelseitenrohre auf Druck belastet, das Basisrohr auf Zug.
Bei Anfängergeräten müssen an der Steuerbügelbasis Räder angebracht sein und die Steuerbügelseitenrohre sollen gepolstert sein.

Der Turm

Der Turm besteht aus dem Turmrohr, dem Turmkopf als Verbindung zur Oberverspannung und dem Turmfuß, auch Turmschuh, als Befestigung am Kielrohr.
Ähnlich wie der Steuerbügel dient der Turm der Versteifung des Flügels, freilich nur dann, wenn der Flügel einer Belastung von oben ausgesetzt ist, in erster Linie am Boden bei Windeinwirkung. Dann ist der Turm auf Druck belastet.

Verspannung

Die Unterverspannung als Verbindungselement zwischen Steuerbügel und Flügelgestänge hat im Flug die gesamte Belastung auszuhalten, im Gegensatz zur Oberverspannung, die normalerweise im Flug belastungsfrei ist. Die Belastung der Unterverspannung erhöht sich mit der Belastung im Flug, also in Kurven, Turbulenzen und beim Abfangen.
Das Ende eines jeden Seils ist um eine Kausche gezogen und mittels Preßhülsen mit dem Hauptseil verpreßt. Zum Schutz des Piloten ist die Unterverspannung kunststoffummantelt.

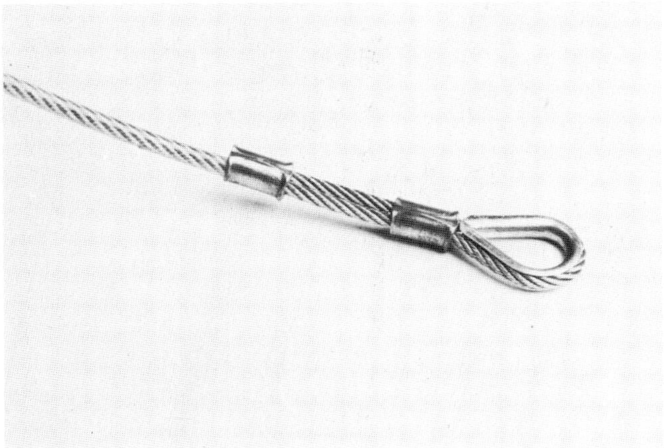

Beschläge

Die Befestigung der Bauteile des Drachens aneinander erfolgt mittels der Beschläge, insbesondere

- ◆ Bolzen
- ◆ Muttern
- ◆ Schrauben
- ◆ Laschen
- ◆ Sattelstücke
- ◆ Schäkel
- ◆ Sicherungsringe
- ◆ Quickpins

Darüberhinaus gibt es spezielle Beschläge, die je nach Gerätetyp variieren, so z. B. für Trapezecken, Trapezkopf, Querrohr, Spannvorrichtung, Turmfuß und Segelbefestigung.

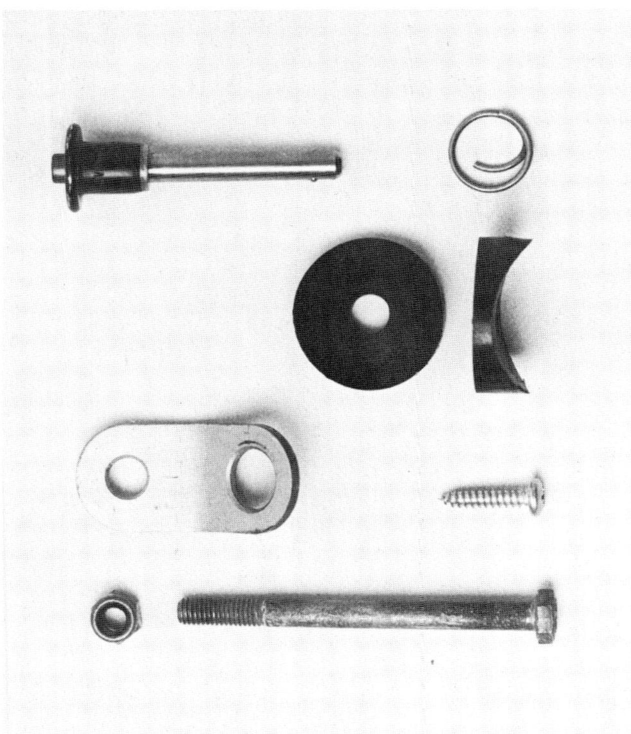

Das Segel

Das Segel besteht aus einzelnen ca. 1m breiten Bahnen, die aneinandergenäht sind und eine Gesamtfläche von 12 bis 18 qm ergeben. Es wird durch Rohrgestell und Segellatten auf Spannung gebracht und in Form gehalten. Kielrohr und Flügelrohre sind in Segeltaschen eingeschoben. Diese Taschen heißen Kieltasche und Flügeltasche. An den Enden der eingeschobenen Rohre wird das Segel fixiert. Die Segellatten werden in Segellattentaschen, die über die Segelfläche verteilt sind, eingeschoben und am Taschenausgang befestigt.

Materialien

Rohre bestehen aus Aluminiumlegierungen in geprüfter Qualität. Wandstärken und Rohrdurchmesser hängen ab vom jeweiligen Zweck. Die Rohroberflächen sind außen eloxiert (Korrosionsschutz).
Verspannungen sind aus rostfreiem VA-Edelstahlseil, gebündelt aus Einzelfasern und vorgereckt. Die Stärke der Unterverspannung liegt bei 2,5 bis 3,0 mm, die Oberverspannung ist schwächer.
Preßhülsen an den Seilverspannungen sind aus Kupfer, meist mit einem Korrosionsschutz überzogen. Aluminiumhülsen scheiden aus, da sie sich in Verbindung mit VA-Stahlseil zersetzen.
Beschlagteile sind üblicherweise aus rostfreiem Edelstahl oder Aluminium, Sattelstücke aus verschleißfestem Kunststoff. Segel bestehen aus Kunststoffgewebe, meist Dacron. Genäht wird mit einem Faden aus demselben Kunststoff.

Quickpin, Sicherungsring, Sattelstücke, Lasche, Schraube, Mutter, Bolzen (von oben nach unten)

Foto: Klaus Tänzler

Flügelform und Meßgrundlagen

Entscheidend für die Flugstabilität und Leistungsfähigkeit des Drachens, aber auch dafür, ob der Drachen dem Könnensstand und dem Gewicht des Piloten entspricht, ist die Flügelform. Die Beschreibung der Flügelform erfolgt anhand der Meßgrundlagen.

Fläche

Die Segelfläche des Drachens ergibt sich aus der Draufsicht im flugfertigen Zustand. Bei modernen Geräten erzeugt der Segelschnitt eine Biegung der Flügelrohre.

Flächenbelastung

Die Flächenbelastung bezeichnet das Verhältnis von Startgewicht in Kilogramm zur Segelfläche. Das Startgewicht setzt sich zusammen aus dem Gewicht des Drachens und des Piloten nebst Ausrüstung.

$$\textbf{Flächenbelastung} = \frac{\textbf{Gesamtgewicht}}{\textbf{Fläche}}$$

Beispiel: Gewicht des Drachens 30 kg, Gewicht des Piloten 80 kg, Gewicht der Ausrüstung 10 kg, Segelfläche 15 m^2.

$$\text{Flächenbelastung} = \frac{30\text{kg}+80\text{kg}+10\text{ kg}}{15\text{ m}^2} = 8\text{ kg/m}^2$$

Streckung

Die Streckung beim Drachen gibt das Verhältnis der Spannweite im Quadrat zur Segelfläche an.

$$\textbf{Streckung} = \frac{\textbf{(Spannweite)}^2}{\textbf{Fläche}}$$

Beispiel: Spannweite 10 m, Fläche 15 m^2.

$$\text{Streckung} = \frac{10\text{m} \cdot 10\text{m}}{15\text{ m}^2} = 6{,}66$$

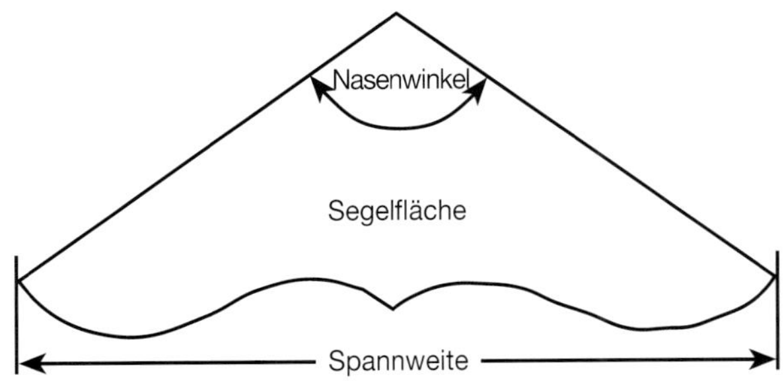

Die Pfeilung findet ihren Ausdruck im Nasenwinkel. Je größer der Nasenwinkel, desto geringer ist die Pfeilung des Drachens. Der Nasenwinkel wird von den beiden Flügelrohren in flugfertigem Zustand gebildet. Er wird in Grad gemessen.

V-Form

V-Form des Drachens heißt, daß die Außenteile der Segelfläche im Flug höher liegen als der Mittelteil im Bereich des Kielrohrs. Bei Geräten neuerer Bauart ist die V-Form verringert.

Segelprofil

Das Profil des Segels entsteht hauptsächlich dadurch,

Segelprofil

Das Profil des Segels entsteht hauptsächlich dadurch, daß das Segel durch die Flügelrohre und das Kielrohr untengehalten wird und sich von dort aus hochwölbt. Dabei entstehen zwei Wölbungsrichtungen. In Querrichtung heißt die Wölbung Tunnel, in Längsrichtung heißt sie Profil.

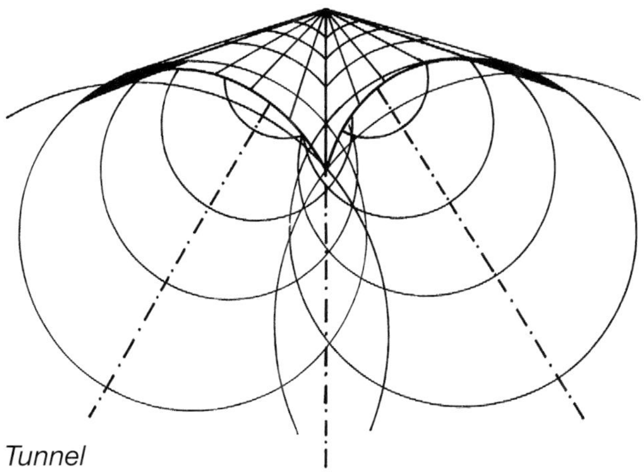

Tunnel

Dargestellt wird das Profil durch Längsschnitte der im Flug befindlichen Fläche. Die Verbindungslinie zwischen vorderstem und hinterstem Punkt des Profils heißt Profilsehne.

Profil

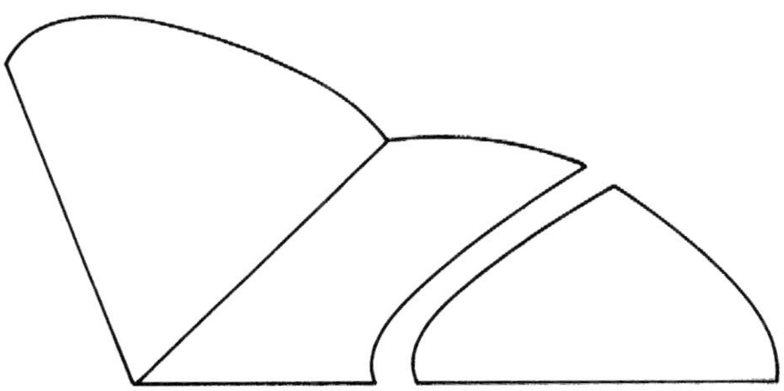

Schränkung

Schränkung im Flugzeugbau heißt Verwindung des Flügels. Beim Drachen ergibt sich die Schränkung hauptsächlich durch den Tunnel, der sich durch die Belastung im Flug ausbildet.

Die Schränkung findet ihren Ausdruck in der Winkeldifferenz der einzelnen Profilsehnen, gemessen in Grad. Je größer diese Differenz ist, desto größer ist die Schränkung.

Die Tunnelwölbung bildet sich nur in Normalfluglagen aus. Bei Anströmung von oben – z.B. in extremen Turbulenzen – fällt der Tunnel ein. In diesem Fall muß ein Minimum an Schränkung aufrechterhalten werden, um die Flugstabilität zu gewährleisten. Dies geschieht durch Schränkungsanschläge und Segelabspannung.

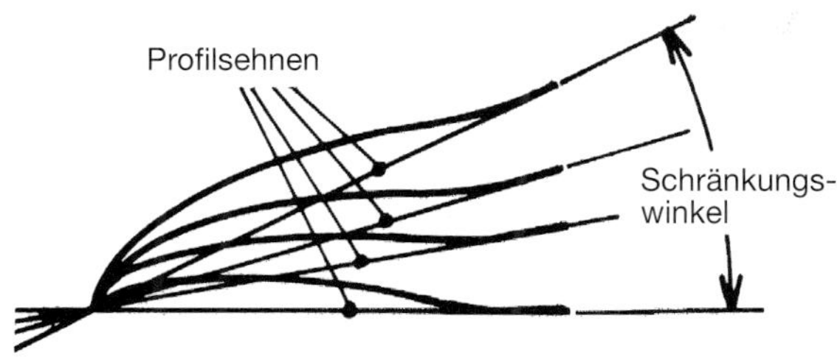

Schränkung

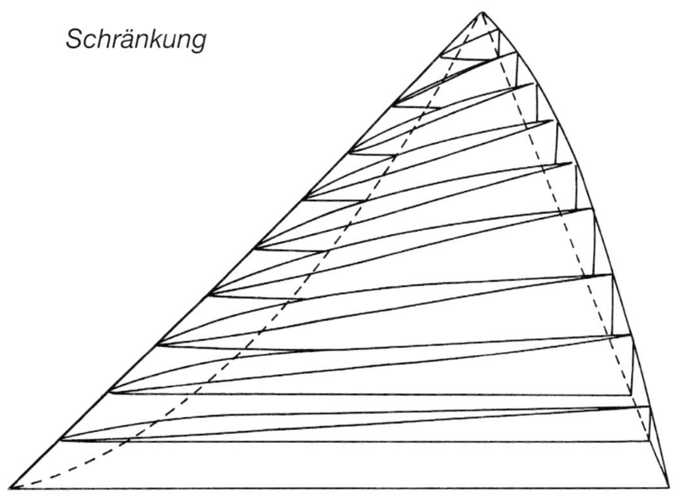

Sonderkonstruktionen

Die Geräteentwicklung hat zahlreiche Sonderkonstruktionen hervorgebracht, sei es zur Erhöhung der Flugstabilität, zur Steigerung der Leistungsfähigkeit, zur Verbesserung des Handlings oder zur Vereinfachung des Aufbaus. Eine vollständige Darstellung der Sonderkonstruktionen ist hier nicht möglich, nur die wesentlichsten sind herausgegriffen.

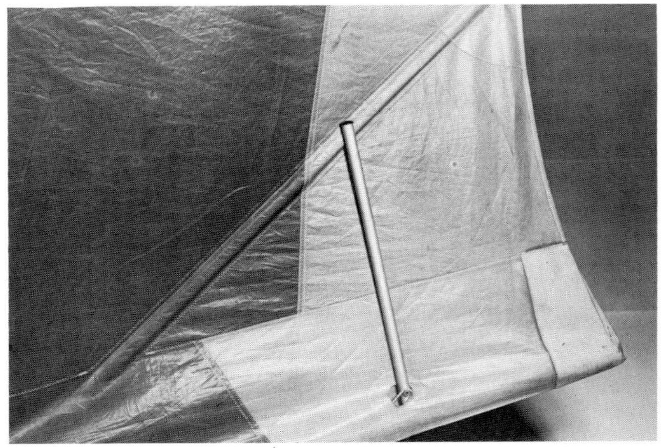

Schränkungsanschläge verhindern ein Durchschlagen des Segels nach unten, ohne das freie Spiel des Segels nach oben zu behindern. Sie dienen der Aufrechterhaltung der Flugstabilität. Schränkungsanschläge sind meist aus Aluminiumrohr gefertigt und kurz vor Ende des Flügelrohrs montiert.

Segelabspannungen sind Leinen vom Turm oder von der Oberverspannung zur Segelhinterkante. Im Normalflug sind diese Leinen entlastet. Wenn der Drachen unter Negativlast gerät, halten sie die hintere Segelkante hoch und wirken wie ein Höhenruder.

Outrigger versteifen die Flügelrohre. Bei alten Konstruktionen mit gerade geschnittener Segelvorderkante verhinderten sie ein Biegen der Flügelrohre und damit ein Verformen des Segels im Fluge. Heutige Drachen beziehen ihre Segelspannung aus ihrem engen Segelschnitt.

Randbögen sind Glasfaserstäbe an den Flügelrohrenden. An ihnen wird das Segel befestigt und unter Spannung gesetzt. Randbögen bewirken eine abgerundete Form der Flügelenden.

Geräte ohne Querrohr haben ein über das Kielrohr hinausragendes Nasenrohr. Der Nasenwinkel wird durch ein Seil fixiert, das von einem Flügelrohr nach vorn über den Kopf des Nasenrohrs und zurück zum anderen Flügelrohr läuft (Bild oben).

Variable Geometrie (VG) des Flügels wird durch eine Seilspannvorrichtung mit Flaschenzug zwischen Quer- und Kielrohr erzeugt, die dem Piloten im Fluge eine Veränderung der Segelspannung und damit der Schränkung im Fluge ermöglicht. Sie wird vom Steuerbügel aus bedient.

Optimierte Anströmkante dient der Verbesserung der Strömungsverhältnisse an der Flügelvorderkante durch Glättung und Versteifung.

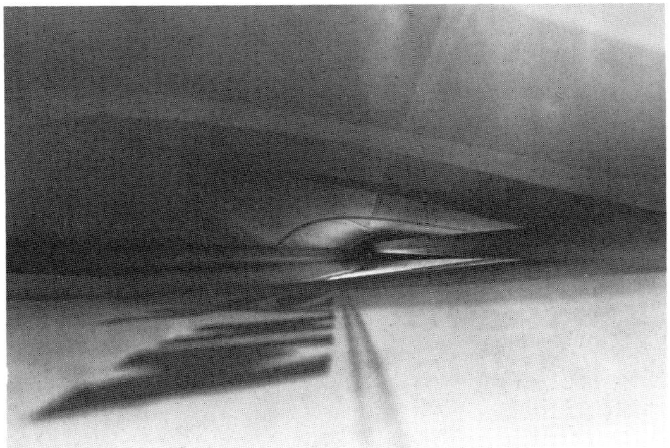

Doppelsegel heißt, daß die Segelfläche sich aufteilt in ein Obersegel und ein Untersegel, die das Querrohr einschließen und miteinander vernäht oder mit Bändern verbunden sind. Das Untersegel ist je nach Gerätetyp verschieden weit nach hinten gezogen. Die Untersegelfläche im Vergleich zur Obersegelfläche wird in Prozent ausgedrückt (Bild oben: Innenansicht).

Flossen sind zumeist aus Segeltuch gefertigt und am Kiel oder Flügelende befestigt. Sie dienen der Richtungsstabilität.

Steuerhilfen sind Vorrichtungen an der Pilotenaufhängung, die den Weg der Schwerpunktverlagerung verlängern und die Wirksamkeit der Schwerpunktverlagerung erhöhen. Steuerhilfen können in Längsrichtung, in Querrichtung oder in beide Richtungen wirken.

Speedbar ist eine besonders geformte Steuerbügelbasis, die durch eine Ausbuchtung nach vorn im Schnellflug das weitere Durchziehen des Steuerbügels und im Normalflug eine bequeme Armhaltung des Piloten ermöglicht.

Schwimmendes Kielrohr bedeutet, daß zwischen Quer- und Kielrohr keine starre Verbindung besteht, sondern daß das Kielrohr seitlich auswandern kann. Verbunden sind die beiden Rohre normalerweise durch ein Stahlseil, das gleichzeitig den Weg des Kielrohrs begrenzt.

Starrflügler sind Fluggeräte, bei denen die Flügelkonstruktion weitgehend starr ist. Meist werden Starrflügler um die Hochachse aerodynamisch mit Rudern oder Klappen gesteuert, um die Querachse durch Schwerpunktverlagerung.

Foto: Charlie Jöst

Das Gurtzeug

Der Pilot hängt im Gurtzeug, daher auch die Bezeichnung Pilotenaufhängesystem. Das Gurtzeug muß ebenfalls den Sicherheitsstandard der Gütesiegelforderungen erfüllen und es soll bei längeren Flügen Bequemlichkeit und Kälteschutz bieten. Bei Start und Landung darf das Gurtzeug den Piloten nicht behindern.

Mit dem **Hängegurt** beginnt die Drachenflugausbildung. Der Pilot ist an Hüfte und Schultern aufgehängt, die Beine sind frei. Die Verstellbarkeit des Hängegurts ermöglicht die Positionsänderung des Piloten von aufrechter Haltung über schräge Vorlage bis fast zur liegenden Position.

Beim **Kniehängergurt** ist der Pilotenkörper an Schulter, Hüfte und Knie aufgehängt. Der Positionswechsel von der aufrechten Starthaltung zur liegenden Flughaltung und wieder zurück zur aufrechten Landehaltung erfolgt mittels einer am Karabiner angebrachten Umlenkrolle. Über die Umlenkrolle läuft ein Verbindungsseil von der Schulter zum Knie.

Als **Karpfengurt** werden wegen ihrer Form die völlig geschlossenen Gurtzeuge bezeichnet. Die Aufhängung entspricht weitgehend der eines Kniehängergurtes, jedoch sind alle Seile zur Widerstandsminderung verkleidet.
Beim Anlegen des Gurtes wird von oben eingestiegen. Die Front hat unten eine Öffnung für die Beine, die mittels Reißverschluß nach dem Start geschlossen und vor der Landung geöffnet wird.

Der **Fronteinstiegsgurt** ist vorne komplett zu öffnen und wird wie eine Jacke angelegt. Ein starres Gestell oder eine Platte im Rückenteil des Gurtes übernimmt die Aufhängelastverteilung. Eine verschiebbare Hauptaufhängung als Zusatzeinrichtung erleichtert das aufgerichtete Fliegen bei Start und Landung. Eine Seilspannvorrichtung an der Schulteraufhängung bietet die Möglichkeit, den Anstellwinkel des Piloten im Flug zu verändern.

Das Rettungssystem

Für Notsituationen mit dauerhaftem Versagen des Drachens, beispielsweise nach Zusammenstoß mit einem anderen Luftfahrzeug, muß ein geprüftes Rettungsgerät mitgeführt werden. Verwendet werden Rundkappenfallschirme mit kleinem Packmaß.

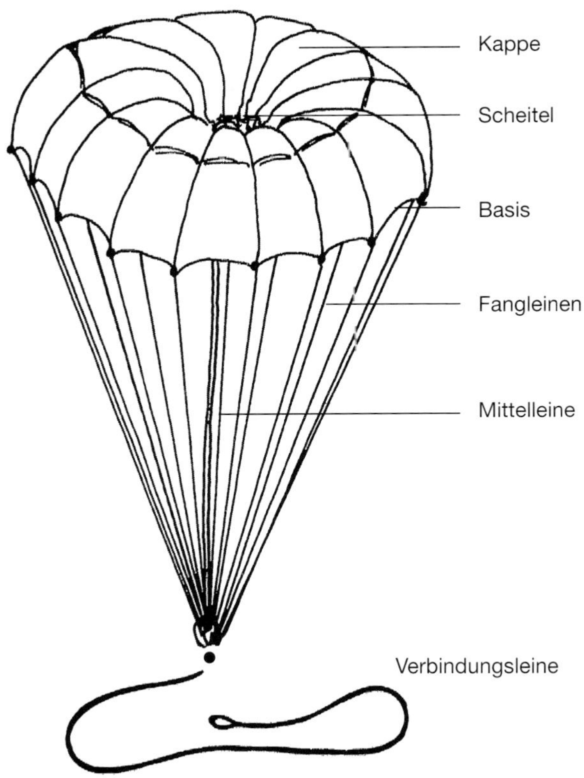

Außencontainer

Bestandteile

Die **Kappe** ist aus Kunststoffgewebe und hat eine Scheitelöffnung, die den Entfaltungsstoß und Pendelbewegungen mindert.
Die **Fangleinen** verlaufen von der Basis zur Verbindungsleine. Eine zusätzliche Mittelleine zwischen Scheitel und Verbindungsleine kann die Öffnungsstrecke verringern.
Die **Verbindungsleine** verbindet den Rettungsschirm mit dem Aufhängekarabiner und dem Gurtzeug und bezweckt, daß sich die Kappe erst außerhalb der Reichweite der Teile des Drachens öffnet.

Wurfcontainer

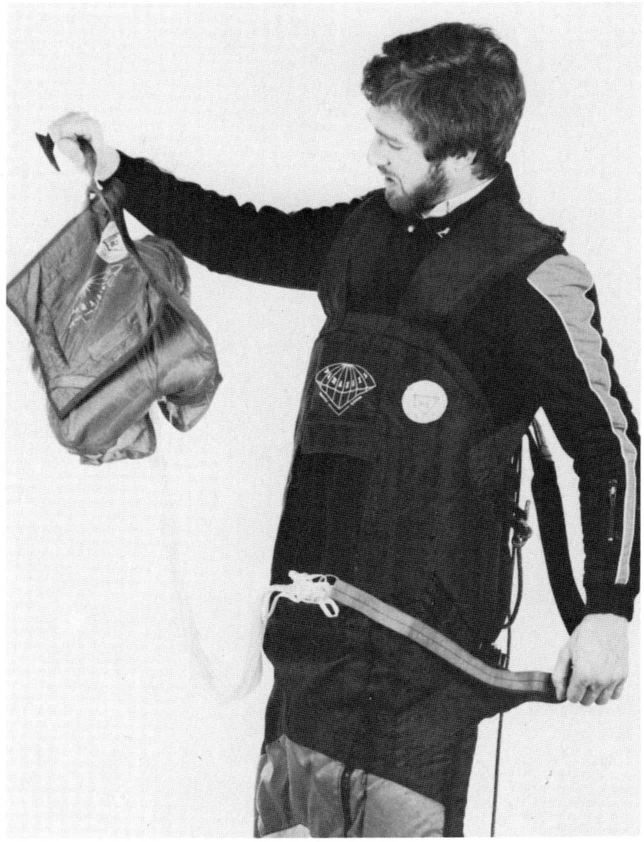

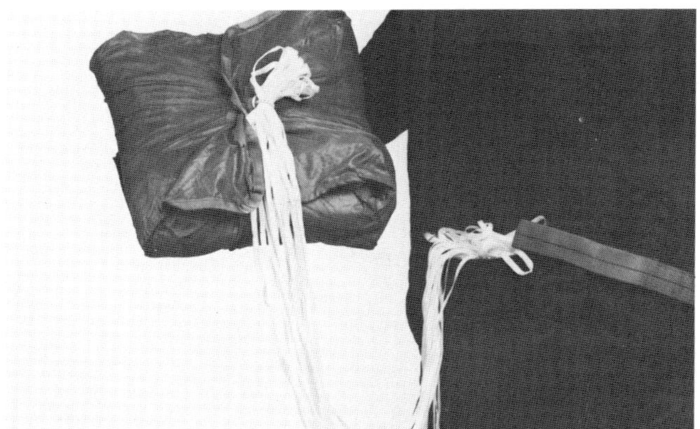

Innencontainer

Der **Außencontainer** enthält den Innen- oder Wurfcontainer mit dem Rettungsfallschirm.
Der **Innencontainer** hält die Schirmkappe zusammen und sorgt dafür, daß im Auslösefall die Kappe erst öffnet, wenn sie außerhalb des Geräte- und Verwirbelungsbereichs gelangt ist.
Der **Wurfcontainer** ist vom Zweck her ein Innencontainer, der mittels eines speziellen Griffs vom Piloten aus dem Gerätebereich geschleudert werden kann.
Der **integrierte Container** ist ein in das Gurtzeug eingebauter Außencontainer.

Anbringung

Der **Außencontainer** wird am Gurtzeug so angebracht,daß der Auslösegriff in jeder Lage für den Piloten zu betätigen ist. Bei der Anbringung ist darauf zu achten, daß der Container

- nicht aufplatzt, wenn der Gurt belastet ist,
- den Piloten nicht bei Start und Landung behindert,
- die Steuerbügelbewegungen nicht beeinträchtigt.

Beim Kniehänger wird der Schirmcontainer vor dem Bauch des Piloten befestigt. Beim Karpfengurt befindet sich das Rettungsgerät am Bauchteil des Gurtzeuges in einem im Gurtzeug integrierten Container. Beim Fronteinstiegsgurt ist der Schirm meist an der Seite des Gurtzeugs angebracht.

Die **Verbindungsleine** wird bei allen Gurttypen doppelt befestigt, Hauptbefestigung am Karabiner und zusätzliche Sicherheitsbefestigung am Gurtzeug. Sie muß vom Container zum Karabiner so verlegt sein, daß sie sich weder am Piloten noch an Teilen des Drachens verhängen kann und die Bewegungsfreiheit des Piloten, des Gurtzeugs und sonstiger Geräteteile nicht behindert.

Funktion

Nach der Auslösung des Rettungssystems strafft sich zunächst die Verbindungsleine. Dadurch öffnet sich der Verschluß des Innencontainers und gibt die Schirmkappe frei. Der Luftstrom streckt die Fangleinen und die Kappe und füllt die Kappe vom Scheitel her auf. Der Füllvorgang erfolgt schlagartig und äußert sich im Entfaltungsstoß. Pilot, Hängegleiter und Fallschirm bleiben miteinander verbunden und sinken als Einheit zu Boden.

Foto: Klaus Tänzler

Verbindungselemente

Einige Unfälle sind auf mangelhafte Verbindungselemente zwischen Gurtzeug und Gerät zurückzuführen. Dieser »Kleinkram« hat im Festigkeitsverband entscheidende Bedeutung. Während beim Zerbrechen des Hängegleiters noch die Auslösung des Rettungssystems möglich bleibt, gibt es beim Bruch des Karabiners keine Rettung, es sei denn, der Pilot hat die zusätzlichen Verbindungselemente angebracht.

Hauptaufhängung

Die Hauptaufhängung gehört zum Hängegleiter und sie stellt über den Karabiner die Verbindung zum Gurtzeug her. Das Material der Hauptaufhängung ist Kunstfasergurtband. Material und Verarbeitung müssen einer Belastung von 1300 kg standhalten, bezogen auf das Gewicht von Pilot und Ausrüstung (Bild: Haupt- und Doppelaufhängung).

Der Karabiner

Der Pilot hängt sich mit Hilfe des Karabiners in die Aufhängeschlaufe des Drachens ein. Der Karabiner besteht aus Stahl oder Aluminium. Die Belastbarkeit hat dem Entfaltungsstoß des Rettungssystems standzuhalten. Die Mindestbelastung in Längsrichtung muß daher bei 2000 kp liegen. Die Karabinerzunge wird durch einen Federmechanismus geschlossen und durch eine Schraub- oder Schiebehülse gesichert. Mehrere Karabiner sollten nicht aneinandergehängt werden, sie könnten sich ineinander verhaken und bei längerem Gebrauch gegenseitig durch Reibung schwächen.

Aluminiumkarabiner sind beschädigungsanfällig und können durch Kerbwirkung erheblich geschwächt werden. Es dürfen deshalb nur Gurtbänder oder Reepschnüre eingehängt werden, keine Stahlringe, Stahlschäkel oder Stahlseile. Wird ein Aluminiumkarabiner verwendet, sollte ein zusätzlicher Sicherungskarabiner angebracht werden.

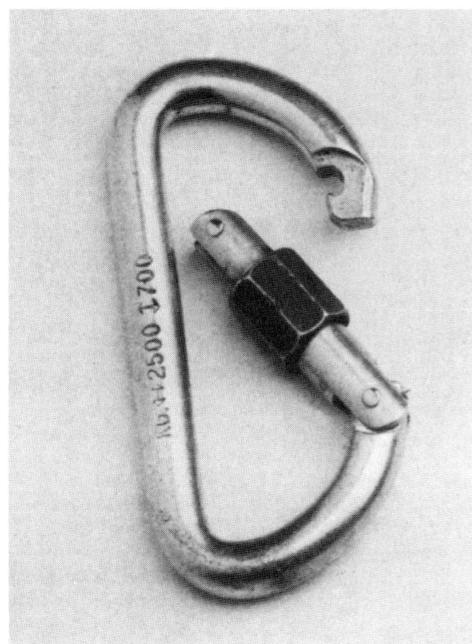

Schirm-Gurt-Verbindung

Die Endschlaufe des Fallschirms ist nicht nur im Karabiner eingeschlauft, sondern zusätzlich mit dem Gurtzeug verbunden. Zweck ist die Schirmrettung des Piloten bei Öffnung oder Bruch des Aufhängekarabiners. Das Verbindungselement – meist Schäkel oder Karabiner – muß dem Entfaltungsstoß standhalten und darf beim Entfaltungsstoß das Gurtzeug oder die Schlaufe nicht durch Kanten oder zu geringen Materialdurchmesser durchtrennen.

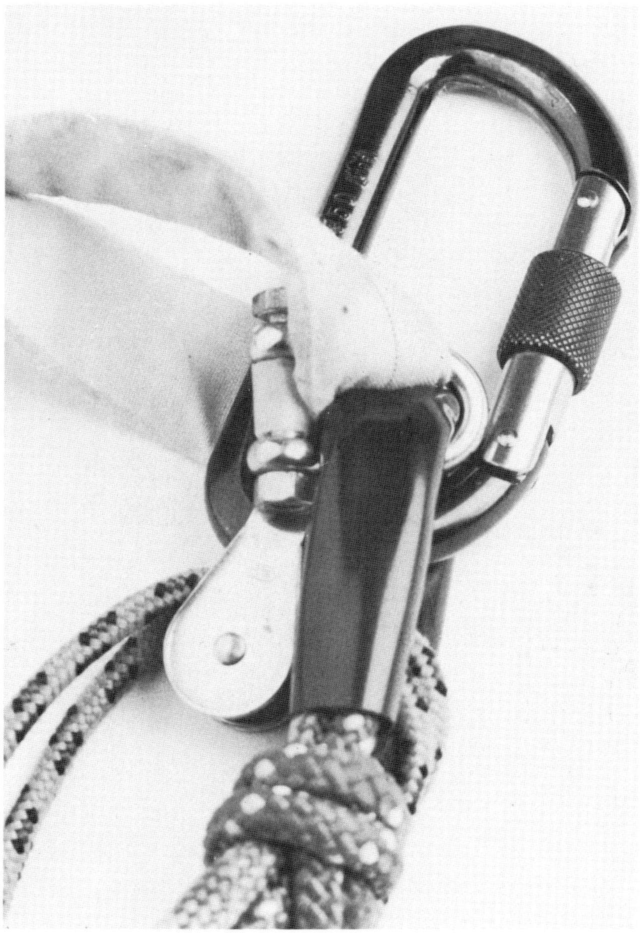

Doppelaufhängung

Die Doppelaufhängung dient als Ersatz beim Bruch der Hauptaufhängung. Sie ist aus demselben Material und verläuft vom Kielrohr zum Karabiner am Gurtzeug. Die Doppelaufhängung darf im Flug nicht auf Spannung sein und darf nicht die Bewegungsfreiheit eines anderen Teils beeinträchtigen.

Seilknoten

Knoten im Bereich der Pilotenaufhängung haben mehrere Kriterien zu erfüllen, sie sollen

- für verschiedene Zwecke anwendbar sein
- längen- und formgleich bleiben
- für Seilmaterial aus Kunstfaser taugen
- für das Legen wenig Seilmaterial erfordern
- beim Wechsel von Belastung und Entlastung sich nicht lockern
- auch nach starker Belastung wieder zu öffnen sein – wichtig für Änderungen an der Seillänge und für Notfälle.

Diese Eigenschaften vereinigt der »gesteckte Sackstich«, bei Bandmaterial als »Bandschlingenknoten« bezeichnet.

Bei festgezogenem Knoten dürfen die freien Enden nicht kürzer sein (gemessen in Zentimetern) als der Durchmesser des verwendeten Seils (gemessen in Millimetern).

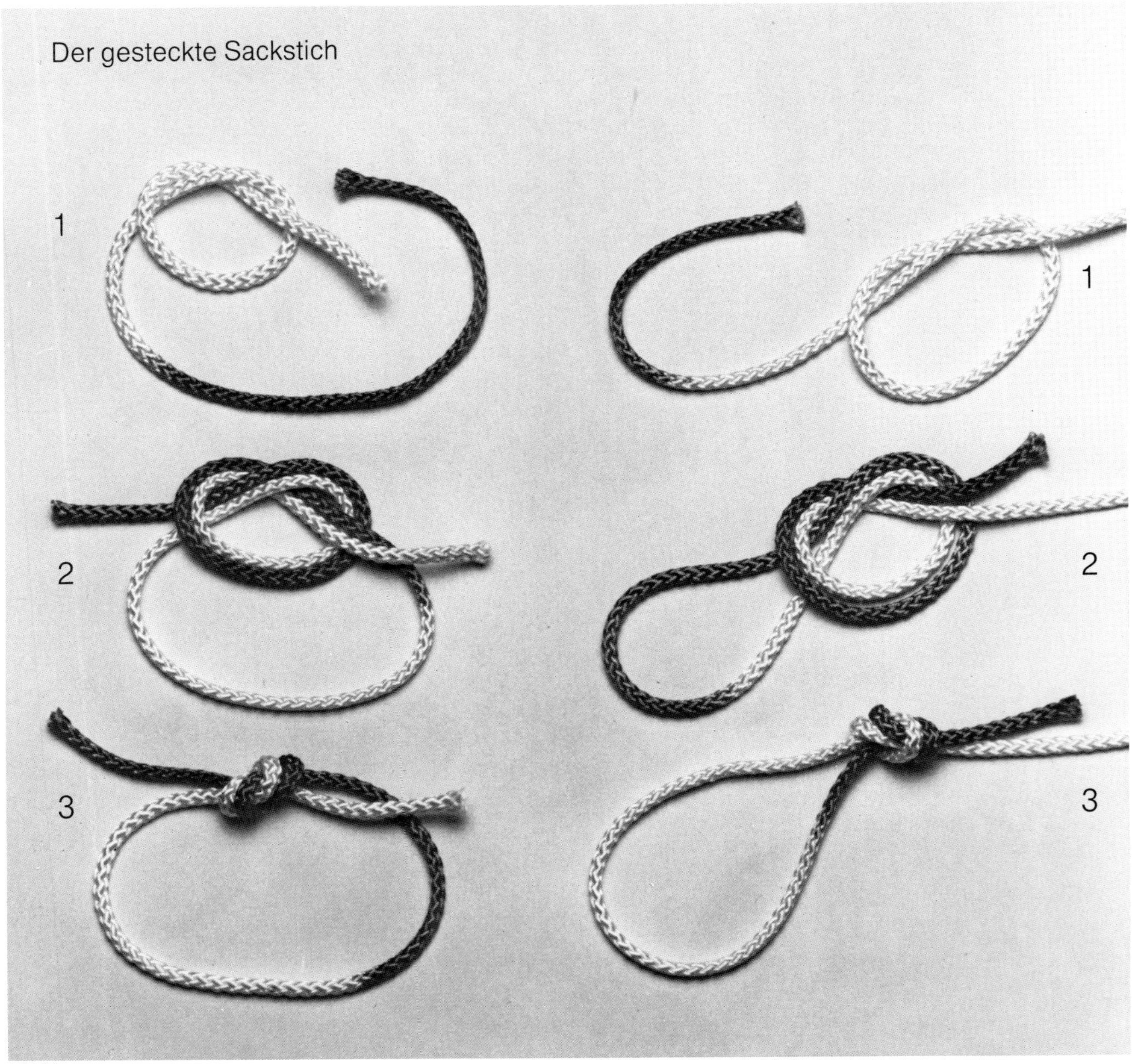

Verbindung von zwei Seil-Enden. Anwendungsbeispiel: Doppelaufhängung

Schlaufe am Seil-Ende. Anwendungsbeispiel: Befestigung der Tragseile am Gurtzeug

Instrumente

Der **Geschwindigkeitsmesser** zeigt die Eigengeschwindigkeit des Drachens an. Nach ihrer Funktionsweise werden mechanische und elektronische Systeme unterschieden. Die Messungen sind ungenau.

Das **Variometer** zeigt das Steigen und das Sinken des Drachens an. Es gibt mechanische und elektronische Systeme. Die Anzeige erfolgt optisch, bei elektronischen Systemen auch akustisch.

Der **Höhenmesser** zeigt die Höhe des Drachens an. Die Funktion ist mechanisch oder elektronisch. Die Anzeige hängt vom Luftdruck am jeweiligen Ort ab und muß daher vor jedem Start eingestellt werden.

Ein **Kompaß** und ein **GPS** (Satelliten-Navigations-System) dienen der Navigation, der **Barograph** (Höhenschreiber) der Dokumentation bei Rekordflügen.

Einstellungen

Mitentscheidend für die Flugleistung des Gerätes ist die richtige Einstellung und Trimmung von Gurtzeug und Gerät. Fehler können zusätzlich die Manövrierfähigkeit des Gerätes und überhaupt die Betriebssicherheit beeinträchtigen.

Pilotenposition

Der Körper des Piloten soll im Flug möglichst wenig Widerstand erzeugen. In Liegendposition empfiehlt es sich, die Beine geringfügig höher aufzuhängen als den Oberkörper. Kniehänger dürfen den Piloten beim Anlauf nicht behindern. Der Oberkörper soll ein geringes Übergewicht gegenüber dem Unterkörper haben, um die Liegendposition zu stabilisieren.

Gurtzeughöhe

Der Gurt sollte möglichst tief über der Steuerbügelbasis hängen. Ein tiefer Pilotenschwerpunkt verbessert die Steuerbarkeit des Gerätes. Jedoch muß die Berührung des Gurtes oder des Fallschirms mit dem Steuerbügel auch unter hoher Abfang- und Kurvenlast ausgeschlossen sein.

Trimmung

Die meisten Drachen verfügen über eine Verstelleinrichtung im Kielrohrbereich, die ein Verlegen des Aufhängepunktes und damit des Gewichtsschwerpunktes nach vorn und nach hinten ermöglicht. Ziel des Trimmens ist ein neutrales Flugverhalten des Gerätes im Gleitflug. Ist der Drachen schwanzlastig, d.h. nimmt er bei losgelassenem Steuerbügel die Nase hoch, wird beim Trimmen der Aufhängepunkt nach vorn verlegt, bei Kopflastigkeit nach hinten.
Diese Trimmung durch Verlegen des Aufhängepunktes ist nur dann richtig, wenn die Kopf- oder Schwanzlastigkeit auf fehlerhafter Gewichtsverteilung beruht. Sie ist nicht richtig, wenn die Ursache in der Form des Flügels liegt, z. B. wegen fehlender Outrigger oder wegen überdehnten Segels.
Durch Koppelungen verschiedenartiger Ursachen wird deren Erkennung erschwert. Im Zweifel ist das Gerät dem Hersteller zur Überprüfung zu übergeben.

Instandhaltung

Wie für Aufbau und Betrieb des Drachens und des Zubehörs sind auch für die Instandhaltung spezielle Vorschriften des Herstellers in der Betriebsanleitung vorrangig zu beachten.

Das **Segel** ist in seiner Haltbarkeit kaum empfindlich. Kleine Risse mit Textilklebeband oder mit Nummerntuch schließen. Größere Risse und beschädigte Nähte im Fachbetrieb reparieren lassen. Nasse Segel nicht längere Zeit im geschlossenen Packsack lagern. Unnötige Sonnenbestrahlung wegen UV-Belastung meiden. Wegen Leistungserhalt knitterfrei einrollen und verpacken. Reinigung geradflächig mit Wasser oder mit dünner Seifenlauge.

Die **Segellatten** sind empfindlich gegen Verformung. Bei vorgeformten Latten routinemäßig die Form überprüfen, zusätzlich nach starker Belastung. Beschädigte Latten ersetzen. Auf Funktionstüchtigkeit der Lattenbefestigung achten.

Die **Rohre** sind schadensanfällig. Bei jeder Art der Verformung auswechseln, keinesfalls zurückbiegen. Ebenfalls auswechseln bei Überdehnung, erkennbar an blinder Oberfläche. Bei Kontakt mit Streusalz oder Meerwasser sofort mit klarem Wasser abspülen.

Die **Seile** sind knickempfindlich. Bereits bei Bruch einer einzelnen Seilfaser auswechseln, ebenso bei Überdehnung. Die Einlaufstellen der Seile in Verpressung und Kauschen gezielt kontrollieren. Unterverspannung alle zwei Jahre routinemäßig erneuern (Empfehlung). Beim Verpacken Knicke vermeiden, nicht eng aufrollen.

Die **Beschlagteile** sind crashempfindlich. Verbogene Bolzen auswechseln, nicht zurückbiegen. Selbstsichernde Muttern nur einmal verwenden. Verdeckte Schraubverbindungen routinemäßig kontrollieren.

Das **Gesamtgerät** nach Crash oder extremer Flugbelastung gründlich untersuchen, bei Flügelbelastung austuchen. Gerätesymmetrie prüfen.

Der **Transport** des Fluggerätes auf dem Autodach mit gepolstertem und stabilem Dachträger. Schwingungsfrei lagern, eventuell mit zusätzlicher Abstützung. Verkehrsrechtliche Vorschriften für Dachlast und Überstände beachten. Bei Auto- und Seilbahntransport möglichst nicht mehrere Geräte übereinander schichten. Bei Sessellifttransport Gerät in Seilrichtung halten.

Das **Gurtzeug** trocken lagern. Routinemäßig die Nähte, Knoten und Beschläge überprüfen. Bei Gurtbändern und Seilen auf Scheuerstellen achten, besonders bei der Haupttrageschlaufe. Klettverschlüsse sauber und verschlossen halten. Reparaturen im Fachbetrieb. Reinigung mit Seifenlauge.

Das **Rettungssystem** erfordert besondere Sorgfalt. Vor Nässe und Feuchtigkeit schützen. Nassen Schirm lüften und neu packen, sowie regelmäßig jedes Vierteljahr. Alle zwei Jahre zur Hauptuntersuchung an Hersteller übergeben (Empfehlung). Freiliegenden Teil der Verbindungsleine besonders an der Austrittsstelle aus dem Container und an der Verbindungsschlaufe routinemäßig auf Schäden untersuchen. Klettverschlüsse sauber und verschlossen halten. Auf Funktionsfähigkeit der Verschlußsplinte achten. Befestigung am Gurtzeug kontrollieren, besonders nach Crash.

Die **Nachprüfungen** des Hängegleiters durch den Herstellerbetrieb alle 24 Monate durchführen lassen, erstmals nach 60 Monaten, außerdem nach schweren Crashs und großen Reparaturen.

DHV-Gütesiegel

Hängegleiter, Gurtzeug und Rettungsgerät werden vom Deutschen Hängegleiterverband technisch geprüft. Bei positivem Abschluß wird die Musterzulassung (DHV-Gütesiegel) erteilt.

Beim **Drachen-Flugmechaniktest** auf dem Flugmechaniktestwagen werden alle erdenklichen Fluglagen beim Geradeausflug simuliert, also auch jene Geschwindigkeits- und Anstellwinkelbereiche, die nur unter besonderen Umständen – beispielsweise in Turbulenzen – auftreten können. Die auf dem Testwagen gewonnenen Meßwerte für Auftrieb, Widerstand und aufrichtendes Moment werden mit Hilfe eines besonderen Computerprogramms ausgewertet und das abschließende Gutachten gibt Aufschluß über die aerodynamische Stabilität des Gerätes, insbesondere darüber, ob Flattersturz- oder Überschlagsneigung besteht

Beim **Festigkeitstest** wird die Flugbelastung ebenfalls mit Hilfe eines Testfahrzeugs simuliert. Grundsätzlich muß jedes Gerät einer Bruchbelastung von 6 g bei positiver Anströmung (von unten) und von 3 g bei negativer Anströmung (von oben) standhalten. 1 g ist die einfache Erdanziehungskraft. Sie wird bezogen auf die höchstzulässige Zuladung (Pilot mit Ausrüstung) plus Hängegleiter (abzüglich tragende Geräteteile).

Bei den **Flugversuchen** wird das Flugverhalten des Gerätes um alle Achsen geprüft. Dazu gehören die Kurvenflugeigenschaften, das stall-Verhalten, die Schnellflugeigenschaften, das Handling und die Start- und Landefähigkeit. Anhand der Testflugergebnisse wird die Geräteklassifizierung festgelegt.

Bei den **Rettungsgeräten** geht es hauptsächlich um Festigkeit, Öffnungshöhe und Sinkgeschwindigkeit. Außerdem muß sich das Rettungsgerät einfach packen und problemlos auslösen lassen. Öffnungshöhe und

Foto: Werner Pfändler

Gerätevermessung

Montage zum Festigkeitstest

Festigkeit werden durch Abwurfversuche geprüft, die Sinkgeschwindigkeit durch Vergleichtests mit einem exakt vermessenen Standardschirm.

Bei den **Gurtzeugen** stehen neben der Funktionsprüfung die Festigkeitsversuche im Vordergrund. Der Pilot darf nicht in seiner Bewegungsfähigkeit behindert sein, er darf auch in ungewöhnlicher Position nicht herausfallen können. Mit einer Zugprüfmaschine werden sie den härtesten zu erwartenden Belastungen, einschließlich Entfaltungsstoß bei Rettungsschirmöffnung in verschiedenen Zugrichtungen ausgesetzt.

In den **Detailprüfungen** werden Musterunterlagen, fachgerechte Verarbeitung, Betriebsanweisung und Stückliste der verwendeten Materialien gecheckt. Die Dokumentation des Rettungsgeräts, des Gurtzeugs ist durch die Einlagerung der geprüften Muster gewährleistet.

Klassifizierung

1 = für Piloten, die an einem einfachen Flugverhalten interessiert sind, z. B. weil sie selten fliegen.

2 = für Piloten, die den Ausbildungsstand Befähigungsnachweis A haben und genußvolles Fliegen vorziehen.

3 = für Piloten, die den Ausbildungsstand Befähigungsnachweis B haben und regelmäßig und in kurzen Zeitabständen fliegen.

E = Spezielle Einweisung erforderlich, z. B. wegen ungewöhnlicher Steuerung.

Die Klassifizierung erstreckt sich auf Flugverhalten und Bedienung der Geräte, nicht auf deren Flugleistung.

Fotos: Andreas Schmidtler

Flugmechanik-Meßfahrt

Festigkeitstest

Aerodynamik

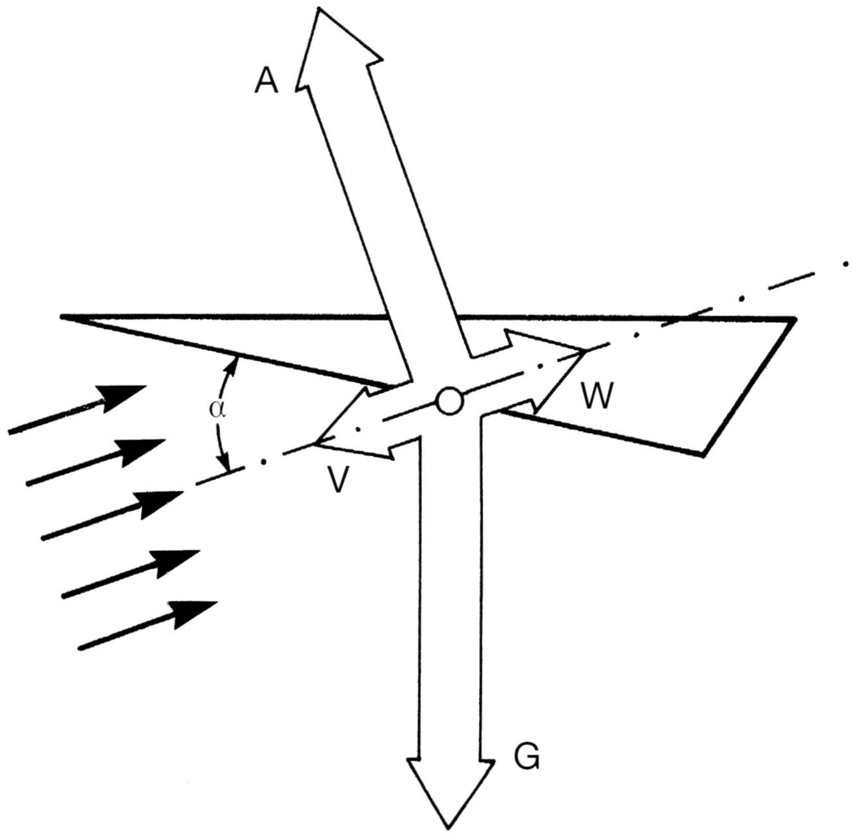

Warum fliegt der Drachen? – Auf diese Frage antwortet die Aerodynamik, die Lehre von den Kräften an einem von Gas umströmten Körper. Jedes Fluggerät – also auch der Drachen – ist den Gesetzen der Aerodynamik unterworfen.

Die Ausführungen zu diesem komplizierten Sachgebiet der Physik beschränken sich auf die für das Begreifen des Drachenflugs notwendigen Teilbereiche. Formeln und Fachausdrücke werden nur insoweit verwendet, als sie zum Verständnis – und zur eigenen Sicherheit – erforderlich sind. Komplizierte Zusammenhänge sind vereinfacht dargestellt, einzelne Ungenauigkeiten lassen sich dabei nicht vermeiden. Die Ausführungen kreisen im wesentlichen um nebenstehende Schemazeichnung, die Strich um Strich später aufgenommen, erläutert und ergänzt wird.

Die Kräfte beim stationären Geradeausflug

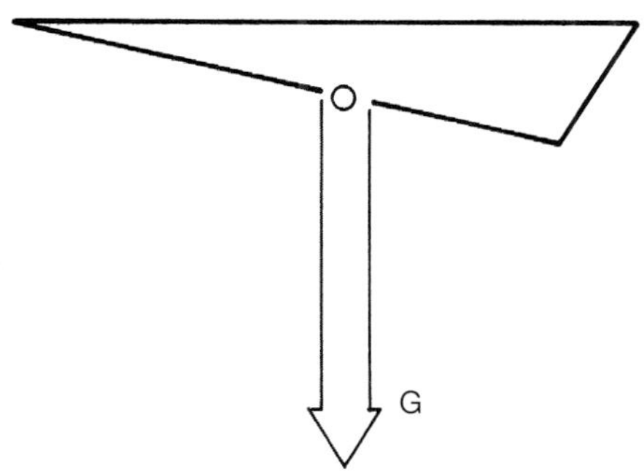

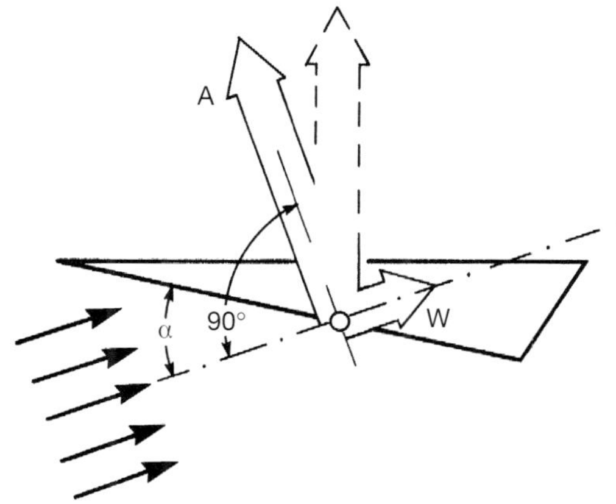

Die **Erdanziehung** zieht den Drachen mit der Kraft G senkrecht nach unten. G ist das Gewicht des Drachens, des Piloten nebst Ausrüstung, das sogenannte Startgewicht.

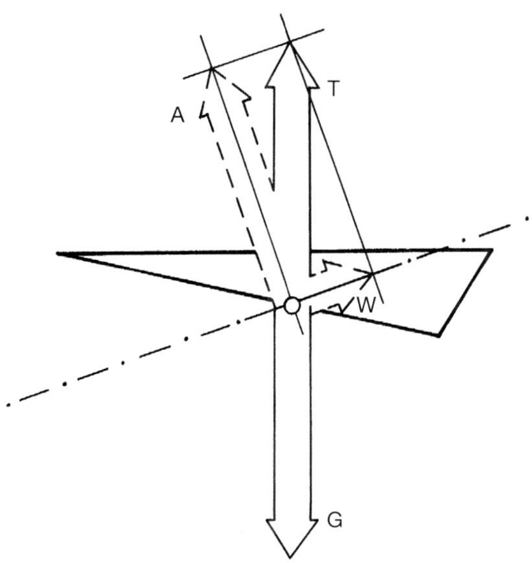

Das Gewicht G wird kompensiert durch die **Totale Luftkraft** T. Diese bildet zugleich die resultierende Kraft aus Auftrieb und Widerstand.

Der **Auftrieb** A zieht den Drachen gleichzeitig nach oben und nach vorn. Er wirkt senkrecht zur Strömungsrichtung, d.h. zu der Richtung, aus der die Luftteilchen auf den Drachen treffen.

Der **Widerstand** W bremst den Drachen ab; er wirkt in Strömungsrichtung. Ebenso wie der Auftrieb steht er in engem Zusammenhang mit dem Anstellwinkel α.

Der **Anstellwinkel** α ist der Winkel zwischen Strömungsrichtung und mittlerer Profilsehne. Er ist beim flexiblen Drachen vereinfacht der Winkel zwischen Strömungsrichtung und Kielrohr.

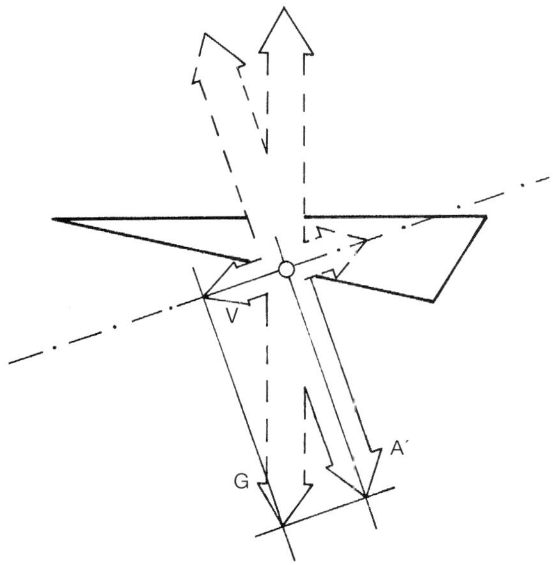

Der **Vortrieb** V ist die eine Komponente der Gewichtskraft, die andere heißt Auftriebsgegenkraft A'. Für die Erzeugung des Vortriebs muß der motorlose Drachen Höhe opfern: Höhe (potentielle Energie) wandelt sich um in Bewegung (kinetische Energie) und kompensiert die Bremswirkung des Widerstands.

Der Auftrieb

Dem Auftrieb verdanken wir das Fliegen. Durch den Auftrieb unterscheidet der Drachen sich vom konventionellen Fallschirm.

Strömung

Grundvoraussetzung für den Auftrieb ist, daß am Flügel Strömung anliegt: Luftteilchen und Drachen gleiten aneinander vorbei. Dabei spielt es keine Rolle, ob

- die Luftteilchen ruhen und sich der Drachen bewegt (Windstille),
- Luft und Drachen sich gegeneinander bewegen (mäßiger Gegenwind),
- Luft und Drachen zwar dieselbe Bewegungsrichtung haben, der Drachen aber schneller ist (Rückenwind),
- der Drachen »steht« und sich nur die Luft bewegt (starker Gegenwind bei ca. 40 km/h) oder
- der Drachen über Grund rückwärts fliegt (stürmischer Gegenwind).

Es kommt lediglich darauf an, daß die Luftteilchen von vorn nach hinten und mit ausreichender Geschwindigkeit am Segel entlanggleiten.

Foto: Klaus Tänzler

Geschwindigkeit

Entscheidend in der Aerodynamik ist die Eigengeschwindigkeit des Drachens (air speed). Eigengeschwindigkeit ist die Schnelligkeit, mit der sich der Drachen durch die Luft bewegt, d. h. die Schnelligkeit, mit der die Luftteilchen am Flügel vorbeiströmen. Die Eigengeschwindigkeit wird auch als Strömungs- oder als Fluggeschwindigkeit bezeichnet

Besondere Geschwindigkeitswerte der Eigengeschwindigkeit sind

- die Abreißgeschwindigkeit, bei der die tragfähige Strömung vom Flügel abreißt,
- die Startgeschwindigkeit, bei der das Gerät abhebt,
- der Gleitgeschwindigkeitsbereich, bei dem die Strömung zuverlässig am Flügel anliegt,
- die Höchstgeschwindigkeit, unter der die zulässige Höchstgeschwindigkeit zu verstehen ist; bei Überschreitung droht Geräteversagen.

Die besonderen Geschwindigkeitswerte sind abhängig von der Bauweise des Gerätes.

Von der Eigengeschwindigkeit strikt zu trennen ist die Geschwindigkeit über Grund (ground speed). Sie gibt die Schnelligkeit des Drachens über dem Erdboden – »über Grund« – an und hat keine Bedeutung für die Aerodynamik. Ausgehend von einer konstanten Eigengeschwindigkeit im Flug verringert sich bei Gegenwind die Geschwindigkeit über Grund, bei Rückenwind erhöht sie sich; dies hat besondere Bedeutung für Start und Landung.

Das Segel als Profil

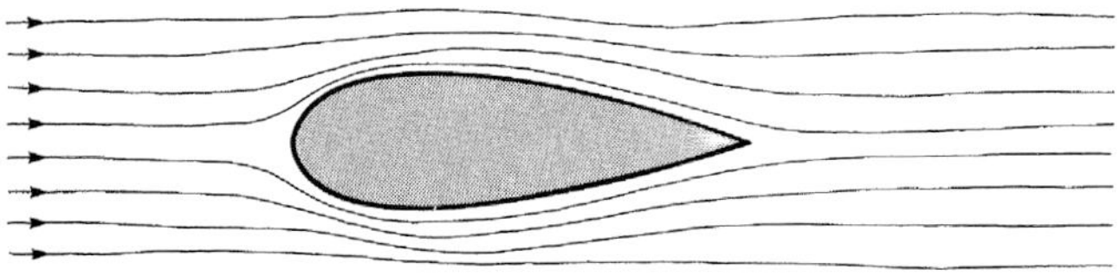

Strömung, die auf ein symmetrisches Profil trifft, teilt sich vor dem Profil und schließt sich dahinter wieder.

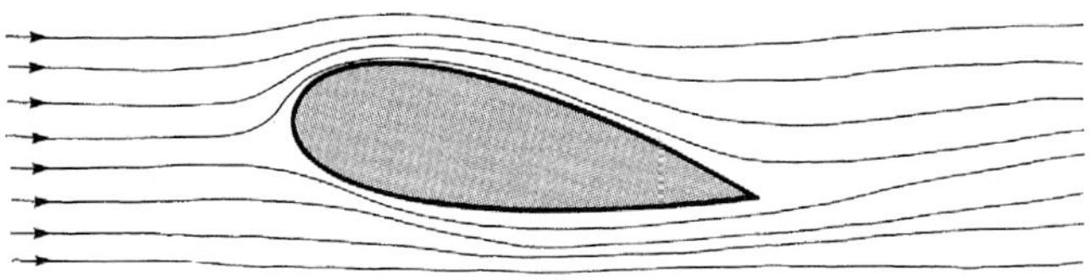

Gibt man dem symmetrischen Profil einen Anstellwinkel, so entsteht eine Zirkulationsströmung um das Profil, die sich auf der Oberseite beschleunigend und auf der Unterseite verlangsamend auf die Strömung auswirkt.

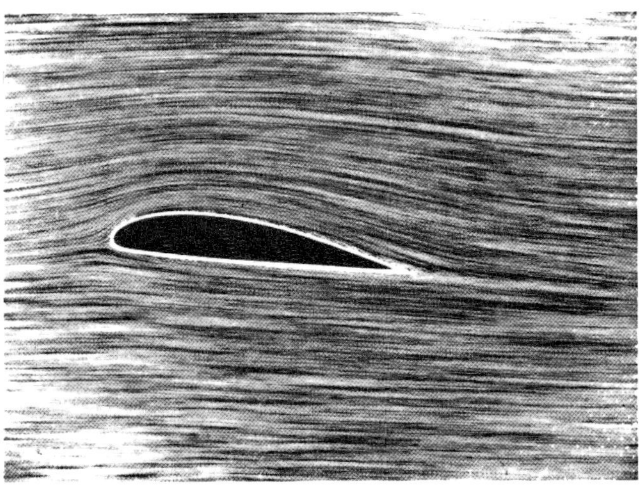

Foto: Profil im Strömungskanal

Beim asymmetrischen Profil ist die Beschleunigung auf der Profiloberseite »eingebaut«.

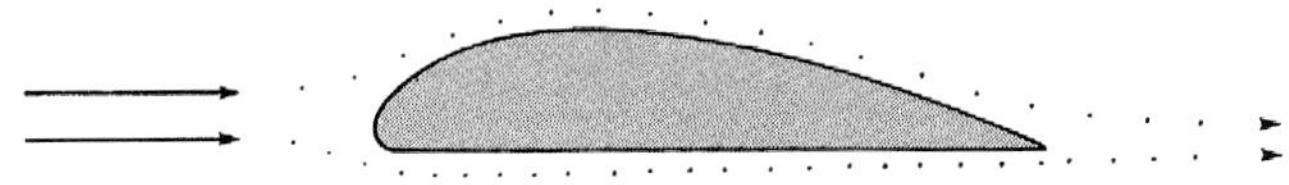

Die größere Geschwindigkeit auf der Oberseite hat zur Folge, daß die Luftteilchen dort dünner gelagert sind als auf der Unterseite, wo die Luftteilchen zusammengepreßt werden.

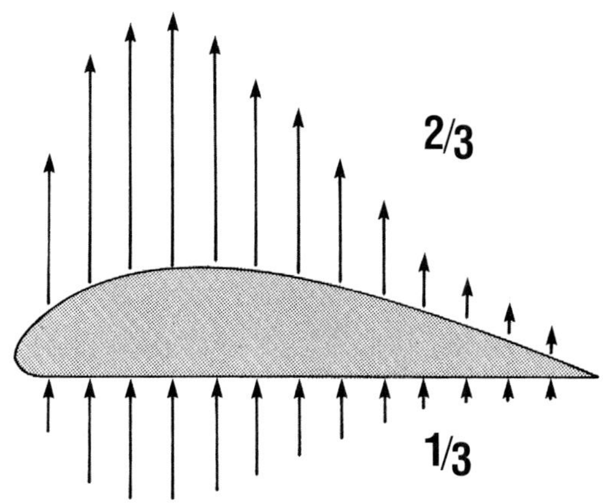

Auf der Oberseite entsteht dabei ein Unterdruck (Sog), auf der Unterseite ein Überdruck, die beide gemeinsam Auftrieb erzeugen. An der Auftriebserzeugung ist der Sog mit etwa 2/3 beteiligt, der Überdruck mit 1/3.

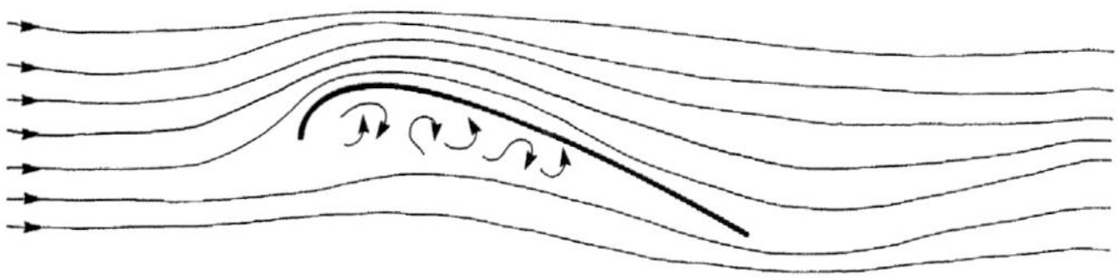

Beim Drachen mit einfachem Segel übernimmt die hochgewölbte Segelfläche die Aufgabe der Profiloberfläche.

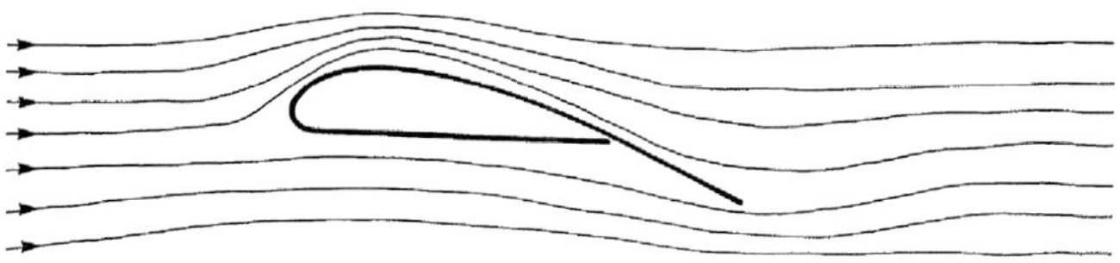

Bei Drachen mit Doppelsegeln ist auch die Unterseite des Profils geschlossen. Dies verbessert den Strömungsverlauf auch auf der Unterseite des Segels.

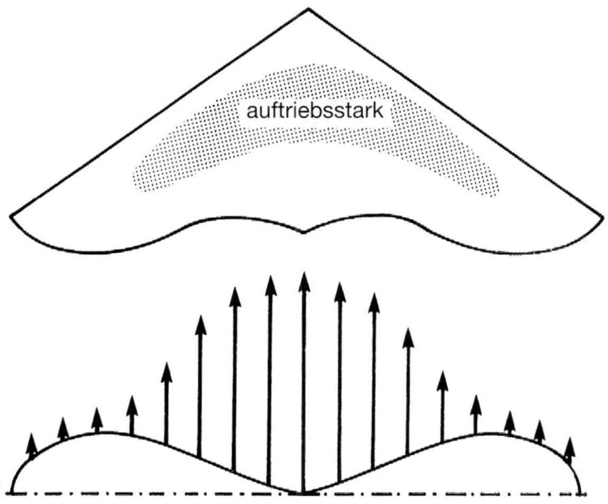

Der Auftrieb ist im vorderen Drittel des Flügelprofils besonders ausgeprägt. Die Auftriebsverteilung über die Spannweite konzentriert sich beim Drachen auf den Mittelbereich.

Auftriebsformel

$$\textbf{Auftrieb } A = c_A \cdot \frac{\varrho}{2} \cdot v^2 \cdot F$$

c_A = Auftriebsbeiwert; abhängig von der Profilform, von der Flügelform und vom Anstellwinkel.
ϱ = Luftdichte
v = Eigengeschwindigkeit
F = projizierte Segelfläche

Die Auftriebsformel bedeutet:

- Je größer die Fläche, desto größer der Auftrieb; Auftriebsvergrößerung linear zur Flächenvergrößerung.
- Je größer die Geschwindigkeit, desto größer der Auftrieb; Auftriebsvergrößerung quadratisch zur Geschwindigkeitserhöhung.
- Je geringer die Luftdichte, desto geringer der Auftrieb; Auftriebsverringerung linear zur Verringerung der Luftdichte.

Der Widerstand

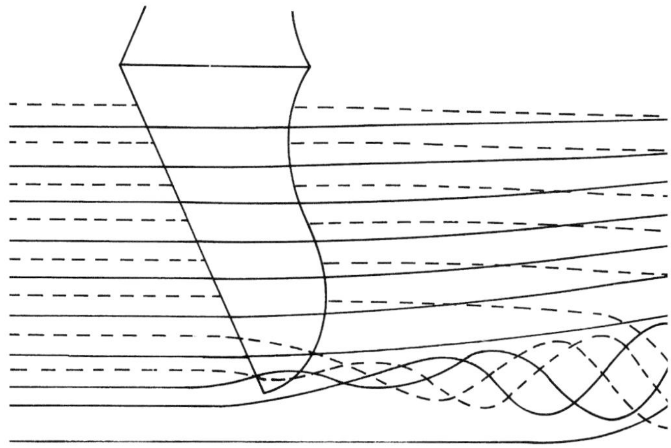

Widerstand bremst den Drachen und kostet Leistung. Die Geräteentwicklung gilt daher in erster Linie der Widerstandsminderung. Trotzdem ist beim Drachenflug auch Widerstand notwendig, bei der Landung. Drei Widerstandsarten sind beim Drachen wesentlich: Formwiderstand, Randwiderstand und Restwiderstand. Eine weitere Rolle spielen der Grenzwiderstand, verursacht durch die Unebenheiten des Segelmaterials, und der Interferenzwiderstand aus der gegenseitigen Beeinflußung verschiedenartiger Strömungen und Verwirbelungen

Formwiderstand

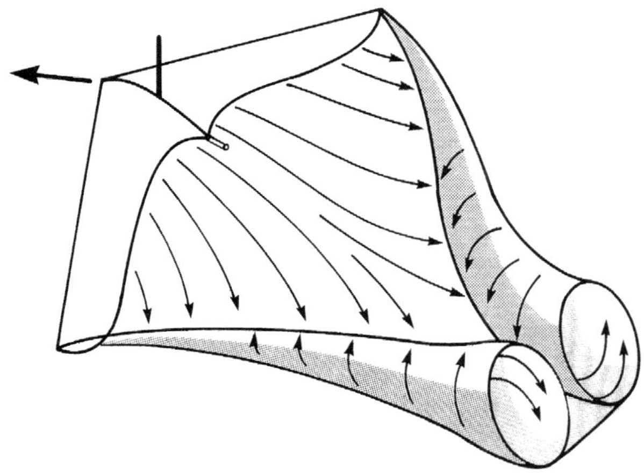

Der Formwiderstand wird durch die auftriebserzeugenden Teile verursacht, beim Drachen durch den Flügel. Er wächst linear mit der Vergrößerung der in Strömungsrichtung projizierten Fläche, also mit der Erhöhung des Anstellwinkels.

Randwiderstand

Der Randwiderstand – auch als induzierter Widerstand bezeichnet – entsteht an den Flügelrändern. In ihrem Bestreben, die Druckunterschiede zwischen Ober- und Unterseite auszugleichen, entweicht die Unterluft über die seitlichen und hinteren Flügelränder und bildet widerstandsreiche Wirbelzöpfe. Infolge des Druckausgleichs gehen gleichzeitig die äußeren Flügelteile für die Auftriebserzeugung verloren. Eine große Streckung vergrößert das für die Auftriebserzeugung verbleibende Mittelteil der Segelfläche.

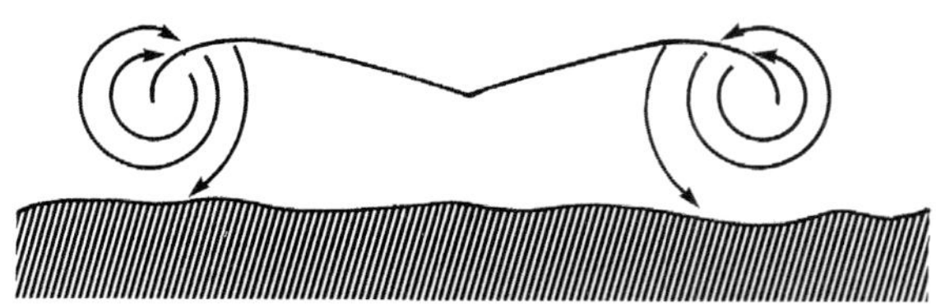

Der **Bodeneffekt** verringert den Randwiderstand. Der nahe Erdboden hindert die Luft teilweise daran, auf die Flügeloberfläche zu entweichen.

Restwiderstand

Der Restwiderstand wird durch die an der Auftriebserzeugung nicht mitwirkenden Teile verursacht. In erster Linie entsteht er am Körper des Piloten sowie an den freiliegenden Rohren und Seilen.
Gegenüber der Sitzposition des Piloten ist die Liegeposition widerstandsärmer. Umgekehrt erhöht das Aufrichten des Piloten vor der Landung in erwünschter Weise den Restwiderstand.
Widerstandsmindernd wirkt sich die tropfenförmige Verkleidung der Rohrteile und des Piloten aus. Die Tropfenform – zu erkennen auch im Segelquerschnitt und dort den Formwiderstand beeinflussend – ist die widerstandsärmste Form eines angeströmten Körpers.

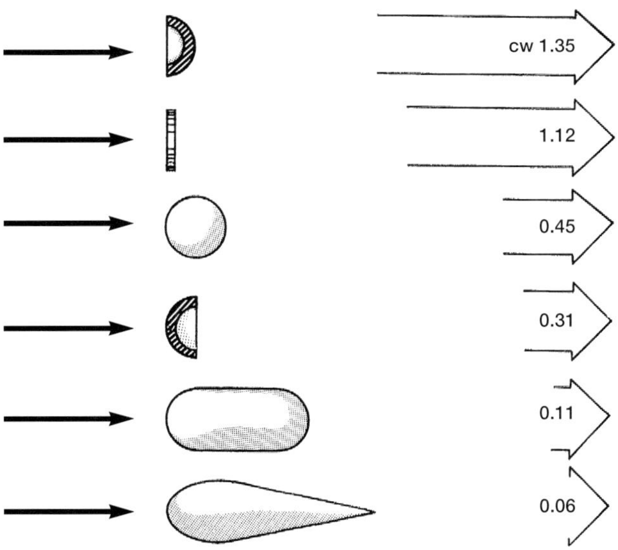

Widerstandsformel

Widerstand $W = c_w \cdot \frac{\varrho}{2} \cdot v^2 \cdot F$

c_w = Widerstandsbeiwert; abhängig von der Form der widerstandserzeugenden Teile und vom Anstellwinkel
ϱ = Luftdichte
v = Eigengeschwindigkeit
F = projizierte Segelfläche

Die Widerstandsformel bedeutet:

- Je größer die Fläche, desto größer der Widerstand; Widerstandsvergrößerung linear zur Flächenvergrößerung.
- Je größer die Geschwindigkeit, desto größer der Widerstand; Widerstandsvergrößerung quadratisch zur Geschwindigkeitserhöhung.
- Je geringer die Luftdichte, desto geringer der Widerstand; Widerstandsverringerung linear zur Verringerung der Luftdichte.

Die Steuerung der Geschwindigkeit

Die Genialität des Drachens als Fluggerät zeigt sich auch in der Einfachheit der Steuerung. Ohne aufwendige Mechanik beschleunigt bzw. verlangsamt der Pilot seine Geschwindigkeit nur durch Ziehen oder Drücken am Steuerbügel.

Druckpunkt

Die aus Auftrieb und Widerstand resultierende Totale Luftkraft hat ihren Ansatzpunkt im Druckpunkt D. Seine jeweilige Lage wird durch das Kräfteverhältnis von Auftrieb und Widerstand bestimmt.
Da beim Gleitflug der Auftrieb den Widerstand um ein Vielfaches überwiegt und der Auftrieb im Bereich der vorderen Flügelteile besonders ausgeprägt ist, liegt beim Gleitflug auch der Druckpunkt in der vorderen Hälfte der Flügelfläche.

Pilotenschwerpunkt

Um im Gleitflug ein neutrales Flugverhalten ohne Steuerbügeldruck zu erreichen, d.h. den Drachen weder nach vorn noch nach hinten abkippen zu lassen, ist von der Konstruktion der Geräte her die Aufhängung des Piloten dort angeordnet, wo sich im Gleitflug auch der Druckpunkt befindet: Im ausgetrimmten Gleitflug hängt der Pilot mit seinem Schwerpunkt unter der vorderen Hälfte der Flügelfläche genau unterhalb des Druckpunktes.

Schwerpunktverlagerung

Zum Beschleunigen des Gerätes verlagert der Pilot seinen Schwerpunkt nach vorn, indem er sich mittels seiner Armkraft nach vorne »zieht«.
Sobald der Schwerpunkt vorverlagert ist und damit vor dem Druckpunkt liegt, entsteht ein Drehmoment, das die Drachennase senkt. Dies führt zur Verkleinerung

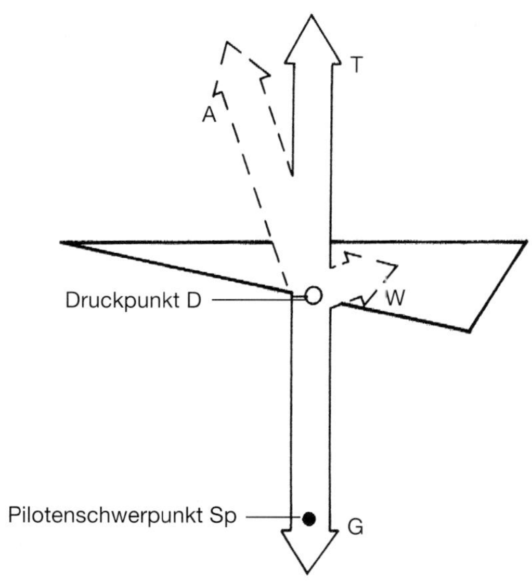

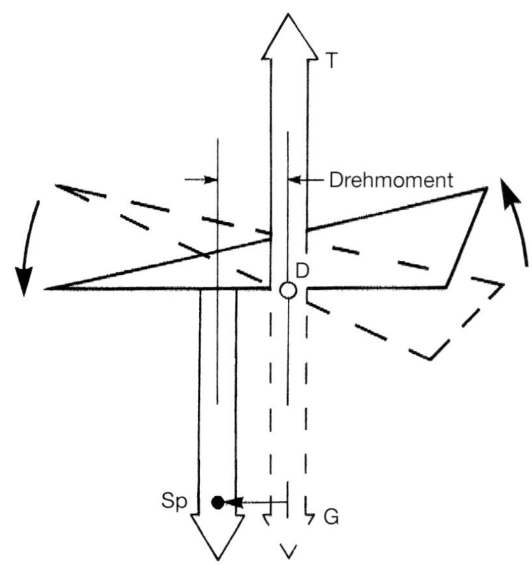

des Anstellwinkels und zur Geschwindigkeitserhöhung.
Zum Abbremsen aus dem Gleitflug »drückt« der Pilot seinen Schwerpunkt am Steuerbügel nach hinten bis hinter den Druckpunkt und erzeugt dadurch ein Drehmoment, das die Drachennase hebt. Der Anstellwinkel vergrößert sich und die Geschwindigkeit sinkt. Die Größe des Drehmoments ergibt sich aus Gewicht und Hebelarm.

Das Gewicht des Piloten bleibt im Flug nicht konstant, sondern ändert sich infolge von Flugmanövern und äußeren Einflüssen, z.B. Thermik:
Das »Gewicht«, das die Waage am Boden anzeigt, enthält bereits den Faktor 1 für die Erdanziehung 1g. Dieser Beschleunigungsfaktor 1 gilt auch für den stationären Geradeausflug in ruhiger Luft.
Bei positiver Beschleunigung – der Pilot wird in das Gurtzeug gepreßt – erhöht sich das Pilotengewicht und dadurch das Drehmoment.
Bei negativer Beschleunigung – der Pilot wird aus dem Gurtzeug gehoben – verringert sich das Pilotengewicht und damit das Drehmoment.

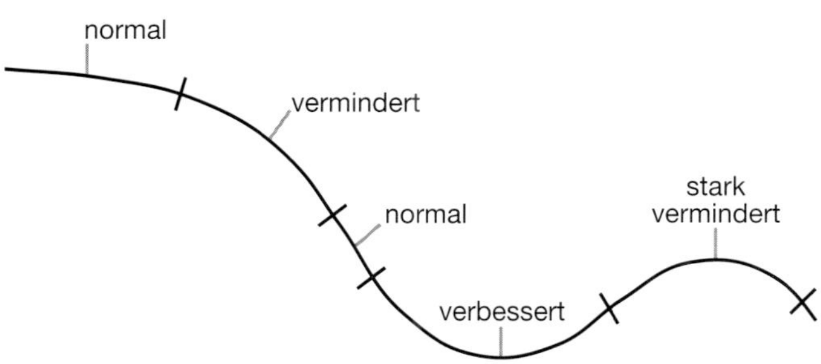

Steuerfähigkeit nach Fluglage

Der Strömungsabriß

Gleitflug erfordert eine tragfähige Strömung am Flügel. Wenn die Strömung wegen eines zu großen Anstellwinkels und zu geringer Eigengeschwindigkeit sich nicht mehr am Flügel halten kann, reißt sie ab.

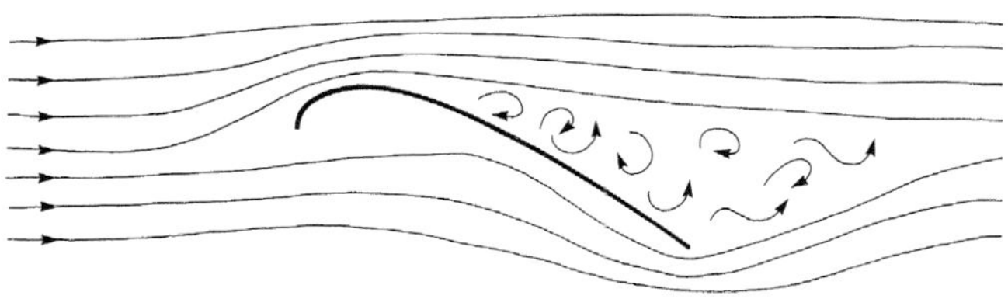

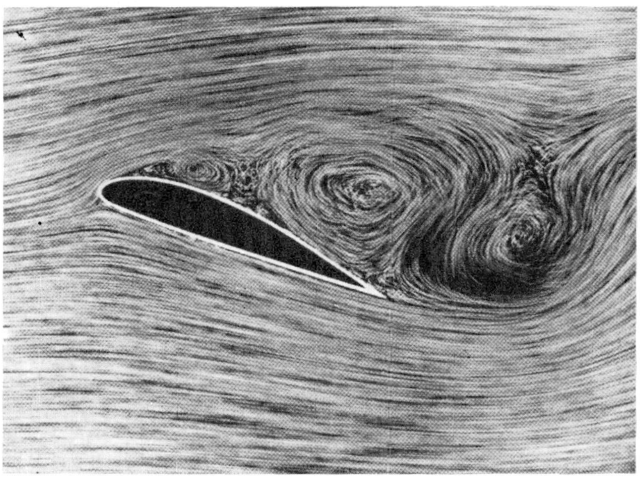

Foto: Strömungsabriß im Strömungskanal

Druckpunktwanderung

Beim Strömungsabriß bricht der Auftrieb zusammen. Gleichzeitig wächst der Formwiderstand, da die in Strömungsrichtung projizierte Fläche sich entsprechend der Vergrößerung des Anstellwinkels ebenfalls vergrößert hat. Die Totale Luftkraft wird dann weniger vom Auftrieb bestimmt, sondern überwiegend vom Formwiderstand mit seinem Zentrum in der Mitte der Flügelfläche. Demzufolge verändert sich auch die Lage des Ansatzpunktes der Totalen Luftkraft, des Druckpunktes: Der Druckpunkt wandert nach hinten zur Mitte der Flügelfläche, hinter die Aufhängung des Piloten. Als Folge daraus entsteht ein Drehmoment. Der Pilot zieht mit seinem eigenen Körpergewicht die Drachennase nach unten. Der Drachen kippt nach vorn ab.

Strömungsabriß und Schränkung

Bei einem völlig geraden Flügel würde der Strömungsabriß schlagartig einsetzen. Der Pilot würde vom Strömungsabriß überrascht und hätte keine Möglichkeit zu frühzeitigen Korrekturen.
Die Schränkung des Flügels mit den unterschiedlichen Anstellwinkeln im Kielrohrbereich (größere Anstellwinkel) und in den äußeren Flügelbereichen (kleinere Anstellwinkel) sorgt dafür, daß der Abreißvorgang sich verteilt:

- Zunächst reißt die Strömung im Kielrohrbereich ab und zuletzt im Außenbereich der Flügel.
- Der Abreißvorgang tritt nicht plötzlich ein, sondern verteilt sich auf eine Geschwindigkeits- und eine Zeitspanne.
- Der Drachen kippt nach vorn über die Nase und üblicherweise nicht seitlich über eine Fläche ab.

Jede Landung ist ein gewollter Strömungsabriß. Die Schränkung erleichtert mit ihrer dämpfenden Wirkung den Landevorgang.

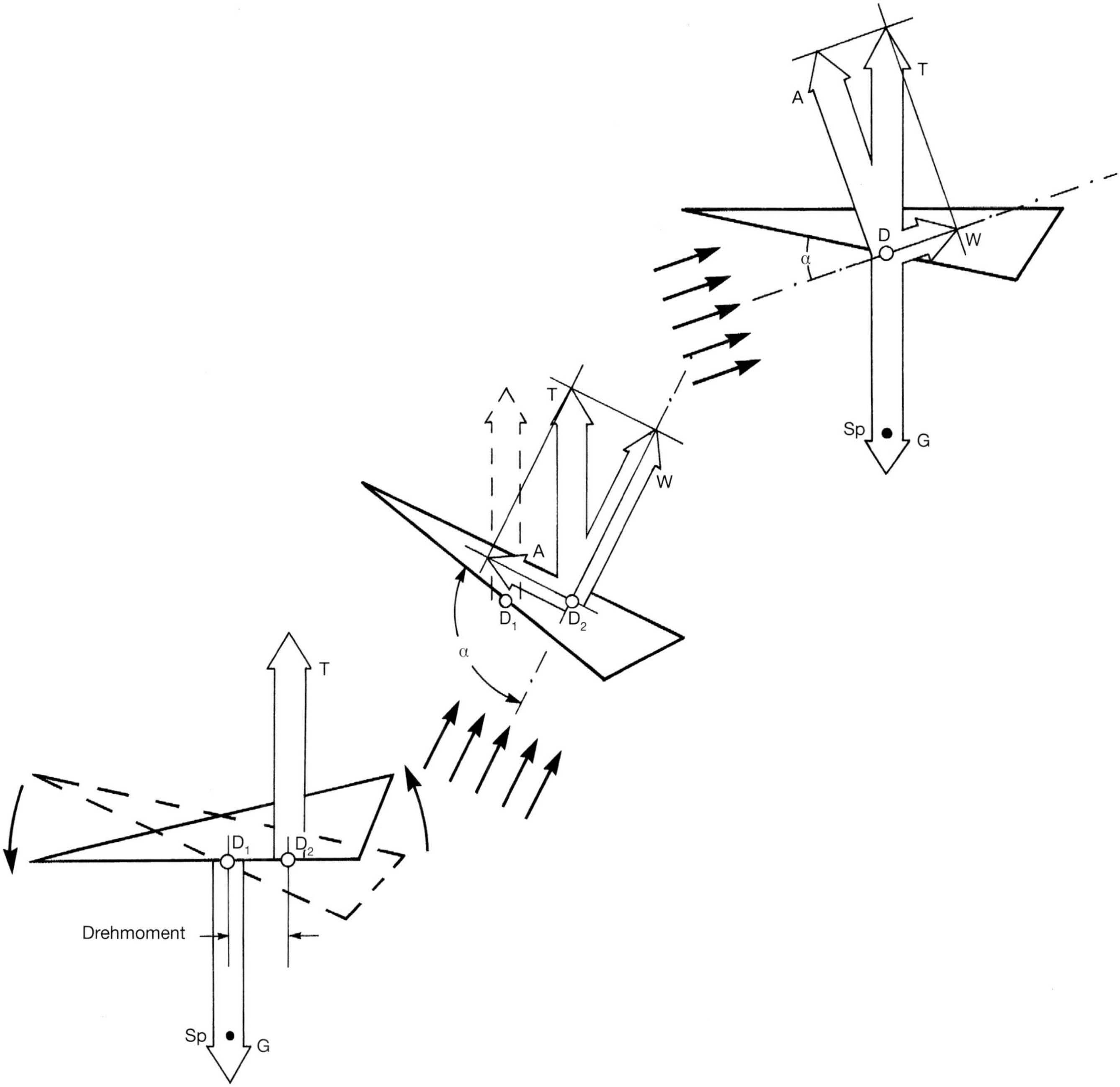
A
T
D
W
α
Sp
G
T
W
A
D1
D2
α
T
D1
D2
Drehmoment
Sp
G

Die aerodynamische Stabilität

Die Stabilität in der Aerodynamik ist zu trennen von der Stabilität im Sinne von Bruchfestigkeit. Ein technischer Zusammenhang besteht jedoch dadurch, daß ein aerodynamisch instabiles Gerät in unkontrollierte Flugzustände geraten kann und dort einer erhöhten Bruchgefahr ausgesetzt ist.

Statische und dynamische Stabilität

Die Aerodynamik kennt zwei ihrem Charakter nach unterschiedliche Stabilitätsformen, die statische und die dynamische Stabilität.
Statische Stabilität bezeichnet die Tendenz des Drachens, nach einer Auslenkung – z. B. durch Turbulenzen – selbständig ohne Einwirken des Piloten in den vorgegebenen stationären Geradeaus- oder Kurvenflug zurückzukehren.
Dynamische Stabilität bezeichnet die Fähigkeit des Drachens, die durch statische Stabilität hervorgerufene Rückkehrbewegung zu dämpfen. Der Drachen schaukelt nicht auf.

Drehbewegungen und Drehachsen

Die Drehbewegungen des Drachens sind in der Luftfahrt einheitlich benannt:

Rollen um die Längsachse
Nicken um die Querachse
Gieren um die Hochachse

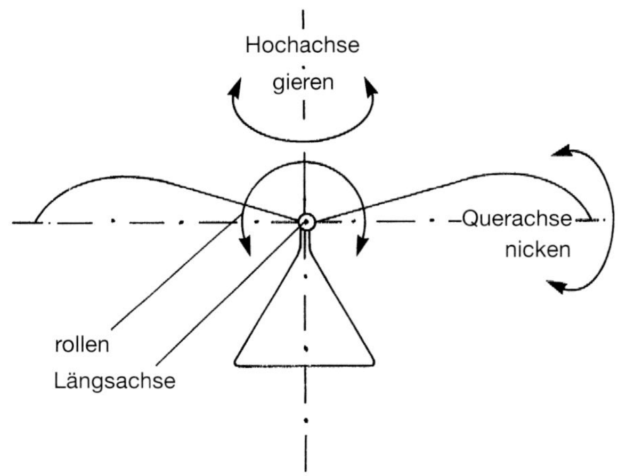

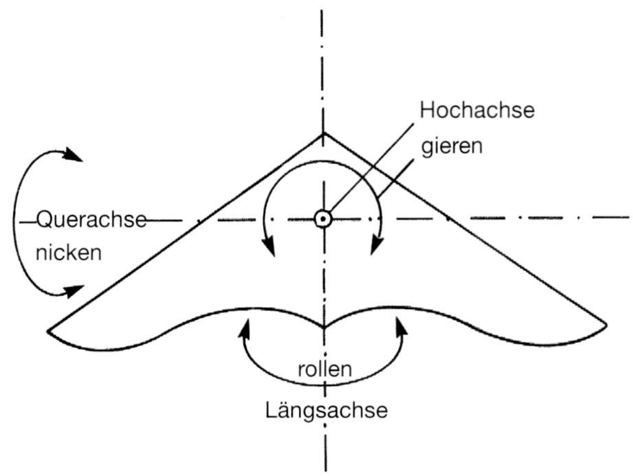

Die Drehachsen entsprechen den senkrecht zueinander stehenden Drachenrohren:

- die Längsachse dem Kielrohr
- die Querachse dem Querrohr
- die Hochachse dem Turm.

Häufigste Bewegungen sind das Rollen beim Einleiten einer Kurve und das Nicken beim Beschleunigen und Bremsen. Drehbewegungen um verschiedene Achsen können auch miteinander verknüpft sein (Koppelung). Den Drehbewegungen wirkt die aerodynamische Stabilität entgegen.

Gierstabilität und Rollstabilität

Die Gierstabilität, auch Richtungsstabilität genannt, sorgt dafür, daß der Drachen nach einer Drehung um die Hochachse in eine Fluglage zurückkehrt, bei der die Luft wieder in Längsrichtung die Segelfläche umströmt.

Der Randwiderstand erhöht die Gierstabilität. Verschiedene Baumerkmale kommen der Gierstabilität zugute:

- hoher Tunnel und Kieltasche
- große Flächenbelastung
- spitzer Nasenwinkel, Pfeilung
- ausgeprägte Schränkung
- Kiellänge des Segels.

Die Rollstabilität, auch Querstabilität genannt, kennzeichnet das Bestreben des Drachens, nach einer Drehung um die Längsachse – etwa beim Kurvenflug – die Tragfläche wieder horizontal zu stellen.

Verschiedene Baumerkmale kommen der Rollstabilität zugute:

- hoher Tunnel
- tiefe Schwerpunktlage des Piloten
- große Flächenbelastung
- ausgeprägte Schränkung
- V-Form.

Bei jedem Kurvenflug vollführt der Drachen gleichzeitig eine Roll- und eine Gierbewegung. Die einzelnen Stabilitätsformen sind einer gegenseitigen Abhängigkeit unterworfen, genannt Koppelung.

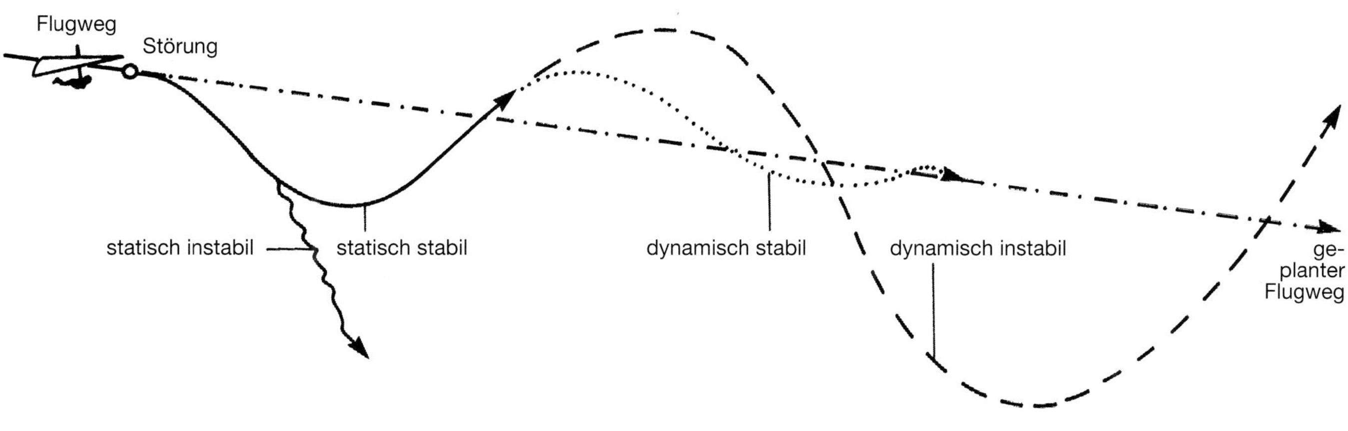

Nickstabilität und Pitch-up

Die Nickstabilität, auch Längsstabilität genannt, kennzeichnet das Bestreben des Drachens, nach einer Drehung um die Querachse in seine ursprüngliche Fluglage zurückzukehren. Fehlende Nickstabilität führt zu Flattersturz oder Überschlag. Ursache dafür ist die Verformung des Segels in bestimmten Anstellwinkel- und Geschwindigkeitsbereichen.

Das Rückstellmoment (englisch: pitch-up), das die Nickstabilität gewährleistet, beruht auf

- Schränkung und Pfeilung
- Segelabspannung
- tiefer Schwerpunktlage des Piloten.

Während in der Normalfluglage die Schränkung und damit das pitch-up bereits durch den Tunnel bestehen, muß in extremen Fluglagen mit Flattersturz- oder Überschlagstendenz die Schränkung durch besondere bauliche Maßnahmen stabilisiert sein. Hauptgefahr droht dadurch, daß in Bereichen mit niedrigen oder gar negativen Anstellwinkeln die Tunnelschränkung durch die frontal oder von oben auftreffende Luft eingedrückt wird.
In diesem Fall sorgt die durch Schränkungsanschläge stabilisierte Schränkung in Verbindung mit der als Hebel wirkenden Pfeilung für eine rückstellende Kraft. Ebenfalls rückstellend wirken Segelabspannung und S-förmig gebogene Segellatten, die einem Höhenleitwerk vergleichbar sind. Die tiefe Schwerpunktlage wirkt nur bei festgehaltenem Steuerbügel.

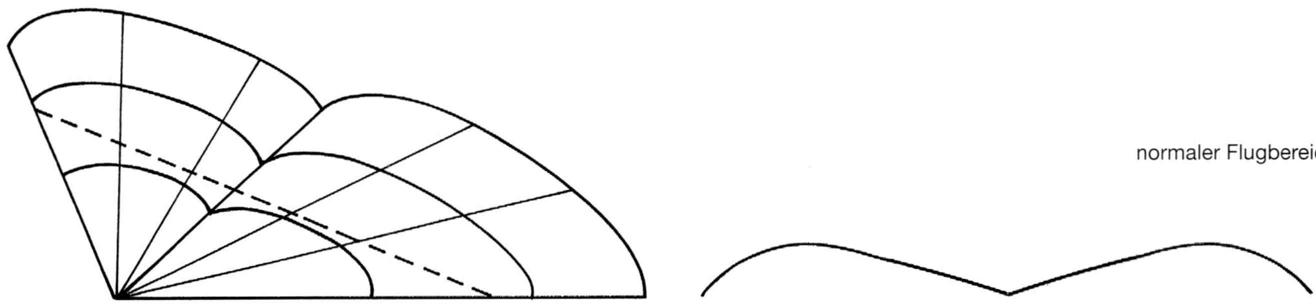

normaler Flugbereich

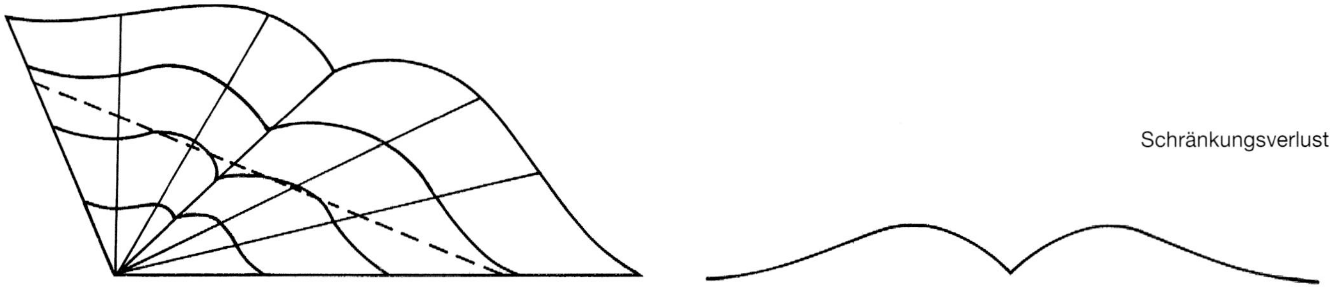

Schränkungsverlust

Foto: Michael Weingartner

Der Kurvenflug

Kein anderes Flugzeug läßt sich so einfach und mit so wenig Aufwand kurven wie der Drachen. Trotz dieser Einfachheit bietet kein anderes Flugzeug einen so engen Kurvenradius und eine solche Beweglichkeit.

Kräfte beim stationären Kurvenflug

Für eine stationäre Kurve – d. h. ohne Einleit- und Ausleitphase – müssen Kurvenradius, Schräglage, Geschwindigkeit und Gewicht aufeinander abgestimmt sein.

Geschwindigkeit, Kurvenradius und Gewicht (Startgewicht) ergeben die horizontal nach außen gerichtete Zentrifugalkraft Z.

Aus der Zentrifugalkraft Z und dem Gewicht G resultiert das senkrecht zur schräggestellten Querachse wirkende Kurvengewicht G_K.

Das Kurvengewicht G_K wird kompensiert durch die Totale Luftkraft T_K.

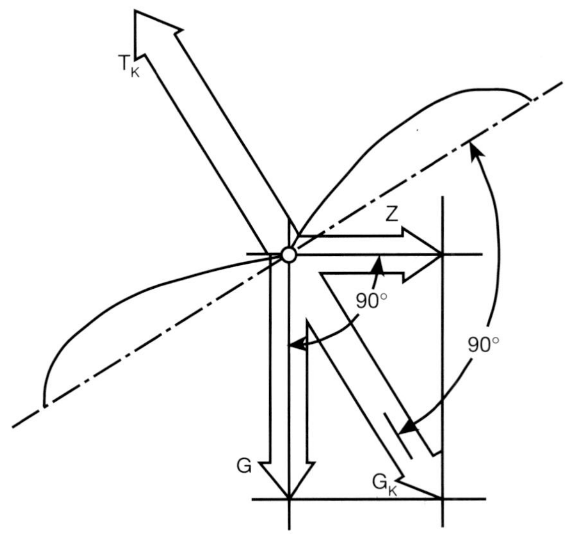

Das beim Kurvenflug auftretende Kurvengewicht G_K ist größer als das einfache Gewicht G. Dementsprechend ist die Totale Luftkraft als Gegenkraft beim Kurvenflug größer als beim Geradeausflug. Der Zuwachs der Totalen Luftkraft wird durch erhöhte Geschwindigkeit erzeugt und bedeutet gleichzeitig einen Zuwachs für Widerstand und Auftrieb. Der Zuwachs des Widerstandes kostet weitere Energie und bringt Höhenverlust.

Durch das höhere Kurvengewicht G_K wird das Gerät je nach Kurvenlage stärker belastet, bei 60 Grad Schräglage doppelt so stark wie im stationären Geradeausflug.

Die Stallgeschwindigkeit wächst bei einer Kurvenschräglage von
30° um ca. 10%
45° um ca. 20%
60° um ca. 40%.

Steuerung der Kurve

Die Kurvensteuerung erfolgt durch seitliche Schwerpunktverlagerung. Der Pilot verschiebt seinen Körper am Steuerbügel in die Richtung, in die er die Kurve einleiten will.

Sobald der Schwerpunkt aus der Gerätemitte nach einer Seite verlagert ist, entsteht ein Drehmoment, das den einen Flügel senkt und den anderen hebt. Dabei erhöht sich der Tunnel auf der belasteten Seite und verflacht sich auf der entlasteten Seite, unterstützt durch die Kieltasche und gegebenenfalls das schwimmende Kielrohr.

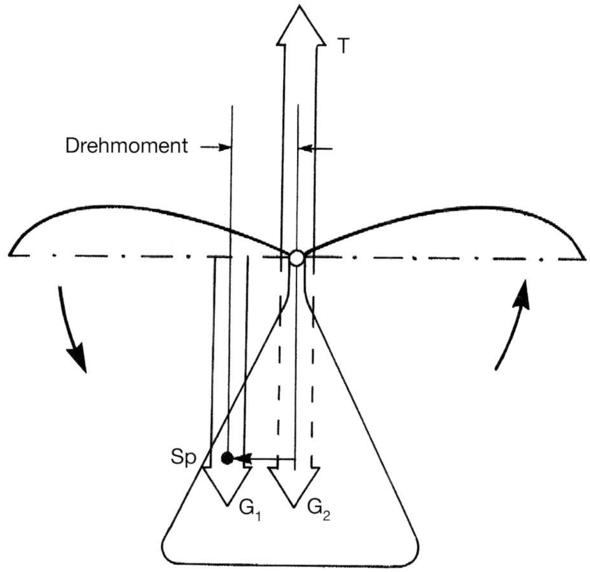

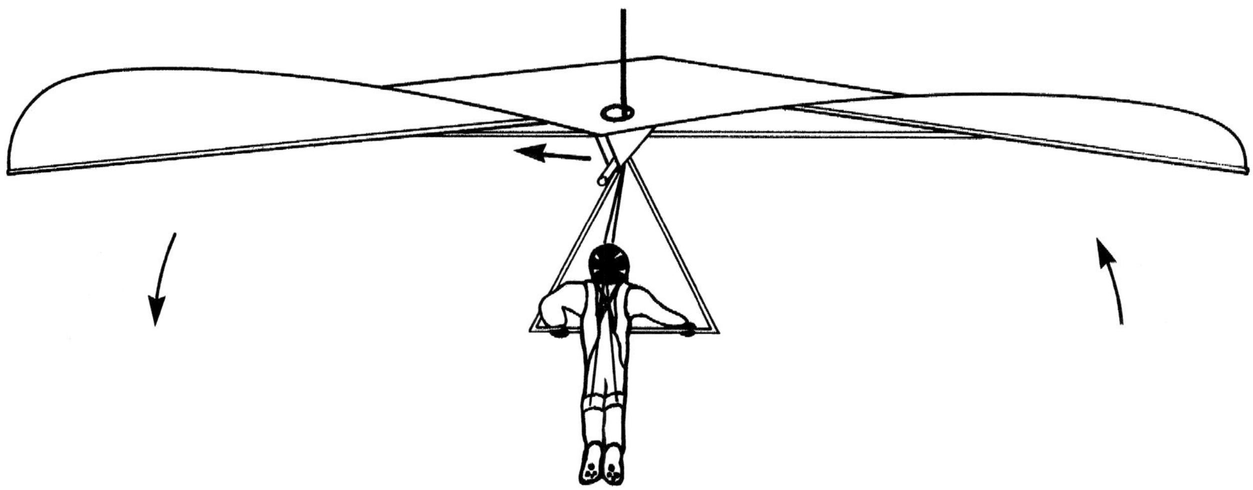

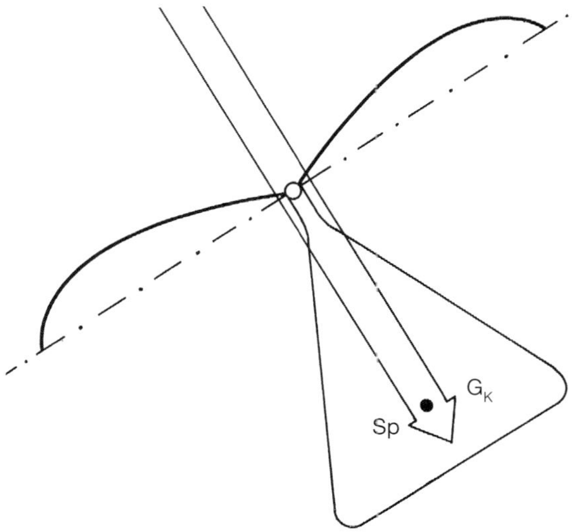

Im Anschluß an das Einleiten der Kurve, d.h. dann, wenn die Zentrifugalkraft zu wirken beginnt, wandert der Pilotenschwerpunkt wieder zurück zur Steuerbügelmitte. Das Gerät befindet sich im stationären Kurvenflug.

Die Schräglagensteuerung in der stationären Kurve erfolgt durch Drücken, wobei dieses Drücken bei einer weiten Kurve gering ist und in einer steilen Kurve ausgeprägt. Der Flügel wirkt in der Kurve zugleich wie ein Seitenruder und das Drücken bewirkt den Seitenruderausschlag.

Zur Ausleitung der Kurve schiebt der Pilot seinen Körper am Steuerbügel in die Gegenrichtung und erzeugt damit ein Drehmoment, das den Drachen wieder aufrichtet.

Foto: Klaus Tänzler

Die Polare

Die Geschwindigkeitspolare des Drachens gibt für jeden Geschwindigkeitsbereich den zugehörigen Sinkwert an. Sie muß für jeden Gerätetyp erflogen werden. Das jeweilige Pilotengewicht läßt sich, wenn man die gewichtsbedingte Flügelverformung außer acht läßt, in die Polare einrechnen.
Der höchste Punkt der Polarenkurve bezeichnet den geringsten Sinkwert und die zugehörige Geschwindigkeit. Geringstes Sinken drückt den minimalen Höhenverlust in Metern pro Sekunde aus. Die Geschwindigkeit des geringsten Sinkens liegt nahe der Abreißgeschwindigkeit.
Höher liegt die Geschwindigkeit des besten Gleitens. Sie ermittelt sich anhand der Polare durch Anlegen einer Geraden an die Polarenkurve, ausgehend vom Nullpunkt. Der Berührungspunkt der Geraden mit der Polarenkurve zeigt, bei welcher Geschwindigkeit sich die beste Gleitzahl ergibt und welches Sinken bei dieser Geschwindigkeit besteht.
Gleitzahl bezeichnet das Verhältnis von zurückgelegter Strecke zum Höhenverlust, wobei der Höhenverlust mit der Zahl 1 konstant bleibt. Ein Gerät mit der Gleitzahl von beispielsweise 8 legt mit der Geschwindigkeit des besten Gleitens bei einem Höhenverlust von 100 m eine Strecke von 800 m zurück. Die Gleitzahl entspricht dem Verhältnis von Auftrieb zu Widerstand. Im Beispiel ist der Auftrieb 8 mal größer als der Widerstand.
Ermittlung und Interpretation der Polare sowie ihre Anwendung auf die Sollfahrtanzeige (Mac-Cready-Ring) sind im Buch *Drachenfliegen für Meister* ausführlich dargestellt.

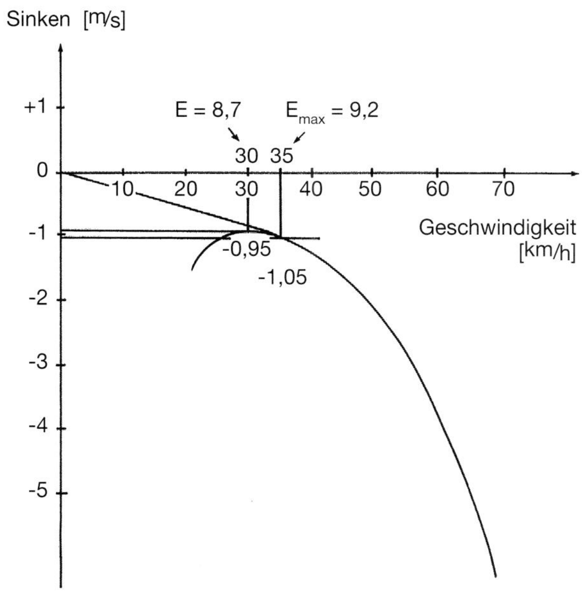

$$\textbf{Gleitzahl} = \frac{\textbf{Strecke}}{\textbf{Höhe}} \triangleq \frac{\textbf{Auftrieb}}{\textbf{Widerstand}}$$

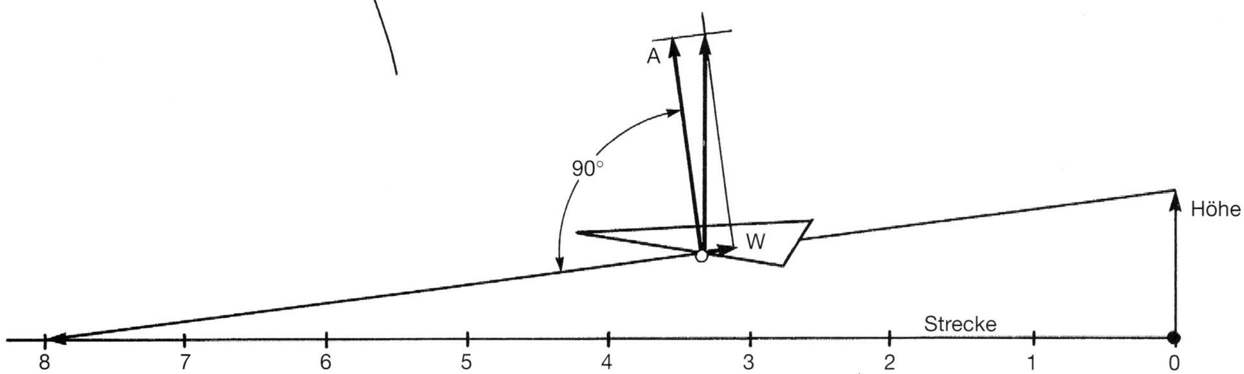

Flugpraxis

Der Begriff Flugtechnik umfaßt hier Start mit Flugvorbereitung, Steuerung des Drachens, Landeeinteilung und Landung. Dargestellt werden die Kriterien der Flugtechnik, wie sie der Beurteilung des Prüfungsfluges zugrunde liegen.

Flugvorbereitung

Die Flugvorbereitug hat in der Luftfahrt zentrale Bedeutung. Beim Drachenflug ist sie stark vereinfacht, aber ebenso entscheidend für die Flugsicherheit.

Auf- und Abbau des Drachens

Je nach Gerätetyp wechselt die Vorgehensweise. Die Aufbauanleitung des Herstellers ist unbedingt zu beachten.

Wichtig für Aufbau und Abbau:

- ◆ Kratz- und Schlagschäden an den Rohren vermeiden.
- ◆ Die unverspannten Hauptrohre nicht biegen und vor Windlast schützen.
- ◆ Vor dem Aufstellen und Aufklappen den richtigen Verlauf der Seile und Kauschen kontrollieren.
- ◆ Die Segelhinterkante nicht belasten. Das Segel nicht einklemmen
- ◆ Auf Rechts-Links-Verwechslung, Verdrehung der Flügelrohre und des Segels an den Flügelrohren achten.
- ◆ Bei einem Widerstand nicht mit Kraft arbeiten, sondern die Ursache beheben.
- ◆ Den Drachen stets so stellen, daß der Wind nicht unter das Segel greifen kann.

Foto: Klaus Tänzler

Die Vorflugkontrolle

Die Vorflugkontrolle (auch Check genannt) ist die wichtigste Voraussetzung für einen sicheren Flug. Mit einem nicht ordnungsgemäß überprüften Drachen fallen selbst Meister vom Himmel. Die meisten Unfälle sind auf Nachlässigkeit bei Aufbau und Vorflugkontrolle zurückzuführen. Schon ein fehlender Splint oder ein verhängtes Seil können zum Absturz führen. Wenn beispielsweise ein Unterseil durch Knoten oder Schlaufen verkürzt ist, verformt sich das Gestell und dadurch das Segelprofil.

Aufbaucheck

1. **Schraubenverbindungen außen (Kauschen–Schrauben–Splinte)**
2. **Segelsitz, Segelbefestigung, Segellatten, Segelschränkung**
3. **Seilspannung, Seilverlauf**
4. **Schraubenverbindungen, Zentrum und Steuerbügel (Kauschen–Schrauben–Splinte)**
5. **Flügelsymmetrie**
6. **Sitz des Gurtzeugs am Körper**
7. **Verbindungen Fallschirm/Gurtzeug und Fallschirm/Karabiner**

Startcheck

1. **Helm**
2. **Doppelte Aufhängung**
3. **Liegeprobe (Abstand zum Steuerbügel, freier Seillauf, Karabiner verschraubt)**
4. **Windstärke und Windrichtung**
5. **Startstrecke und Luftraum**

Die Vorflugkontrolle wird nach jedem abgeschlossenen Aufbau des Drachens durchgeführt, zusätzlich noch, wenn vor dem Start andere Personen unbeaufsichtigt Zugang zum Drachen hatten; der Startcheck wird vor jedem Start vorgenommen.

Der Start

Beim Start beschleunigt der Pilot seinen Drachen, bis er mit Geschwindigkeitsreserve abhebt. Zu Beginn des Anlaufs trägt der Pilot den Drachen mit dem Anstellwinkel der Trimmgeschwindigkeit so lange, bis der Drachen fliegt. Dann läuft der Pilot mit der zunehmenden Geschwindigkeit des Drachens mit, bis ihn der Drachen vom Boden hebt.

Aerodynamische Zusammenhänge

Die Anlauffläche muß steiler sein als der Gleitwinkel bei Trimmgeschwindigkeit. Die Anströmrichtung entspricht der Neigung der Anlauffläche.
Beim Beschleunigen mit dem Anstellwinkel der Trimmgeschwindigkeit liegt der Druckpunkt senkrecht über der Aufhängung des Piloten.
Ist die Anlaufgeschwindigkeit gegenüber der Luft gleich der Trimmgeschwindigkeit, dann ist die resultierende Luftkraft genügend groß, um Piloten- und Gerätegewicht zu tragen.
Auf Grund seiner aerodynamischen Stabilität will der Drachen jetzt den Gleitwinkel für diese Geschwindigkeit und für diesen Anstellwinkel einnehmen.
Bei weiter beschleunigtem Anlauf wandert der Druckpunkt nach vorne. Das Gerät will die Nase heben und damit den Piloten von der Anlauffläche abheben. Der Steuerbügel will dabei nach vorne auswandern. Wenn der Pilot dieses Auswandern dämpft, so verzögert er den Abhebevorgang und baut Geschwindigkeitsreserve auf.

Grundhaltung und Ausrichten

Zur Vorbereitung der **Grundhaltung** wird das Gerät waagerecht auf die Steuerbügelbasis gestellt. Der Pilot schiebt die Schulterpartie durch den Steuerbügel und geht soweit in die Hocke, bis der Aufhängegurt gestreckt ist. Die Arme werden gespreizt, so daß die Oberarme innen an den Trapezseitenstangen liegen. Die Unterarme umfassen von außen die Seitenrohre des Steuerbügels. Die Hände greifen mit seitlich anliegender Handfläche (Daumen vorne) den Steuerbügel möglichst tief. Der Aufhängegurt soll gespannt sein. Durch Strecken der Beine wird das Gerät hochgehoben.
Das Gerätegewicht ruht auf den Oberarmen und muß nicht von den Händen gehalten werden. Wenn das Gerätegewicht auf den Oberarmen ruht und nicht auf den Schultern, läßt sich auch ein breiter Steuerbügel gut kontrollieren.
Es entsteht eine locker gestreckte Armhaltung mit maximaler Hebelwirkung zwischen dem Oberarm als Auflagefläche und der Hand als Angriffspunkt. Eine optimale Kontrolle um alle Achsen bei geringem Kraftaufwand ist gewährleistet, bis das Gerät aerodynamisch steuerbar ist.

Das **Ausrichten** des Drachens erfolgt in der Grundhaltung. Zunächst werden die Flügelspitzen waagerecht ausbalanciert und der Drachen in Anlaufrichtung gedreht. Das Kielrohr wird gegenüber der Anlauffläche mit einem Winkel von 15–20 Grad angestellt. Dieser Anstellwinkel entspricht der Trimmgeschwindigkeit. Der Pilot blickt in Startrichtung und fixiert einen Punkt am Horizont in Richtung seines Gleitwinkels. Der Bezug zum Horizont während des gesamten Starts gewährleistet die Flugwegkontrolle und erleichtert das aufrechte Laufen.

Grundhaltung

Angehen ohne nach vorne zu kippen

Laufhaltung nach dem Griffwechsel

Die Startphasen

1. Einnehmen der Grundhaltung
2. Ausrichten des Gerätes
3. Anlaufen und Führen des Gerätes
4. Abheben
5. Abflug

Anlaufen und Abheben

Beim **Anlaufen** beschleunigt der Pilot aus der Grundhaltung heraus den Drachen gleichmäßig. Die ersten Schritte sind verhalten (Gehschritte) und der Pilot nimmt erst mit steigender Laufgeschwindigkeit die leichte Vorlage ein. Dabei bleibt der Oberkörper aufrecht und der Körperschwerpunkt senkrecht unter der Aufhängung. Die Schritte werden mit zunehmender Geschwindigkeit länger, die Schrittfrequenz bleibt konstant.

Das Gerät muß solange mechanisch stabilisiert werden, bis die aerodynamischen Kräfte aufgebaut sind, um den Drachen mit Steuerbügelausschlägen kontrollieren zu können. Der Griffwechsel schafft die Bewegungsfreiheit, um voll laufen zu können und gleichzeitig den Drachen zu kontrollieren. Wenn der Körperschwerpunkt unter dem Druckpunkt bleibt, beschleunigt der Drachen bis zur aktiven Geschwindigkeit gleichmäßig und es sind auch nach dem Abheben keine Steuerkorrekturen erforderlich.
Den nach vorne auswandernden Steuerbügel hält der Pilot zurück, bis die Abhebegeschwindigkeit einschließlich Geschwindigkeitsreserve erreicht ist.

Der Drachen wird auf den Oberarmen geführt, bis er über dem Piloten schwebt und am Gurtzeug spürbar

Beschleunigen mit großer Schrittlänge

Aufrecht abheben, noch laufbereit

zieht. Jetzt wechseln die Hände in den Ristgriff (Daumen hinten) und umfassen die Trapezseitenstangen etwa in Brusthöhe. Beim Weiterlaufen sind die Arme gebeugt, der Oberkörper ist aufgerichtet, damit der Körperschwerpunkt unter der Aufhängung bleibt.

Durch das Mitlaufen, das Greifen in Brusthöhe und die aufrechte Laufposition bleibt der Pilot auch im Moment des Abhebens noch laufbereit (Schutz vor Durchsacken) und kann den Anstellwinkel kontrollieren. Abheben und Abflug erfolgen stabilisiert und ruhig.

Zum **Abheben** gibt der Pilot dem Steuerbügeldruck nach und läßt sich durch den Drachen vom Boden heben. Der letzte Schritt erfolgt in der Luft.

Erst wenn das Gerät beim Abflug eine sichere Geschwindigkeit (etwa die des besten Gleitens) und sicheren Abstand vom Boden erreicht hat, greift der Pilot erst mit einer Hand, dann mit der anderen auf die Basis um und nimmt die Liegendposition ein.

Lauftechnik

An der mangelhaften **Lauftechnik** des Piloten scheitern viele Starts, besonders bei stärkerem Gegenwind, Anlaufflächen mit geringer Neigung oder hinderlichen Gurtzeugen.
Der Anlauf soll bei möglichst gleichförmiger Beschleunigung eine hohe Endgeschwindigkeit bringen. Die Abschüssigkeit der Anlauffläche trägt selbst zur Beschleunigung bei. Deshalb steht nicht die aktive Beschleunigung im Vordergrund, sondern der regulierte Einsatz der Hangabtriebskraft. Dies geschieht durch große Schrittlänge. Mit wachsender Geschwindigkeit wird nicht die Schrittfrequenz gesteigert, sondern die Schrittlänge.
Die Körpervorlage beträgt ca. 15 Grad gegenüber der Senkrechten und ändert sich auch bei steilerer Anlauffläche nicht. Um den Körper nicht nach vorne kippen zu lassen, muß bei den Laufschritten stets vor dem Körperschwerpunkt aufgesetzt werden. Zu diesem Zweck wird die Ferse des hinteren Beins gleich nach dem Abdrücken Richtung Gesäß hochgeschwungen und nach vorne geschleudert. Der Startlauf entspricht dem Steigerungslauf der Sprinttechnik, der mit Gehschritten beginnt und durch Anfersen und Kniehub bei Höchstgeschwindigkeit endet.

Langsames Beschleunigen beugt dem Verstellen des Anstellwinkels vor.

Bei nur leichter Körpervorlage kann man gleichmäßig beschleunigen, ohne nach vorne zu fallen.

Eine hohe Laufgeschwindigkeit ist nur über die Vergrößerung der Schrittlänge erreichbar.

Abdruck mit aufrechtem Oberkörper | Kniehub bis fast zur Waagerechten | Große Schrittlänge durch Vorpendeln des Unterschenkels | Anfersen | Aufsetzen vor dem Körperschwerpunkt

Häufige Fehler

Grundhaltung

- Das Gerätegewicht ruht nicht auf den Oberarmen. *Folge:* Die Hände müssen Haltearbeit verrichten, die Arme verkrampfen und die Gerätekontrolle ist mangelhaft.
- Die Hände fassen im Ristgriff. *Folge:* Anatomisch bedingt liegen die Arme nicht an den Trapezstangen an. Die Kraftübertragung beim Ausrichten und die Gerätekontrolle beim Anlaufen sind mangelhaft.
- Die Körperhaltung ist gebückt, der Kopf nicht frei. *Folge:* Beweglichkeit und Sicht sind eingeschränkt, Flugwegkontrolle und Korrekturmöglichkeiten mangelhaft.
- Der Aufhängegurt ist nicht gestrafft. *Folge:* Der Anstellwinkel kann sich ungewollt vergrößern, wenn der Gurt sich bei den ersten Startschritten strafft.

Ausrichten

- Die Flügelspitzen sind nicht waagerecht ausbalanciert. *Folge:* Das Gerät zieht beim Laufen nach einer Seite. Während des Starts besteht die Gefahr der Bodenberührung. Nach dem Start kann der Drachen zum Hang zurückdrehen.
- Der Anstellwinkel ist zu groß. *Folge:* Der Drachen beschleunigt langsam und schlecht. Er produziert zwar Auftrieb, aber zuviel Widerstand.
- Der Anstellwinkel ist zu klein. *Folge:* Das Gerät beschleunigt sehr schnell und hebt erst bei hoher Geschwindigkeit ab. Bei mangelhafter Grundhaltung oder zu frühem Griffwechsel hat der Pilot keine Korrekturmöglichkeit mehr. Bei schlechter Lauftechnik bleibt der Pilot hinter dem Drachen zurück.

Führen des Gerätes

- Der Pilot hat keinen Bezugspunkt für den Startvorgang. *Folge*: Die Orientierung fehlt. Der Pilot reagiert zu spät auf ungewollte Kurs- oder Anstellwinkeländerungen des Gerätes.
- Der Griffwechsel in die Laufhaltung erfolgt, bevor das Gerät sich trägt. *Folge:* Der Griffwechsel wird unruhig und hektisch. Das Gerät ist bis zum Anliegen einer tragfähigen Strömung nicht steuerbar.
- Die Hände fassen nach dem Griffwechsel zu tief, unter Brusthöhe. *Folge:* Die Laufhaltung ist unnatürlich und die Gerätekontrolle während des Anlaufs mangelhaft. Der Pilot läuft nicht lange genug mit und fällt beim Abheben sofort in Liegendposition.
- Die Arme werden beim Griffwechsel gestreckt, meist zusammen mit vorzeitigem Griffwechsel. *Folge:* Der Körperschwerpunkt gerät hinter die Aufhängung. Es entsteht ein störendes Moment um die Querachse und ein unruhiger Abhebevorgang, evtl. mit Stall nach dem Abheben.
- Die Hände und Arme führen den Steuerbügel verkrampft. *Folge:* Das Gefühl für den Bügeldruck und damit für Anstellwinkel und Geschwindigkeit geht verloren.

Anlaufen

- Der Pilot läuft hektisch und schnell los. *Folge:* Die Ausrichtung des Gerätes verändert sich bei den ersten Schritten. Meist folgt ungewollt die Vergrößerung des Anstellwinkels.
- Die Körpervorlage fehlt. *Folge:* Der Pilot stemmt sein Gewicht nach unten ab, wie beim Bergablaufen ohne Drachen. Die nötige Abhebegeschwindigkeit wird nicht erreicht.
- Die Schrittlänge bleibt zu klein (Tippelschritte). *Folge:* Die nötige Abhebegeschwindigkeit wird nicht erreicht.

◆ Die Körpervorlage ist zu stark oder der Oberkörper knickt nach vorne. *Folge:* Das Körpergewicht wird nicht mehr von den Beinen gestützt. Der Pilot muß sich kurz danach in das Gurtzeug fallen lassen, unabhängig davon, ob die Abhebegeschwindigkeit erreicht ist.

Abheben

◆ Der Drachen wird vor Erreichen der Trimmgeschwindigkeit durch Drücken abgehoben. *Folge:* Es entsteht hoher Widerstand bei niedriger Fluggeschwindigkeit. Das Gerät sackt durch und kann in den Stall geraten.

◆ Der Pilot greift zu früh auf die Basis um oder mit beiden Händen gleichzeitig. *Folge:* Schlechte Kontrolle in einer Phase, die volle Steuerfähigkeit erfordert.

Abflug

◆ Der Pilot zieht den Steuerbügel sofort nach dem Abheben stark durch und nähert sich dabei dem Boden. *Folge:* Anfälligkeit für Bodenberührung bei hoher Flug- und Sinkgeschwindigkeit.

Foto: Maja Englerth

Sonderformen des Starts

Erwähnt werden nur die Punkte, die jeweils besonders zu beachten sind.

Der Seitenwindstart

Die Abweichung der Windrichtung gegenüber der Anlaufstrecke soll nicht größer als 45 Grad sein, wobei sich dieser Abweichungswinkel mit Erhöhung der Windgeschwindigkeit weiter verkleinert.
Beim Ausrichten wird ein Vorhaltewinkel eingenommen, damit Anlauf und Abflug geradlinig erfolgen.
Der Anlauf führt senkrecht vom Hang weg, nicht schräg zum Hang.
Beim Führen zeigt der Drachen zunächst die Tendenz, den luvseitigen Flügel zu heben; deshalb lange in der Grundhaltung laufen und den Griff später wechseln.
Beim Abheben wird der Vorhaltewinkel beibehalten, der Abflug erfolgt geradeaus.

Der Starkwindstart

Beim Ausrichten hält ein Helfer den Drachen an der vorderen Unterverspannung. Der Anstellwinkel ist fast neutral. Der Pilot balanciert in der Grundhaltung die Fläche waagerecht. Seitliche Helfer halten das Gerät nicht fest, sondern stehen nur zur Sicherung bereit; seitliches Festhalten würde dem Piloten einseitige Druckverhältnisse verdecken und bei der Freigabe zum Fehlstart führen. Ein Start muß unterbleiben, wenn der Pilot nicht selbständig das Gerät ausbalancieren kann.
Der Anlauf ist kurz und so ruhig wie möglich. Hohe Laufgeschwindigkeit ist nicht notwendig.
Beim Führen des Drachens bleiben die Hände in der Grundhaltung, bis das Gerät abhebt. Der Griffwechsel unterbleibt.
Beim Abheben muß sofort zusätzliche Überfahrt aufgenommen werden, um die zu erwartenden Turbulenzen ausgleichen zu können.

Der Rampenstart

Der Anlauf ist bei einer hohen Rampe länger als gewohnt, weil der unterstützende Bodeneffekt fehlt; bei niedrigen Rampen ist der Bodeneffekt abgeschwächt.
Bei breiten Rampen und Gegenwind bilden sich auf der Rampenfläche hinter der Vorderkante Leewirbel. Die Strömung am Flügel wird dadurch beeinträchtigt. Zur Korrektur ist eine höhere Abhebegeschwindigkeit erforderlich.

Geradeausflug

Ein richtig getrimmter Drachen fliegt, wenn der Steuerbügel neutral ist (ohne Druck und Zug), zwischen der Geschwindigkeit des geringsten Sinkens und der des besten Gleitens. Bei dieser **Trimmgeschwindigkeit** könnte der Pilot den Steuerbügel loslassen, ohne daß der Drachen beschleunigen oder abbremsen würde. Von dieser für den normalen Flugbetrieb optimalen Geschwindigkeit weicht der Pilot ab, wenn er beispielsweise ein Abwindgebiet schnell durchqueren will und deshalb »Gas gibt« oder er im Aufwind langsamer fliegen will, mit der Geschwindigkeit des geringsten Sinkens.

Körper nach vorne (Steuerbügel ziehen)	**=**	**Beschleunigen**
Körper nach hinten (Steuerbügel drücken)	**=**	**Abbremsen**

Schnellflug

Der Pilot beschleunigt das Gerät durch langsames, gleichmäßiges und andauerndes Ziehen des Steuerbügels, bis das aufrichtende Moment mit deutlicher Kraft am Steuerbügel entgegenwirkt.
Achtung! Falls das aufrichtende Moment mit Erhöhung der Geschwindigkeit sich nicht steigert oder gar ausbleibt, dann ist der Schnellflug sofort in den normalen Gleitflug überzuleiten.

In der anschließenden Schnellflugphase mit konstanter, also nicht weiter zunehmender Geschwindigkeit, achtet der Pilot darauf, daß das Gerät nicht in Schwankungen um die Querachse (sogenanntes Aufschaukeln oder Pumpen) gerät und daß keine Schlingerbewegungen (Gieren) auftreten.

Im Schnellflug keine starken Steuerbügelausschläge

Zur Beendigung des Schnellfluges und zur Überleitung in den Gleitflug führt der Pilot den Steuerbügel in feindosierter Bewegung zurück in die Normalstellung.

Langsamflug

Aus dem normalen Gleitflug führt der Pilot den Steuerbügel langsam und vorsichtig nach vorn, bis die Windgeräusche nachlassen und der Steuerdruck schwächer wird.

Keinesfalls den Steuerbügel voll drücken

Während der Langsamflugphase ist das Gerät in seiner Manövrierfähigkeit träge und anfällig für Turbulenzen. Seitliche Korrekturen erfordern weite Steuerbügelausschläge.

Beendet wird der Langsamflug durch Ziehen des Steuerbügels über die Normalstellung hinaus. Dies hat jedoch zu unterbleiben, wenn das Gerät zuvor ohne Zutun des Piloten die Nase gesenkt hat und Fahrt aufnimmt. Weitere Einzelheiten ergeben sich aus den Kapiteln Aerodynamik und Gefahreneinweisung.

Der Kurvenflug

Aus der Trimmgeschwindigkeit erhöht der Pilot durch dosiertes Ziehen seine Fahrt auf die seiner geplanten Schräglage zugehörige Kurvengeschwindigkeit; die Handhaltung nimmt etwas mehr als Schulterbreite am Steuerbügel ein. Ein Geschwindigkeitsaufschlag je nach geplanter Schräglage ist wegen der höheren Stallgeschwindigkeit bei Schräglagen notwendig.

Sobald die höhere Geschwindigkeit stabilisiert ist, verschiebt der Pilot seinen Körperschwerpunkt von der Bügelmitte zur Kurveninnenseite des Trapezes. Diese Bewegung ist überlagert von einem dosierten Drücken des Steuerbügels, das die Fluggeschwindigkeit konstant hält. Während dieser Phase überwacht der Pilot seine Fluglage durch Blick zum Horizont.

Kurz vor Erreichen der gewünschten Schräglage verlagert der Pilot seinen Schwerpunkt wieder in Bügelmitte; dabei bleibt der Bügel konstant gedrückt.

Das Gerät wird bei starker Schräglage kopflastig. Um die Kopflastigkeit zu kompensieren und den höheren Anstellwinkel zu halten, muß der Steuerbügel in Schräglage weiter vorne gehalten werden als für die gleiche Geschwindigkeit im Geradeausflug.

Während des Kurvenfluges hält der Pilot Schräglage und Geschwindigkeit durch frühzeitige und feinfühlige Steuerbewegungen stabil. Er kontrolliert die Schräglage und den Anstellwinkel durch Blick zum Horizont und die Geschwindigkeit durch Geschwindigkeitsmesser. Ein hoher Sinkwert auf dem Vario und ein schrägstehender Wollfaden zeigen Kurvenfehler an.

Vor dem Erreichen der gewünschten Flugrichtung wird der Körperschwerpunkt zur Kurvenaußenseite verschoben. Sobald das Gerät mit Verringern der Schräglage reagiert, wird der Steuerbügel so koordiniert zurückgenommen, daß er bei Horizontallage des Flügels in Trimmstellung steht.

Körper nach rechts (Steuerbügel nach links)	**=**	**Rechtskurve**
Körper nach links (Steuerbügel nach rechts)	**=**	**Linkskurve**

Während des gesamten Kurvenflugs die Geschwindigkeit sorgfältig kontrollieren.

Foto: Klaus Tänzler

Landeanflug

Beim Landeanflug hat der Pilot die Aufgabe, auf einem für alle Luftraumbenutzer deutlich erkennbaren Flugweg in einem vorher bestimmten Landefeld sicher aufzusetzen.

Zur Vermeidung von Kollisionen müssen sich alle Luftfahrzeuge für den gesamten Landevorgang einreihen. Die Einreihung erfolgt durch verzögerten oder beschleunigten Abstieg beim Anflug zur Position. In dieser Anflugphase wird der Gurtzeug-Reißverschluß geöffnet.

Die Landeeinteilung beginnt mit der Position. Es folgen Gegenanflug, Queranflug und Endanflug. In der Regel werden alle Kurven nach links geflogen – Linksplatzrunde -, wenn keine besonderen Gegebenheiten dagegen sprechen, beispielsweise Hindernisse oder spezielle Regeln des Landeplatzhalters.

Je näher die Landung rückt, desto genauer muß die Flugwegplanung sein, da die Korrekturmöglichkeiten immer geringer werden. Die Flugmanöver erfolgen in Bodennähe und sind deshalb ruhig, stabilisiert und geschwindigkeitsbewußt zu fliegen. Beim Kurven wird nur mäßige Schräglage eingenommen.

Der Landeort wird hauptsächlich durch den Moment des Eindrehens in den Queranflug und dessen Länge bestimmt. Aus Sicherheitsgründen muß die Kurve in den Endanflug in mindestens 10 m über Grund beendet sein. Im Endanflug gibt es fast keine Korrekturmöglichkeit mehr. Ein geradliniger und ruhiger Endanflug ist wichtigste Voraussetzung für eine gute Landung.

Winkelpeilung

Um auch in unbekanntem Fluggelände, bei verschiedenen Windsituationen und mit beliebigen Fluggeräten den Landepunkt sicher zu erreichen ist eine Technik erforderlich, die nicht auf Geländemerkmalen und Flughöhen beruht – die Winkelpeilmethode.

Beim Landeanflug soll das unsichere »Höhenschätzen« durch die exaktere Winkelpeilung ersetzt werden. Denn um einen Landepunkt zu erreichen, muß man nicht eine bestimmte Höhe haben, sondern maßgebend ist das Verhältnis der Höhe zur Entfernung, also ein bestimmter Winkel. Dieser Winkel wird durch Peilung des Piloten ermittelt. Gebildet wird der Winkel von der Verbindungslinie Pilotenauge – Peilpunkt und der Horizontalen.

Entspricht beim Endanflug der Peilwinkel dem Gleitwinkel, so wird der Peilpunkt erreicht. Weil die Bezugsebene für den Peilwinkel der Horizont und nicht der Boden ist, funktioniert die Winkelpeilmethode auch über geneigtem Gelände.

Der Peilpunkt ist nicht exakt der Landepunkt. Die Ausgleitstrecke kommt dazu. Sie ist abhängig von Anfluggeschwindigkeit, Windstärke, Hangneigung und Gerät. Bei Schulungsgeräten mit geringem Bodeneffekt beträgt die Ausgleitstrecke nur wenige Meter.

In der Praxis kommt es darauf an, daß der Pilot den Blick für seinen Gleitwinkel bei bestimmten Windverhältnissen schult. Kommt er bei der Landung zu weit oder zu kurz, sollte er den nächsten Anflug bei gleichen Windverhältnissen mit einem flacheren bzw. steileren Peilwinkel ansetzen.

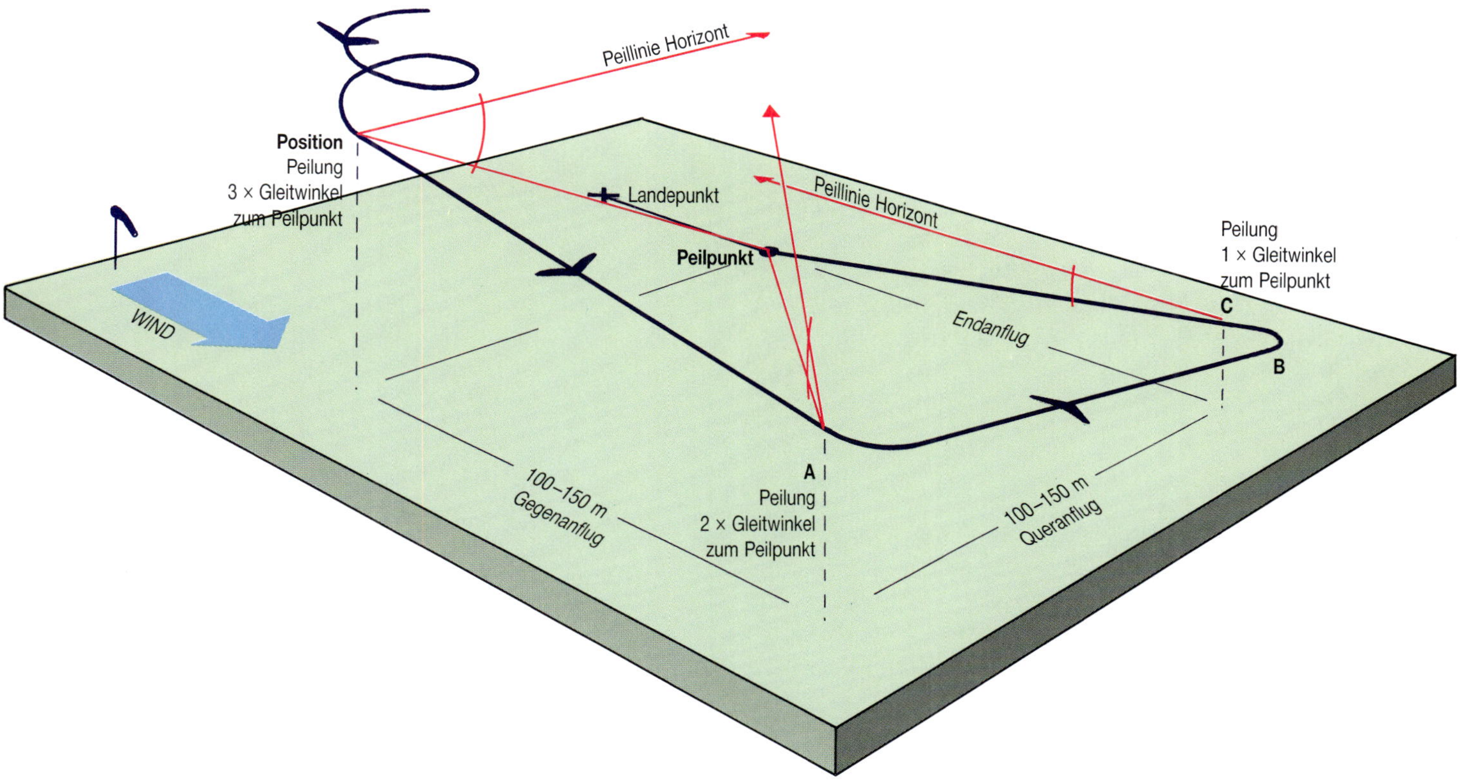

Grafik: Tilman von Mengershausen

Landeeinteilung bei schwachem Wind

Abflug aus der Position in den Gegenanflug, wenn der Winkel vom Horizont zum Peilpunkt dem dreifachen Gleitwinkel entspricht. Eindrehen in den Queranflug (A), wenn der Peilwinkel dem doppelten Gleitwinkel entspricht. Ist der Peilwinkel nur noch geringfügig größer als der Gleitwinkel, wird aus dem Quer- in den Endanflug gedreht (B).

Die Anflugphasen

Die **Position** ist ein Ort, der zu Beginn der Landeeinteilung angeflogen wird. Er liegt querab zum Peilpunkt mit einem Abstand von 100 m bis 150 m je nach Gelände und meteorologischen Verhältnissen. Hier fällt die Entscheidung, ob in den Gegenanflug gegangen wird oder zum Höhenabbau ein oder mehrere Vollkreise mit gleicher Drehrichtung wie bei der Landevolte geflogen werden. Der Vollkreis muß unter Berücksichtigung des Windes so geflogen werden, daß er wieder an der Position endet. Dies erleichtert das Peilen. Der richtige Moment zum Abflug in den Gegenanflug ist gegeben, wenn der Peilpunkt unter einem bestimmten Winkel, der auf dem Erfahrungswert des Piloten basiert, zu sehen ist. Dieser Winkel entspricht ungefähr 3 x dem Gleitwinkel des Endanfluges. Bei Geräten mittlerer Gleitleistung und mäßigem Wind wären das 30 Grad, was je nach Größe der Landeeinteilung einer Abflughöhe von 50 bis 75 m über dem Peilpunkt-Niveau entspricht.

Im **Gegenanflug** darf man den Peilpunkt nicht längere Zeit aus dem Blick verlieren, da durch die schnelle Entfernung vom Punkt und das Gerätesinken die Peilung rasch flacher wird. Wenn man den Peilpunkt unter einem Winkel von ca. 2 x Gleitwinkel sieht, ist der richtige Zeitpunkt gegeben, um in den Queranflug einzudrehen.

Der **Queranflug** ist der wichtigste Teil des Landeanflugs. Der Abstand zum PP ändert sich kaum; man kann also sehr gut die durch das Eigensinken langsam flacher werdende Peilung verfolgen. Ist der Peilwinkel nur noch geringfügig steiler als der Gleitwinkel für den Endanflug, erfolgt die Kurve in den Endanflug. Werden aber Abweichungen vom Sollwert registriert, hat man genügend Zeit und Platz, um den Flugweg anzupassen. Ist die Peilung zu flach, wird der Queranflug verkürzt. Ist sie zu steil, wird der Queranflug ausgeweitet.

Der **Endanflug** muß spätestens aus 10 m Höhe über Grund geradlinig auf den Peilpunkt zuführen. Beim Endanflug stabilisiert der Pilot das Fluggerät um Quer- und Längsachse und konzentriert sich auf den Landevorgang. Er stellt sich auf die Windverhältnisse ein und gibt dem Gerät die richtige Geschwindigkeit – ruhig, nicht zu schnell, um das Aufrichten zu erleichtern; nicht zu langsam, um den Strömungsabriß durch Windgradient und Turbulenzen auszuschließen.

Empfohlene Geschwindigkeit im Endanflug:
$$v_{Endanflug} = v_{Trimm} + 1/2\, v_{Wind}$$
Bei Turbulenzen kommt ein Böenzuschlag dazu.

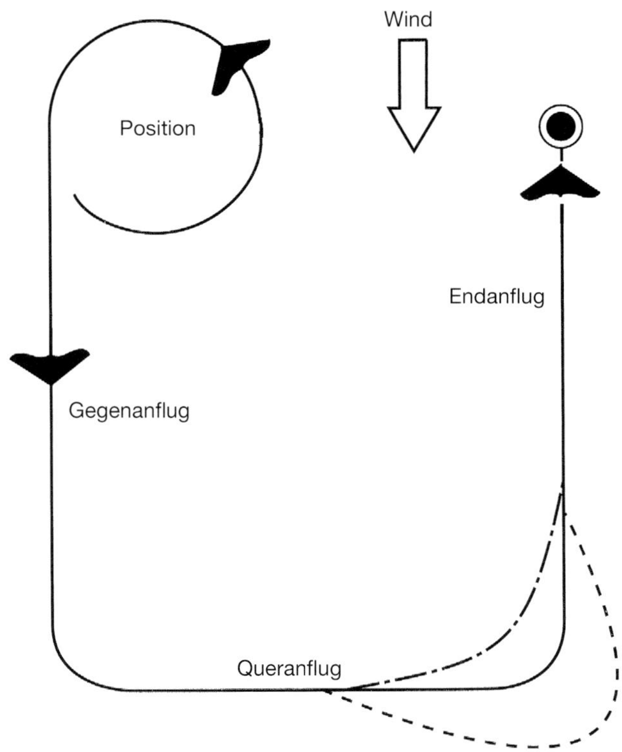

Häufige Fehler

- Der Pilot hat keinen Peilpunkt. *Folge:* Anhalt für die Landeeinteilung fehlt.
- Der Pilot nimmt Geländemerkmale (Bäume, Hütten, Zäune) als Anhaltspunkte für das Eindrehen in den Quer- und Endanflug. *Folge:* Da der Gleitwinkel nicht aktiv in die Flugwegplanung einbezogen ist, lassen sich wechselnde Windverhältnisse und unangepaßte Flughöhen nicht rechtzeitig erkennen und korrigieren. In einem unbekannten Gelände ist der Pilot stark verunsichert.
- Die Position liegt zu nahe am Peilpunkt. *Folge:* Der Queranflug wird zu kurz oder verkümmert zu einer 180-Grad-Kurve. Die wichtigste Phase für Peilung und Korrektur des Anfluges fehlt.
- Der Pilot hält im Gegenanflug nicht genügend Blickkontakt zum Peilpunkt. *Folge:* Der Pilot dreht zu früh oder zu spät in den Queranflug und verfehlt dadurch den vorgesehenen Landeort.
- Der Pilot will seine Fehler aus dem Gegen- oder Queranflug im Endanflug korrigieren. *Folge:* Instabiler und hektischer Endanflug mit hohem Verletzungsrisiko.
- Bei stärkerem Wind fehlt vor der Position das Erfliegen des Gegenwind-Gleitwinkels für den Endanflug. *Folge:* Peilung beim Landeanflug ist ungenau.

Foto: Klaus Tänzler

Sonderformen der Landeeinteilung

Stärkerer Wind

Folgende Abweichungen von der normalen Landeeinteilung sind bei stärkerem Wind zu berücksichtigen:
Der Endanflug wird steiler, je nach Stärke des Gegenwindes. Der Queranflug wird ebenfalls steiler, wegen des Vorhaltens gegen den Seitenwind. Der Gegenanflug wird deutlich flacher, sein Höhenverlust kann vernachlässigt werden.
Entscheidend für die gesamte Landeeinteilung ist der steilere Gegenwind-Gleitwinkel beim Endanflug. Den ermittelt der Pilot noch vor Erreichen der Position durch Anfliegen gegen den Wind und Anwendung der Fixpunktmethode: Der Bodenpunkt (oder die Bodenfläche), der bei Annäherung weder hinter vorgelagerten Hindernissen (z. B. Hügel, Wald) »versinkt« noch dahinter »emporsteigt«, wird bei unverändertem Weiterflug erreicht; er zeigt den Gleitwinkel an.
Der Abflug aus der Position erfolgt bei einem deutlich größeren Peilwinkel. Der Gegenanflug führt sehr rasch vom Peilpunkt weg. Die Kurve zum Queranflug muß, weil der Drachen in der Kurve vom Peilpunkt wegversetzt wird, frühzeitig eingeleitet werden. Durch den geringen Höhenverlust verändert sich die Peilung im Gegenanflug nur um wenige Grade.

Foto: Klaus Tänzler

Starkwind

Ist die Windstärke so groß wie die Trimmgeschwindigkeit des Drachens – oder noch größer – entfällt der Gegenanflug und die Position liegt direkt am Beginn des Queranflugs. Die überschüssige Höhe wird nicht abgekreist, sondern durch Anfliegen gegen den Wind abgebaut. Der Queranflug erfolgt in einer Driftbewegung durch Variieren von Vorhaltewinkel und Eigengeschwindigkeit, bis der richtige Peilwinkel für den Endanflug erreicht ist. Im Endanflug soll der Drachen so beschleunigt werden, daß sich eine Vorwärtsbewegung gegenüber dem Boden ergibt, als Stabilitätsreserve für den Windgradient.

Außenlandung

Bei einer Landung auf einem unbekannten Landefeld müssen vor den Standardphasen weitere Punkte beachtet werden.
Auswahl eines Landefeldes und Festlegung der Position mit gesamtem Landeanflug nach folgenden Kriterien: Ausdehnung der Landefläche, Hindernisse, Vorgaben für Kurven- und Landerichtung. Gefälle, keine Bergablandungen und keine Endanflüge quer zur Hangneigung. Falls die Windrichtung nicht eindeutig ist, über markantem Punkt Vollkreis fliegen und Abdrift beobachten.

Foto: Klaus Tänzler

Die Landung

Bei der Landung hat der Pilot die Aufgabe, den Drachen in der Luft so abzubremsen, daß die Geschwindigkeit über Grund bei Bodenkontakt nahe oder gleich null ist. Wegen der großen Geschwindigkeitsspanne heutiger Hochleistungsgeräte ist es wichtig, bereits bei Flügen mit Schulungsgeräten eine effektive Landung zu praktizieren.

Aerodynamischer Zusammenhang

Die Landung ist ein kontrollierter Strömungsabriß. Der Fahrtüberschuß wird beim Ausgleiten im Horizontalflug abgebaut. Die Höhe kann nur gehalten werden, wenn gleichzeitig der Auftriebsbeiwert c_A vergrößert wird. Dies geschieht durch Erhöhung des Anstellwinkels.

Bei Vergrößerung des Anstellwinkels wandert der Druckpunkt nach hinten. Der Grund: Die Strömung beginnt zuerst in der Mitte des Drachens sich abzulösen. Die geschränkten Flügelaußenteile, die infolge der Pfeilung weiter hinten liegen, tragen noch. Um den Drachen im Horizontalflug zu halten, muß der Körperschwerpunkt des Piloten mit dem Druckpunkt nach hinten mitwandern. Wird der Anstellwinkel soweit vergrößert, daß die Strömung auch an den Flügelaußenbereichen abreißt, wird der Auftrieb rasch kleiner und der Druckpunkt rutscht wieder etwas nach vorne in den Bereich der Pilotenaufhängung.

Beim Ausstoßen wird der Körperschwerpunkt weit und schnell hinter den Druckpunkt gebracht, der Widerstand wird noch größer, der Auftrieb bricht zusammen und die Lage des Druckpunktes ändert sich nicht mehr.

Landephasen:

Der Landevorgang setzt sich aus fünf Landephasen zusammen. Durch gezielte Bewegungsabläufe werden die jeweils nachfolgenden Aktionen optimal vorbereitet, um das Abbremsen des Gerätes so effektiv wie möglich zu gestalten und für eventuelle Korrekturen Spielräume zu schaffen.

1. Anflug
2. Aufrichten
3. Abfangen
4. Ausgleiten
5. Ausstoßen

Anflug: Die Geschwindigkeit im Endanflug ist leicht erhöht und möglichst konstant, um eventuellen Geschwindigkeitsverlust in Bodennähe ausgleichen zu können. Empfohlene Geschwindigkeit ist Trimmgeschwindigkeit plus erforderlichenfalls Böenzuschlag. Der Drachen ist dadurch um die Querachse und Längsachse stabilisiert.

Aufrichten: Nach dem Stabilisieren greifen die Hände an die Trapezseitenstangen. Dann wird der Körper in die senkrechte Position ganz aufgerichtet, wobei die Hände bis Schulterhöhe an den Trapezseitenstangen nach oben rutschen. Hände in Schulterhöhe ermöglichen maximale Ausstoßlänge. Der Körper ist gestreckt, die Beine sind in den Knien nach hinten gebeugt. Die Geschwindigkeit darf sich durch das Aufrichten nicht verringern. Der Körperschwerpunkt muß weit nach hinten gebracht werden, ohne die Arme strecken zu müssen.

Abfangen: Durch leichtes Drücken wird der Drachen so abgefangen, daß die Trapezbasis ca. einen Meter vom Boden entfernt ist. Die Abfanghöhe erlaubt sofortiges Mitlaufen bei eventuellem Durchsacken.

Ausgleiten: Durch weiteres leichtes Drücken läßt der Pilot den Drachen in konstantem Bodenabstand ausgleiten. Durch Anstellwinkelerhöhung wird der Auftriebsverlust kompensiert und Widerstand aufgebaut. Die Fahrt wird bis kurz vor den Strömungsabriß reduziert. Wenn die Ausgleithöhe nicht mehr gehalten werden kann, hat man die richtige Geschwindigkeit zum Ausstoßen erflogen.

Ausstoßen: Der Steuerbügel wird kräftig nach vorne oben ausgestoßen. Der Körper und besonders die Arme müssen nun gestreckt bleiben (Körperschwerpunkt hinten), bis Drachen und Pilot stehen. Der Widerstand muß sich schlagartig so vergrößern, daß die Restenergie plötzlich verzehrt wird. Der Körperschwerpunkt bleibt dann hinter dem Druckpunkt des Drachens; die Drachennase bleibt oben.

Fotos: Klaus Tänzler

Häufige Fehler

Anflug

- Keine konstante Geschwindigkeit bis zum Abfangen. *Folge:* Vorzeitiger Verbrauch der Fahrtreserven schon vor dem Abfangen.
- Unnötig hohe Anfluggeschwindigkeit. *Folge:* Unruhe und Hektik übertragen sich in die nachfolgenden Landephasen. Während der Ausgleitphase bei hoher Geschwindigkeit entsteht starker Bodeneffekt, der das Abbremsen und Aufrichten des Gerätes erheblich erschwert.
- Kein geradliniger Endanflug. Folge: Unruhe für nachfolgende Aktionen.
- Kurvenflug in aufgerichteter Position oder Aufrichten im Kurvenflug. *Folge:* Bei manchen Liegeschürzen verändert sich die Schwerpunktlage und damit die Steuercharakteristik des Gerätes. Ungewohnte Optik, ungewohnte Steuerhebel.

Aufrichten

- Ungewollter Steuerimpuls beim Hochziehen am Trapez. *Folge:* Verlust von Geschwindigkeits- und Flugwegkontrolle.
- Der Pilot greift nur um, ohne sich senkrecht aufzurichten. *Folge:* Das Ausstoßen wird erschwert.
- Kein Hochrutschen der Hände bis Schulterhöhe. *Folge:* Die Strecke des Ausstoßens wird verkürzt und der Pilot fällt beim Ausstoßen wieder vor in die Liegendposition – Bauchlandung.

Abfangen

- Beine vorne (Beugen der Hüfte) während des Abfangens. *Folge:* Der Körperschwerpunkt wandert nach vorne, was durch Strecken der Arme ausgeglichen werden muß. Der Pilot erhält den Eindruck, daß der Drachen auf sein Drücken nicht reagiert.
- Zu hohes oder frühes Abfangen (Bodenangst). *Folge:* Pumpbewegungen am Steuerbügel. Das Gefühl für den Bügeldruck und den richtigen Zeitpunkt für das Ausstoßen geht verloren.
- Zu tiefes Abfangen und Ausgleiten. *Folge:* Der Pilot kann sich nicht voll aufrichten und nimmt sich die Möglichkeit einer eventuellen Lauflandung.

Ausgleiten

- Verkrampftes Festhalten am Trapez. *Folge:* Das Gefühl für den Bügeldruck und den richtigen Zeitpunkt für das Ausstoßen geht verloren.
- Der Pilot gleitet nicht horizontal aus, sondern erlaubt ein leichtes Sinken des Gerätes. *Folge:* Das Gerät reagiert auf das Ausstoßen deutlich schlechter. Oft folgt Durchsacken mit Bauchlandung.
- Der Pilot richtet sich nach optischer Geschwindigkeit über Grund und nicht nach Bügeldruck. *Folge:* Je nach Wind erfolgt zu frühes oder zu spätes Ausstoßen.

Ausstoßen

- Geschwindigkeit noch zu hoch. *Folge:* Der Drachen steigt weg.
- Keine dynamische Streckung der Arme. *Folge:* Durch langsames Strecken wird zuerst Auftrieb erzeugt, dann erst Widerstand; der Drachen steigt weg.
- Arme werden nicht bis zum Stillstand gestreckt gehalten. *Folge:* Der Pilot pendelt nach vorne und zieht damit die Drachennase nach unten.
- Die Beine pendeln nach vorne. *Folge:* Trotz gestreckter Arme wandert der Körperschwerpunkt nach vorne und zieht die Drachennase nach unten.
- Ausstoßen in Schräglage. *Folge:* Das Gerät giert um die Hochachse und verstärkt die Schräglage.

Varianten der Landetechnik

Vorzeitiges **Aufrichten** soll durch Widerstandserhöhung den Landeanflug verkürzen, führt aber oft zu hastigen, instabilen Anflügen mit falscher Geschwindigkeit. Erfolgt das Aufrichten erst nach dem Abfangen, ist der Anflug leichter zu stabilisieren. Aber der optimale Zeitpunkt für das Ausstoßen ist schwer zu erspüren.

Um die **Landestrecke** zu verkürzen, kann man die Füße während des Ausgleitens am Boden schleifen lassen. Dieses Bremsen verfälscht jedoch den Bügeldruck und erschwert das Spüren des optimalen Zeitpunktes für das Ausstoßen. Ein Stein in der Bremsstrecke kann die Füße verletzen.

Bei der **Lauflandung** stößt der Pilot den Drachen nicht dynamisch aus, sondern läuft ab Minimalgeschwindigkeit mit, bis das Gerät steht. Die Gefahr des unbeabsichtigten Wegsteigens durch zu frühes Ausstoßen wird dadurch minimiert, wichtig bei starkem Gegenwind. Es besteht allerdings die Gefahr, daß in Erwartung des Aufsetzens die Beine nach vorne gerichtet werden und die Arme nicht voll gestreckt sind. Dadurch wandert der Körperschwerpunkt nach vorne und die Drachennase kann nicht oben gehalten werden. Folge: Kein Widerstand, keine Verzögerung.

Ist ein **Pilot** für ein Gerät zu klein oder zu leicht, hat er Schwierigkeiten, bis zur Abrißgeschwindigkeit auszugleiten. Der Hebelarm des Piloten reicht nicht aus, um die Druckpunktwanderung nach hinten durch Verlagerung des Körperschwerpunktes auszugleichen. Ist die Armlänge für die Druckpunktrücklage zu gering, so entsteht ein Geschwindigkeitsbereich, der nicht stationär erfliegbar ist. Der Pilot muß nun vor Erreichen dieses Geschwindigkeitsbereichs den Drachen so kräftig ausstoßen, daß die Strömung plötzlich und gleichzeitig am gesamten Flügel abreißt und der aufgebaute Widerstand die Restenergie verzehrt. Vorsicht: Auf halbherziges Ausstoßen reißt die Strömung nicht ab und das Gerät setzt die Fahrt in Höhe um.

Sonderformen der Landung

Es sind die Punkte erwähnt, die jeweils besonders beachtet werden müssen oder sich von der Grundform der Landetechnik unterscheiden.

Seitenwindlandung

Anflug: Vorhaltewinkel erfliegen und beibehalten, um den Anflug geradlinig und stabil zu halten.
Aufrichten: Vorhaltewinkel beibehalten.
Ausgleiten: Vorhalten, keine Schräglage zulassen. Bis zur Minimalgeschwindigkeit ausfliegen.
Ausstoßen: Radlandung empfohlen. Denn wenn der Vorhaltewinkel nicht korrekt war, reagiert das Gerät auf das Ausstoßen mit einer Gier-Roll-Bewegung mit Bodenberührung des Flügelrohrs.

Windstille und Rückenwind

Anflug: Keine Geschwindigkeitszuschläge notwendig. Nicht an der Geschwindigkeit über Grund orientieren. sondern Bügeldruck und Fahrtmesser beachten.
Aufrichten: Senkrecht aufrichten und hoch greifen.
Abfangen: Nicht tiefer als 1 m abfangen, da man wahrscheinlich mitlaufen muß.
Ausgleiten: Der optische Eindruck täuscht eine hohe Eigengeschwindigkeit vor. Konzentration auf Bügeldruck ist notwendig.
Ausstoßen: Kräftig ausstoßen. Mit langen Schritten mitlaufen und die Arme völlig gestreckt lassen, bis der Drachen steht. Der Drachen bremst den Piloten.

Starkwindlandung

Anflug: Bei starkem Wind ist mit großen Windgradienten, Böen und Turbulenzen zu rechnen. Deshalb fallen die Geschwindigkeitszuschläge deutlich höher aus als normal. Die Anfluggeschwindigkeit muß Vorwärtsbewegung über Grund gewährleisten. Die Stabilisierung des Anflugs erfordert höchste Konzentration und ist die wichtigste Phase der Starkwindlandung. Keine Kurven in Bodennähe!
Aufrichten: Aufrichten in die senkrechte Position ist nicht erforderlich und aus Stabilitätsgründen nicht zu empfehlen. Es genügt, wenn die Hände an die Trapezseitenstangen greifen und der Körper schräg hängt. Gelingt es nicht den Drachen zu stabilisieren, muß das Aufrichten ganz entfallen – Radlandung.
Abfangen: Dosiert; aufgrund der hohen Eigengeschwindigkeit ist nur minimaler Bügelausschlag notwendig.
Ausgleiten: Die Ausgleitstrecke ist verkürzt, bei sehr starkem Wind fehlt sie völlig. Bügeldruck dosieren!
Ausstoßen: Nicht ausstoßen! Da die Geschwindigkeit über Grund fast null ist, stellt der Pilot die Füße auf den Boden, senkt die Drachennase nach vorne ab und hängt sich sofort aus. Ausstoßen bei Starkwind ist gefährlich.

Radlandung

Anflug: Die Landestrecke muß hindernisfrei sein.
Aufrichten: Man muß sich nicht voll aufrichten, die Hände können etwas tiefer greifen. Evtl. Hände an der Basis lassen und liegenbleiben (Starkwind).
Abfangen: Tiefer abfangen, ca. 20 cm bis 30 cm über dem Boden.
Ausgleiten: Bügel so dosiert nach vorne führen, daß die Ausschwebehöhe gehalten wird, bis man auf den Rädern rollt.
Ausstoßen: Entfällt.

Abfallende Landewiese

Anflug: Keine überflüssige Überfahrt! Die langsamste sichere Anfluggeschwindigkeit schafft die Voraussetzung für ein Gelingen der Landung. Hohe Geschwindigkeit würde starken Bodeneffekt erzeugen.
Aufrichten: Normal.
Ausgleiten: Die Ausgleitphase ist deutlich verlängert. Es ist geduldiges und gefühlvolles Erfliegen der Minimalgeschwindigkeit erforderlich. Man kann durch Schleifenlassen der Füße bremsen.
Ausstoßen: Kräftig, um ein Wegsteigen des Gerätes zu verhindern, denn das Gelände fällt zusätzlich ab.

Fliegen bei Wind

Fliegen bei Gegenwind

Gegenwind hat auf die Bestimmung des Steuerkurses keinen Einfluß. Er verringert die Geschwindigkeit über Grund. Beispiel: 30 km/h Eigengeschwindigkeit bei Gegenwind von 20 km/h ergeben 10 km/h Geschwindigkeit über Grund.

Beim Flug mit Gegenwind ist die Verkürzung der Flugstrecke in die Flugplanung und in die Landeeinteilung einzubeziehen.

Bei der Landung verkürzt sich die Ausgleitphase, bei stärkerem Gegenwind fehlt sie völlig. Das Drücken des Steuerbügels in der letzten Landephase erfolgt in abgeschwächter Form entsprechend der Stärke des Gegenwindes. Unmittelbar nach der Landung setzt der Pilot die Drachennase gegen den Wind auf den Boden und hängt sich sofort aus.

Fliegen bei Seitenwind

Die Abweichung der Windrichtung gegenüber der normalen Anlaufstrecke soll nicht größer als 45 Grad sein, wobei sich dieser Abweichungswinkel mit Erhöhung der Windgeschwindigkeit weiter verkleinert. Die Anlaufstrecke führt senkrecht vom Hang weg, nicht schräg am Hang.

Bereits beim Start versucht der Wind unter die ihm zugekehrte Segelfläche zu greifen; ein ungewolltes »Aus-dem-Wind-drehen« wird dadurch vermieden, daß der Pilot bei den ersten Startschritten die Nase des Drachens um die Hochachse leicht gegen den Wind dreht und dann – sobald der Drachen sich trägt – wie zur Einleitung einer leichten Kurve gegensteuert.

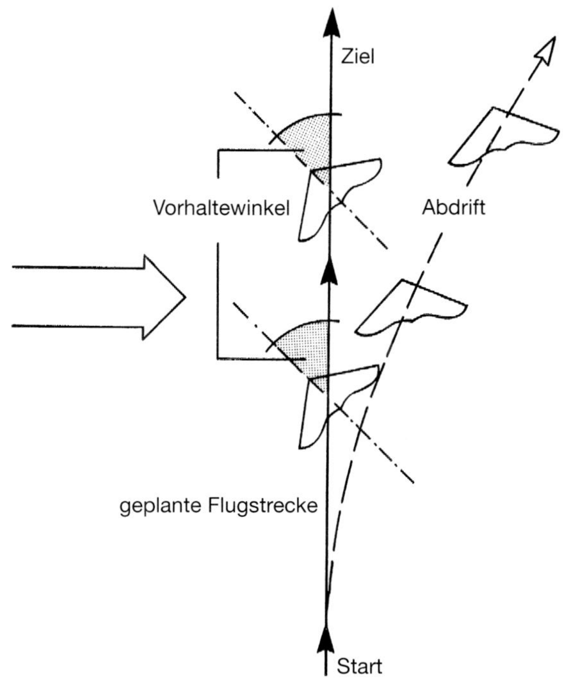

Während des Fluges wird der Drachen vom Seitenwind in die vom Wind entgegengesetzte Richtung versetzt: Diesen Vorgang nennt man Abdrift. Um sie auszugleichen, stellt der Pilot die Längsachse seines Drachens so, als ob er einen gegenüber dem tatsächlichen Zielpunkt in Windrichtung versetzten Zielpunkt ansteuern würde (Vorhalten). Der Winkel zwischen Hilfszielpunkt, Drachenposition und Zielpunkt heißt Vorhaltewinkel. Er resultiert aus Eigengeschwindigkeit, Windgeschwindigkeit und Windrichtung.

Rückenwind

Rückenwind erhöht die Geschwindigkeit über Grund. Beispiel: 30 km/h Eigengeschwindigkeit plus 20 km/h Rückenwind ergeben 50 km/h Geschwindigkeit über Grund.

Kein Start mit Rückenwind!
Keine Landung mit Rückenwind!

Fliegen am Hang

Voraussetzungen sind die genaue Kenntnis der Ausweichregeln und der Hangflugregeln und das umfassende Beherrschen des Fluggeräts. Das wichtigste Flugmanöver am Hang ist die Kehre, die je nach Aufwindsituation weiter oder enger, jedenfalls ohne überflüssigen Höhenverlust, durchgeführt wird.

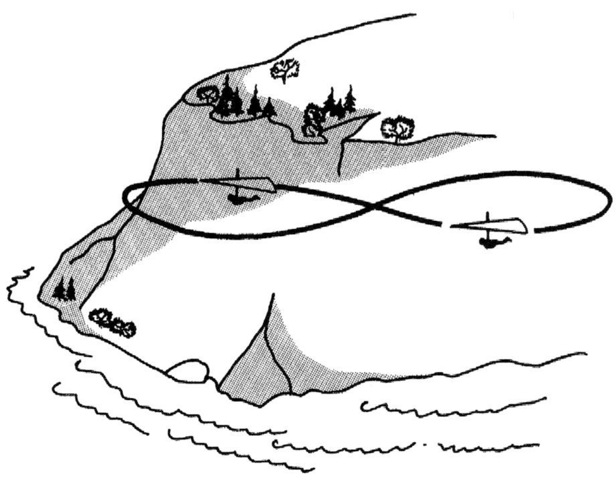

Der Ablauf

1. Vor dem Einleiten vergewissert sich der Pilot, daß der Luftraum hinter ihm frei ist.
2. Die Kurve führt stets vom Hang weg.
3. Während der Kurve die Eigengeschwindigkeit konstant halten, nicht von der Geschwindigkeit über Grund täuschen lassen !
4. Beim Ausleiten allmählich an den Hang zurückdriften, dabei die Drachennase nie gegen den Hang richten.

Nie zum Hang kurven

Allgemein ist zu beachten:

- Die Kurve am Hang erfolgt normalerweise dort, wo starker Aufwind herrscht.
- Der Hangabstand muß so groß sein, daß auch bei überraschenden Turbulenzen (seitliches Versetzen und Höhenverlust) nicht die Gefahr einer Hang- oder Hindernisberührung entsteht.
- Normalerweise gilt bis zur Gipfelhöhe die Geschwindigkeit des besten Gleitens, darüber die des geringsten Sinkens.
- In unmittelbarer Hangnähe ist stets mit Bodenturbulenzen zu rechnen.
- Die Abbremsung der Windgeschwindigkeit durch Bodenreibung läßt das Fluggerät in Hangnähe zum Hang kurven.
- Bei Übersteigen der Gipfelhöhe nicht ins Lee fliegen und nicht ins Lee treiben lassen.
- Sind mehrere Piloten im gleichen Aufwindbereich, hat jeder jeden im Blick zu behalten.

Vorsicht - Rücksicht - Im Zweifel weg vom Hang

Fliegen in der Thermik

Das Thermikfliegen stellt dieselben Voraussetzungen an den Piloten wie das Fliegen am Hang. Allerdings sollte der Pilot über ein noch größeres Maß an Flugerfahrung verfügen. Zunächst ist die Kreistechnik soweit zu verfeinern, daß der Pilot mehrere Vollkreise hintereinander mit gleichbleibender Schräglage und konstanter Geschwindigkeit fliegen kann. Die Kreise sind rund und geschlossen. Für Beurteilung und Korrektur löst sich der Pilot von den optischen Bezugspunkten am Boden und arbeitet mit Variometer und Fahrtmesser.

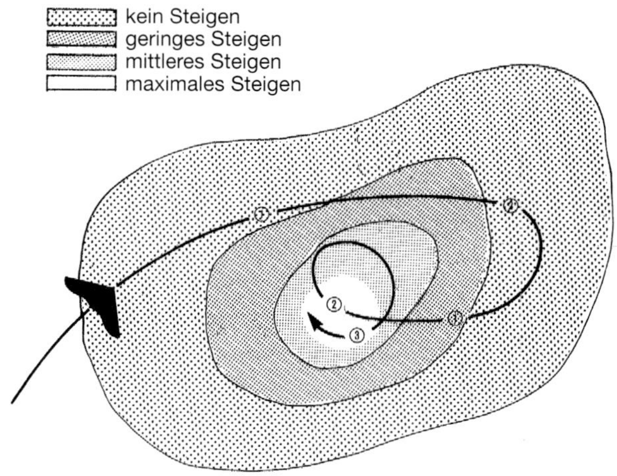

Nächster Schritt ist das Fliegen aneinandergehängter Kreise, jedoch mit versetztem Kreiszentrum. Dies bedingt elliptische Kreisformen, jedoch nicht zufällig, sondern in die bewußt angesteuerte Richtung. Nach diesen beiden Vorstufen folgt die Technik des Zentrierens gemäß den nachstehenden Faustregeln (nach Reichmann):

- Das Steigen nimmt zu – flacher kreisen.
- Das Steigen nimmt ab – steiler kreisen.
- Das Steigen bleibt gleich – gleichbleibende Schräglage.
- Alle Kurven und Kreise in derselben Drehrichtung.

Allgemein ist zu beachten:

- Einseitiger Flügelheber kann auf dieser Seite Thermik bedeuten; aber auch bloße Turbulenz.
- Im Randbereich der Thermik herrscht Turbulenz und die Steuerungsfähigkeit der Geräte ist beeinträchtigt. Daher Geschwindigkeit erhöhen und Abstände vergrößern.
- Das Auf und Ab im Thermikgebiet verändert die Höhenabstände. Vorsicht auf vertikale Kollisionsgefahr.
- Beim Aufstieg in der Thermik Abstand zur Wolkenbasis wahren; notfalls auf kürzestem Weg die Thermik verlassen.

Vorsicht – Umsicht – Im Zweifel raus aus der Thermik. Nie in die Wolken ziehen lassen!

Gefahreneinweisung

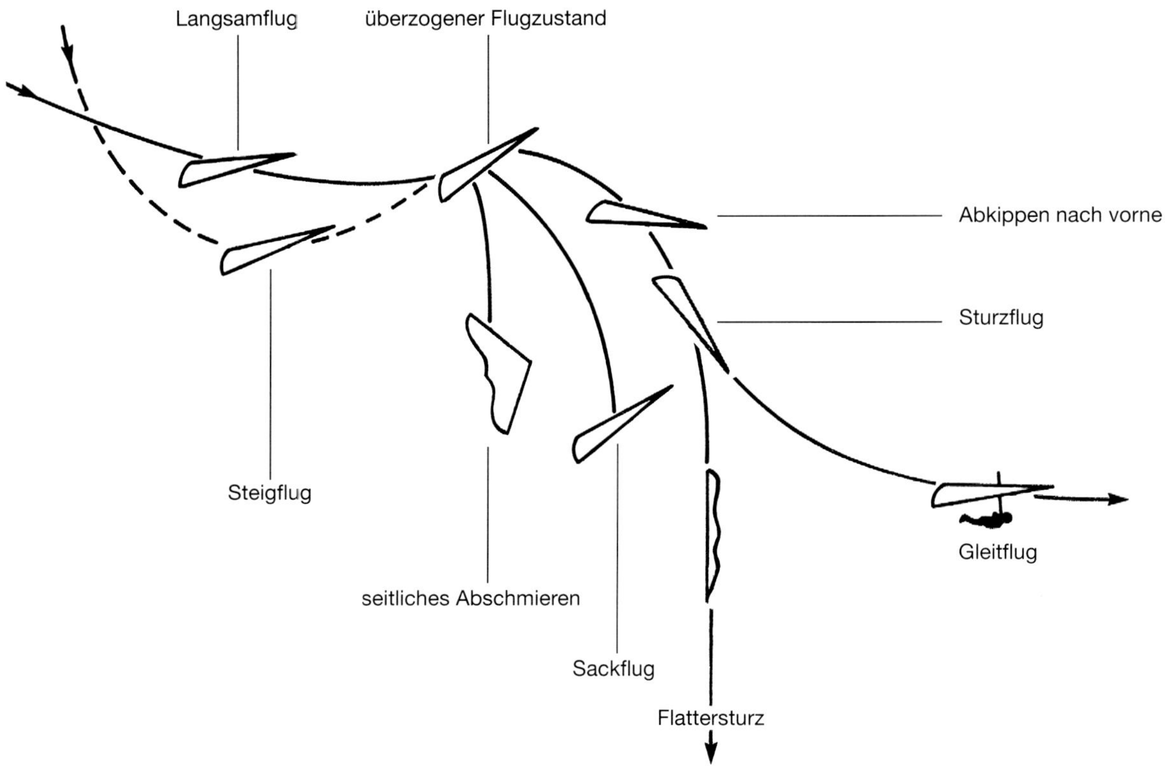

Im normalen Flugzustand – und viele Piloten kennen trotz jahrelanger Flugerfahrung nur diesen normalen Flugzustand – treten keine Probleme auf. Nur bei Flugfehlern oder bei extremen Windverhältnissen, die der Pilot nicht rechtzeitig erkennt, kann das Gerät in einen ungewöhnlichen Flugzustand geraten, der den Piloten überrascht und von ihm ungewohnte Korrekturen verlangt. Meist geht die Hauptgefahr nicht von der Flugsituation selbst aus, sondern vom panikartigen Fehlverhalten des Betroffenen, der sich hilflos unbekannten Kräften ausgeliefert fühlt. Diese Kräfte sichtbar zu machen, Zusammenhänge und Ursachen aufzuzeigen, Korrekturen vorzuschlagen – kurz gesagt, den Piloten auf die ihm fremden Situationen vorzubereiten – ist Aufgabe dieses Kapitels.

Der Grundsatz, im Zweifelsfall die Geschwindigkeit zu erhöhen, gilt für alle Langsamflugbereiche. Es erfordert psychische Überwindung, den Drachen zu beschleunigen anstatt ihn entsprechend der natürlichen Reaktion abzubremsen. Unverkrampfte Armhaltung, offene Ohren und kritische Analyse aller Anzeichen sind die Voraussetzungen, um Gefahrensituationen frühzeitig zu erkennen und rechtzeitig zu korrigieren.

Langsamflug

Die Eigengeschwindigkeit des Drachens liegt knapp oberhalb der Mindestgeschwindigkeit. Der Pilot erkennt den Langsamflug daran, daß

- ◆ die Windgeräusche nachlassen;
- ◆ der Steuerdruck schwächer wird;
- ◆ der Drachen mehr Höhe verliert als im Gleitflug.

Die möglichen Ursachen sind weitgestreut. Neben Flugfehlern kommen wechselnde Windverhältnisse und Mängel des Drachens in Betracht, insbesondere

- ◆ nach dem Start wurde die Beschleunigung auf die Gleitgeschwindigkeit nicht vollzogen;
- ◆ der Anstellwinkel ist zu groß, z.B weil der Pilot irrtümlich glaubt, dadurch länger in der Luft bleiben und Höhe halten zu können;
- ◆ plötzliches Einsetzen von Rückenwind oder Nachlassen von Gegenwind vermindern die Eigengeschwindigkeit, besonders beim Start;
- ◆ Einfliegen in ein Aufwindgebiet vergrößert den Anstellwinkel;
- ◆ der Drachen ist hecklastig getrimmt;
- ◆ die Drachenkonstruktion sieht Outrigger vor, diese fehlen oder sind falsch gespannt.

Der Pilot muß sich darauf einstellen, daß der Drachen

- ◆ bei weiterer Verlangsamung in den überzogenen Flugzustand gerät);
- ◆ seitenwindanfällig wird (Driften, Abschmieren);
- ◆ durch den Höhenverlust der Flug- und Landeplan nicht eingehalten werden kann.

Zur Korrektur beschleunigt der Pilot den Drachen:

Steuerbügel ziehen

Überziehen

Die Mindestgeschwindigkeit ist unterschritten, Strömung abgerissen, der Auftrieb zusammengebrochen. Das Überziehen – englisch »stall« oder »Aushungern« – macht sich bemerkbar durch

- ◆ völlige oder fast völlige Geräuschlosigkeit;
- ◆ fehlenden Steuerdruck, der Steuerbügel wird »lappig«.

Vorstufen können sowohl Langsamflug als auch Steigflug sein.

Der Ursachenkatalog des Langsamflugs gilt ebenso für den überzogenen Flugzustand, jedoch mit der Ergänzung:

- ◆ Der Pilot reagiert auf den Höhenverlust beim Langsamflug mit »Drücken« statt mit »Ziehen«.

Der Pilot muß damit rechnen, daß der Drachen

- ◆ nach vorne abkippt (häufig);
- ◆ nach den Seiten abkippt und anschließend abschmiert (selten);
- ◆ in hohem Maße windanfällig ist;
- ◆ sich kaum noch manövrieren läßt;
- ◆ bei der anschließenden Korrektur erheblich an Höhe verliert.

Bei einem Bodenabstand von ca. 10 m und mehr: Um das Risiko weiterer aus dem Überziehen entstehenden Gefahrensituationen zuverlässig auszuschließen, sofort den Drachen beschleunigen; nicht abwarten, bis er nach vorne abkippt.

Steuerbügel ziehen

Dagegen in Bodennähe: Sackflug und Fallschirmlandung einleiten:

Steuerbügel voll drücken

Sackflug

Drachen ist zum Fallschirm umfunktioniert. Seine Fallgeschwindigkeit wird durch den Luftwiderstand der Segelfläche reduziert. Der Steuerbügel ist weit gedrückt. Der Sackflug läßt sich erkennen

- an der starken Kopflastigkeit mit entsprechendem Steuerdruck;
- am erheblichen Höhenverlust;
- am Fehlen von Segelgeräuschen.

Vorstufen sind Langsamflug und Aushungern.

Der Pilot muß sich einstellen auf

- seitliches Abkippen,
- Windanfälligkeit,
- weitgehende Manövrierunfähigkeit,
- raschen Höhenverlust,
- hartes Aufsetzen bei der anschließenden Fallschirmlandung.

Beendet wird der Sackflug bei einem Bodenabstand von ca.10 m und mehr durch Beschleunigen:

Steuerbügel ziehen

Bodennähe durch Fallschirmlandung:

Steuerbügel unverändert drücken

Hinweis: Der Drachen hat neben seiner Kopflastigkeit die Tendenz, nach allen Seiten aus der Fallinie hinauszuschlingern, bei Seitenwind abzuschmieren. Der Pilot muß diese Schlingerbewegungen bereits in ihrem Anfangsstadium durch entgegengesetzte Bügelausschläge abfangen.

Abkippen nach vorne

Der Drachen senkt in rascher Drehung um die Querachse die Nase: genauer gesagt, der Pilot zieht sie durch sein eigenes Körpergewicht nach unten. Vorstufe ist immer der überzogene Flugzustand. Rücken- und Fallwind begünstigen das Abkippen. Der Pilot muß sich einstellen auf

- Sturzflug,
- erheblichen Höhenverlust.

Sein Verhalten wird wiederum vom Bodenabstand bestimmt. Bei einem Bodenabstand von ca. 10 m und mehr nimmt der Pilot die Kippbewegung hin, um im Sturzflug den Drachen zu beschleunigen:

Steuerbügel in Normalstellung

In Bodennähe Sackflug und Fallschirmlandung einleiten:

Steuerbügel voll drücken

Foto: Thomas Finsterwalder

Sturzflug

In einem steilen Winkel schießt der Drachen nach unten. Am Segel liegt Strömung an. Der Pilot erkennt den Sturzflug

- an den lauten Wind- und Segelgeräuschen;
- an dem mit steigender Geschwindigkeit ständig wachsenden Steuerdruck.

Der Sturzflug schließt sich unmittelbar an das Abkippen infolge des Aushungerns an.

Negative Folgen sind

- rascher Höhenverlust;
- schlimmstenfalls Übergang in den Flattersturz (mangelhaftes Gerät) mit nachlassendem Steuerdruck.

Bei der Korrektur gilt es, den Drachen in Normalfluglage und Gleitgeschwindigkeit zu bringen. Der Drachen fängt ab, wenn sein aufrichtendes Moment wirkt, etwa ab Gleitgeschwindigkeit. Bis zu diesem Zeitpunkt:

Steuerbügel ungefähr in Normalstellung

Beim Abfangen sorgt der Pilot durch feindosierte Bügelbewegungen für einen stufenlosen, ruckfreien »glatten« Übergang in die Gleitphase, ohne den Drachen einer hohen Materialbelastung auszusetzen (Zentrifugalkraft) oder ihn nach dem Abfangen erneut auszuhungern, im Extremfall mit Gefahr des Abschmierens nach hinten.

Die Bügelführung ist von Stärke und Einsatz des aufrichtenden Moments und damit vom Gerätetyp abhängig:

1. **Zunächst: Steuerbügel drücken, und zwar soweit, daß der Drachen sich zügig aber nicht ruckartig aufrichtet, und solange, bis der Gleitflug-Anstellwinkel fast erreicht ist.**
2. **bei eventuellem Fahrtüberschuß dem Steigflug entgegenwirken: Steuerbügel ziehen.**
3. **Abschließend: Steuerbügel in Normalstellung.**

Achtung! Wird der Drachen trotz Drücken des Steuerbügels mit steigender Geschwindigkeit kopflastig (Fehler am Gerät oder extreme Turbulenzen), besteht Flattersturz- oder Überschlagsgefahr:

Foto: Klaus Tänzler

Steigflug

Der Drachen setzt überschüssige Geschwindigkeit (kinetische Energie) in Höhe (potentielle Energie) um. Aus der Sicht der Aerodynamik unterscheidet sich der Steigflug grundsätzlich vom aufwindbedingten »Steigen«.

Der Steigflug entsteht beim Überleiten einer Beschleunigungsphase (insbesondere Sturzflug) in den Gleitflug.

Flugtechnisch verursacht wird er durch fehlerhaftes Abfangen:

- ◆ Das Abfangmanöver erfolgte zu spät; der Drachen hat erheblich über seine Gleitgeschwindigkeit hinaus beschleunigt.
- ◆ Der Übergang vollzog sich nicht weich und glatt, sondern ruckartig; Steuerbügel zu weit gedrückt.
- ◆ Der Pilot hat den Steigflug nicht durch frühzeitiges Ziehen des Steuerbügels verhindert.

Der Steigflug führt zunächst zum überzogenen Flugzustand, anschließend in Einzelfällen – besonders gefährlich – zum Abschmieren nach hinten.

Die Korrektur zielt darauf ab, den überzogenen Flugzustand zu vermeiden:

Steuerbügel ziehen

Abschmieren nach hinten

Die Nase hoch aufgerichtet, rutscht der Drachen nach hinten ab, anstatt nach vorne oder seitlich abzukippen. Die Strömung verläuft von hinten nach vorne. Vorstufen sind nacheinander: Sturzflug, Abfangen, steiler Steigflug und Aushungern in extremer Form, als »Männchen« bezeichnet.

Im anschließenden und unkontrollierbaren Flugzustand wird der Drachen

- ◆ seitlich abkippen;
- ◆ nach vorn abkippen und in den Sturzflug übergehen;
- ◆ nach vorn abkippen und sich überschlagen, »Tuck«.

Sofort Rettungsgerät auslösen

Seitliches Abkippen

Die Strömung reißt einseitig ab; ein Flügel kippt ungesteuert; der Drachen gerät in Schräglage. Vorstufen sind Langsamflug, Aushungern oder Sackflug.

Die unmittelbaren Ursachen sind größtenteils wind- und materialbedingt:

- ◆ Seitenwind bei zu geringer Eigengeschwindigkeit;
- ◆ unkontrollierte Schlingerbewegung im Langsamflug oder Sackflug;
- ◆ starke Turbulenzen, insbesondere Seitenwalze;
- ◆ gestörte Flügelsymmetrie.

Es besteht die akute Gefahr, daß der Drachen

- ◆ abschmiert;
- ◆ gegen den Hang oder ein anderes Hindernis einkurvt;
- ◆ beim Landeanflug einseitig den Boden berührt.

Flugtechnische Korrekturen siehe nachfolgend »Seitliches Abschmieren«.

Seitliches Abschmieren

Der Drachen rutscht seitlich in Richtung des Querrohrs über den hängenden Flügel ab. Die Strömungsrichtung verläuft mit der Querachse. Der Pilot erkennt die Abschmierbewegung daran, daß

- der Körper in die Gegenrichtung ausschwingt,
- das Gerät stark an Höhe verliert.

Abschmieren ist das Ergebnis entweder

- des seitlichen Abkippens und dessen Ursachen oder
- einer falsch geflogenen Kurve: Zu wenig Geschwindigkeit im Verhältnis zu Kurvenradius und Schräglage.

Normalerweise dreht der Drachen um die Hochachse in die Richtung des Abschmierens und nimmt gleichzeitig die Nase nach unten. Nach einer Sturzflugphase fängt das Gerät ab und kann in Gleitflug übergeführt werden.

Flugtechnische Korrekturen:

In diagonaler Bewegung gleichzeitig
– den Körper gegen die Abschmierrichtung-schieben und
– den Steuerbügel ziehen

Oder:

In diagonaler Bewegung gleichzeitig
– den Körper in die Abschmierrichtung schieben und
– den Steuerbügel drücken

In Bodennähe stets:

Körper gegen die Abschmierrichtung, Fläche geradestellen

Überschlag

Der Drachen wird auf den Rücken gedreht, der Pilot fällt ins Segel.

Ursachen können sein:

- starke Turbulenz, z.B. Föhnrotor;
- mißglückter Kunstflug.

Maßnahmen:

- **Mit Kraftanstrengung am Trapez festhalten. Mit den Beinen vom Segel wegdrücken. Gewicht nach vorn verlagern.**
- **Richtet sich der Drachen nicht wieder auf, Rettungsgerät auslösen!**
- **In Bodennähe Rettungsgerät sofort auslösen.**

Hanglandung

Zur Hanglandung im steilen Gelände ist der Hang frontal anzufliegen, denn bei seitlichem Anflug bestünde die Gefahr einer einseitigen Flügelberührung mit anschließender unkontrollierbarer Drehbewegung. Subjektiv kommt aus der Sicht des Piloten der Boden mit sehr viel höherer Geschwindigkeit als beim normalen Landevorgang auf ihn zu. In unmittelbarer Bodennähe – nämlich dann, wenn beim normalen Landevorgang die Ausgleitphase beginnen würde – ist der Steuerbügel ohne jede Ausgleitphase voll nach vorn zu drücken. Das Aufsetzen sollte bei sehr steilem Gelände zwischen Buschwerk und niedrigen Bäumchen erfolgen, die dem Drachen und dem Piloten nach der Landung Halt geben.

Baumlandung

Eine Baumlandung ist regelmäßig einer Baumberührung vorzuziehen. Bei letzterer wird der Drachen in seiner Fluglage gestört, und es besteht die Gefahr eines unkontrollierten Absturzes ohne Auslösungsmöglichkeit für das Rettungsgerät. Falls der Pilot merkt, daß eine Baumberührung nicht mehr vermeidbar ist, sollte er den Baum frontal anfliegen. Dabei kommt es vor allem darauf an, daß Spannseile und Gurtzeug sich möglichst fest im Zweigwerk verfangen und den Piloten vor einem Absturz bewahren.
Bereits beim ersten Berühren greift der Pilot nach möglichst tragfähigen Zweigen. Nach der Baumlandung ist unbedingt zu vermeiden, durch waghalsige Klettermanöver ein zusätzliches Risiko einzugehen. Vielmehr empfiehlt es sich, im Gurtzeug zu verbleiben, wenn notwendig, weitere Verbindungen zum Zweigwerk herzustellen, und Helfer mit Leitern, Bergsteigerseilen etc. abzuwarten. Der Pilot unterstützt die Rettungsmaßnahmen durch Herablassen seiner Rettungsschnur und Hochziehen der von den Helfern herbeigebrachten Bergungsmittel.

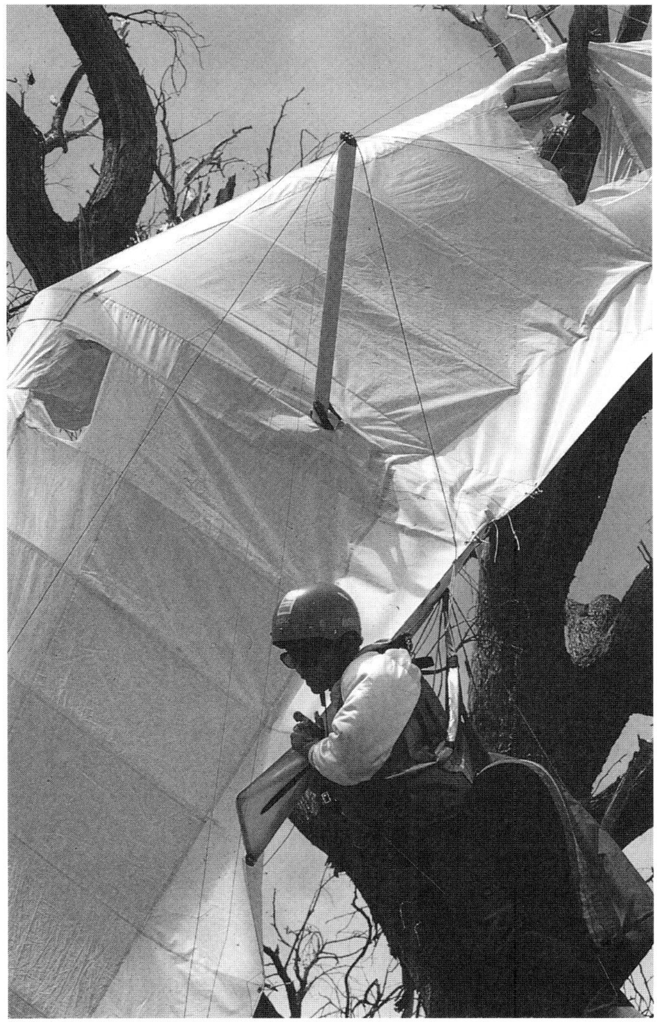

Foto: Klaus Tänzler

Wasserlandung

Falls eine Wasserlandung notwendig werden könnte, beispielsweise bei Flügen am Meer, sollten Schwimmkörper am Fluggerät montiert und die Beinschlaufen möglichst locker sein. Die Landung erfolgt besonders korrekt; seitliches Abkippen etc. muß unbedingt vermieden werden. Der Pilot verläßt frühzeitig mit den Beinen sein Gurtzeug. Da der Pilot beim späteren Aussteigen im Wasser hauptsächlich auf seinen Tastsinn angewiesen ist, konzentriert er sich noch vor der Landung auf sein Gurtzeug und die Verschlüsse.
Kurz vor dem Aufsetzen bzw. Eintauchen pumpt der Pilot seine Lunge mit Luft »randvoll«, wartet ruhig und ohne Panik das Eintauchen seines Körpers ab und taucht unter sorgfältiger Vermeidung von Verwicklungen seines Gurtzeugs an der Hinterkante des Segels auf. Wenn die Aufhängung genügend lang ist (vorher probieren!), sollte er erst nach dem Auftauchen aus dem Gurtzeug aussteigen, andernfalls sofort nach dem Eintauchen. Der Transport zum Land muß bei Geräten ohne Schwimmkörper umgehend geschehen, nach wenigen Minuten sind die Rohre vollgelaufen und der Drachen sinkt ab.

Fallschirmrettung

Verhaltensformeln für jeden Ernstfall gibt es nicht, die letzte Entscheidung liegt immer beim Piloten, denn keine noch so genaue Anleitung kann die jeweilige Situation erfassen. Von einer Simulierung des Notfalls in der Luft wird dringend abgeraten. Das Rettungsgerät ist nicht zum Spielen da, Demonstrationsöffnungen sind gefährlich und müssen unterbleiben. Mit geöffnetem Fallschirm ist der Drachen nicht mehr steuerbar und er kann in Leitungen oder unwegsames Gelände geraten. Die Sinkgeschwindigkeit des Fallschirms ist hinreichend für Arm- und Beinbruch. Das Öffnen des Containers und das Werfen des Fallschirmpakets kann auch am Boden simuliert werden, indem der Pilot sein Gurtzeug beispielsweise an einem Türstock befestigt.

Die nachstehenden Empfehlungen beschränken sich auf einige beispielhafte Situationen.

- Bei einem unkontrollierten Sturzflug nach vergeblichem Aufrichteversuch sofort das Rettungssystem auslösen.
- Paket kräftig in den freien Luftraum wegschleudern. Bei Höhen unterhalb 150 m ohne Aufrichteversuch sofort auslösen.
- Bei Gerätebruch oder bei anderer Gerätedeformation, z.B. Zusammenklappen des Querrohrgelenks, zunächst versuchen, das Fluggerät so zu stabilisieren, daß der Schirm ungestört in den freien Luftraum geworfen werden kann. In Höhen unterhalb 150 m ohne Stabilisierungsversuch sofort auslösen.
- Bei drohender Ohnmacht oder bei heftiger Übelkeit sofort auslösen.
- In Nebel, Wolken, starken Turbulenzen nicht nervös werden, Rettungsgerät erst auslösen, wenn die Notsituation sich aktualisiert hat, beispielsweise durch Geräteschaden.
- Treibt der Drachen ins Lee ab, ebenfalls nur bei akuter Notsituation den Schirm auslösen. Eine gesteuerte Landung, auch unter widrigen Verhältnissen, ist normalerweise dem unkontrollierten Abtreiben mit Schirm vorzuziehen.

Nur bei Notsituationen den Schirm auslösen.

Wetterkunde

Nicht nur das flugtechnische Können des Piloten und die Eigenschaften seines Fluggerätes bestimmen die fliegerische Leistung, sondern zum großen Teil auch die metereologischen Bedingungen. Um günstige Bedingungen gezielt zu finden und zu nutzen, muß der Pilot die Grundzüge der Metereologie (Wetterkunde) kennen. Vom Wetter drohen dem Piloten auch Gefahren. Die Wetterkunde macht diese Gefahren vorhersehbar und damit vermeidbar.

Die Lufthülle

Die Erde ist von einer Lufthülle umgeben, genannt Atmosphäre. »Wetter« ist der Zustand der Atmosphäre. Die unterste Schicht der Atmosphäre heißt Troposphäre. Sie reicht von der Erdoberfläche bis zu einer Höhe von ungefähr 11000 Metern.

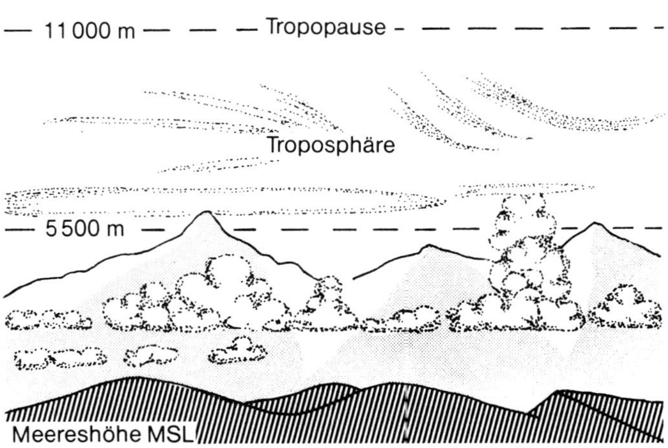

Die Lufttemperatur in Bodennähe ist normalerweise am höchsten, weil die Sonne zunächst die Erdoberfläche erwärmt und die Wärme dann von der Erdoberfläche an die darüberliegende Luftschicht abgegeben wird. Eine direkte Erwärmung der Luft durch die Sonne erfolgt nur in ganz geringem Maße. Im statistischen Mittelwert ist die Luft in der Troposphäre pro 100 Meter Höhe um 0,65 Grad Celsius kälter. Der tatsächliche Temperaturunterschied hängt freilich vom täglichen Wettergeschehen ab.

Auf Grund von Durchmischungsvorgängen in der Troposphäre können auch in höheren Lagen Warmluftschichten eingelagert sein. Dann nimmt die Temperatur trotz steigender Höhe vorübergehend zu, genannt Inversion, oder die Temperatur bleibt gleich, Isothermie. Inversion und Isothermie wirken als Sperrschicht für aufsteigende Luft.

Der Luftdruck kann zwar von Ort zu Ort verschieden sein, die Abnahme mit der Höhe ist jedoch stets gesetzmäßig. In etwa 5500 Meter Höhe halbiert sich der Luftdruck. Ebenso halbiert sich die Luftdichte. Die Verringerung der Luftdichte bedeutet für den Drachen größeres Sinken. Für den Piloten kann sie in großer Höhe wegen Sauerstoffmangels zum Höhenrausch führen.

Der dynamische Wind

Wind heißt zunächst nur Luftbewegung. Luftbewegung kann großräumig und überregional sein, dann spricht man vom dynamischen Wind, oder sie entsteht durch lokale thermische Vorgänge, man spricht vom thermischen Wind.
Der Einstrahlungswinkel der Sonne auf die Erdoberfläche ist unterschiedlich: im Bereich des Äquators ist der Winkel am steilsten und an den Polen am flachsten. Beim flachen Winkel verteilt sich die eingestrahlte Wärmemenge über eine große Fläche, beim steilen Winkel konzentriert sich dieselbe Menge auf eine kleine Fläche. Andere Wärmeunterschiede entstehen durch verschiedene Oberflächenerwärmung der Weltmeere und der Kontinente. Die ungleichmäßige Erwärmung der Erdoberfläche bewirkt eine unterschiedliche Erwärmung der Luft. Dadurch entstehen Gebiete mit hohem Luftdruck (Hochdruckgebiete) und andere Gebiete mit tiefem Luftdruck (Tiefdruckgebiete). Um das Druckgefälle zwischen diesen Gebieten auszugleichen, strömt die Luft aus den Hochdruckgebieten in die Tiefdruckgebiete.

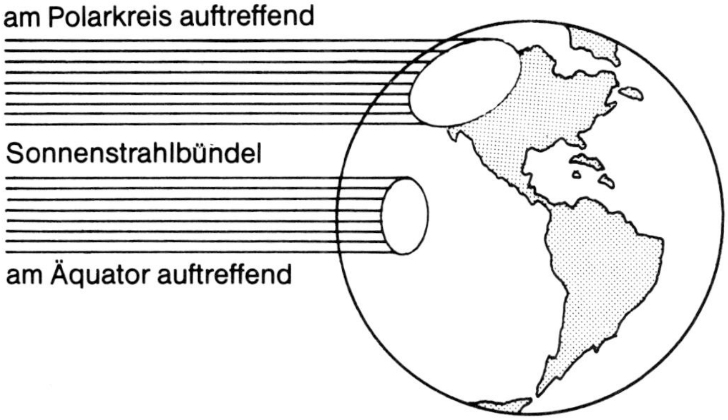

Windrichtung

Der Wind wird nach der Himmelsrichtung benannt, aus der er weht. In der Fliegerei wird die Windrichtung in Grad angegeben.

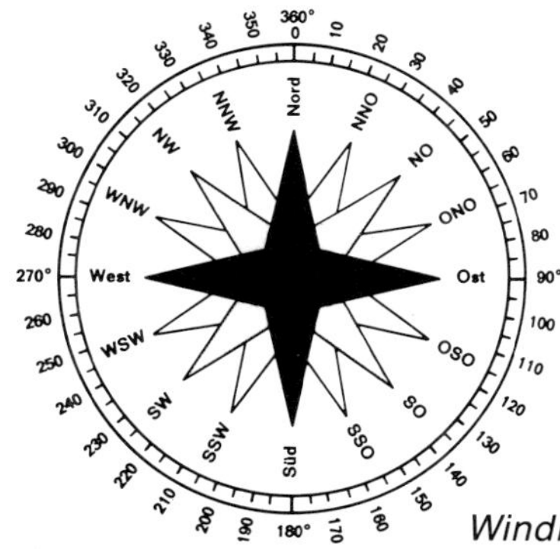

Windrose

Die schnelle Drehung der Erde um sich selbst – am Äquator 1600 km/h – bewirkt eine Kraft, die den Wind auf der nördlichen Halbkugel nach rechts ablenkt, auf der südlichen nach links. Die Kraft heißt Corioliskraft.

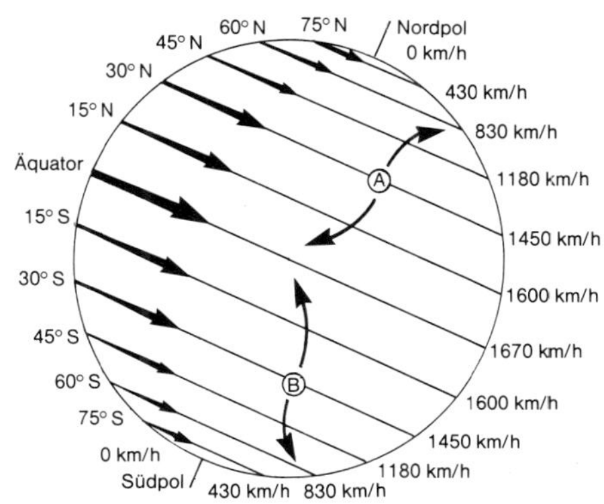

Wandert Luft Ⓐ nach Norden, eilt sie der dortigen Erddrehung voraus. Wandert sie nach Süden, bleibt sie zurück.

Je langsamer die Luft strömt, desto geringer ist die Ablenkung durch die Corioliskraft. Bodennaher Wind wird durch Bodenunebenheiten abgebremst und verlangsamt. Daher: Je näher der Wind dem Boden ist, um so weniger wird er nach rechts abgelenkt; je höher der Wind ist, desto stärker ist die Ablenkung.

Die Windrichtung am Boden dreht in 1000 m Höhe um ca. 30 Grad nach rechts.

Wegen der Corioliskraft kann sich der Druckausgleich nicht auf dem kürzesten Weg durch geradlinig strömende Luft aus dem Hochdruckgebiet in das Tiefdruckgebiet vollziehen.

Die Luftteilchen, die nach allen Seiten aus einem Hochdruckgebiet herausströmen wollen, werden dabei nach rechts abgelenkt. Besonders in der Höhe, wo die Rechtsablenkung stark wirkt, kommt es statt zum Ausströmen zum Umströmen des Hochdruckzentrums im Uhrzeigersinn. Am Boden, wo die Luft weniger stark nach rechts abgelenkt wird, strömt sie aus dem Hochdruckgebiet heraus.

Beim Tiefdruckgebiet werden die Luftteilchen, die von allen Seiten hineinströmen wollen, ebenso nach rechts abgelenkt. Besonders in der Höhe, wo die Rechtsablenkung stark wirkt, kommt es statt zum Hineinströmen zum Umströmen des Tiefdruckzentrums, diesmal gegen den Uhrzeigersinn. Am Boden, wo die Luft weniger stark nach rechts abgelenkt wird, strömt sie in das Tiefdruckgebiet hinein.

Der Druckausgleich zwischen einem Hochdruckgebiet und einem Tiefdruckgebiet vollzieht sich folglich in Bodennähe. Die Luftteilchen im Hochdruckgebiet drehen zunächst im Uhrzeigersinn, verlassen dann das Hochdruckgebiet, werden von einem benachbarten

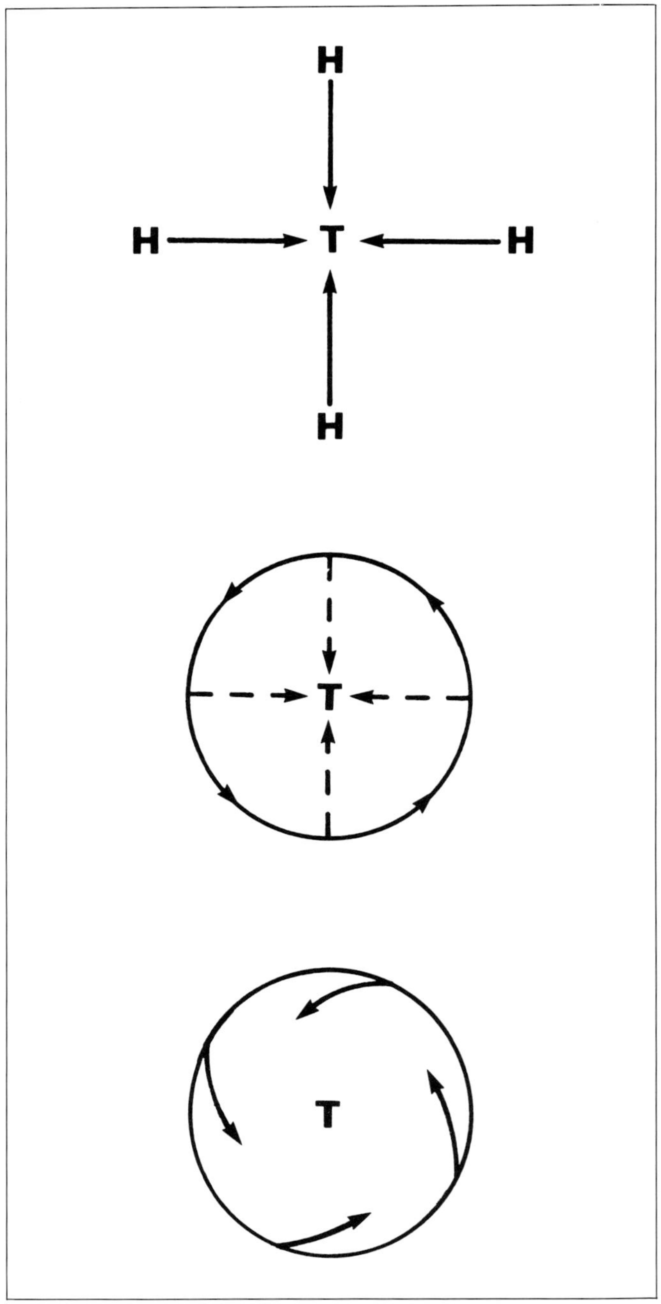

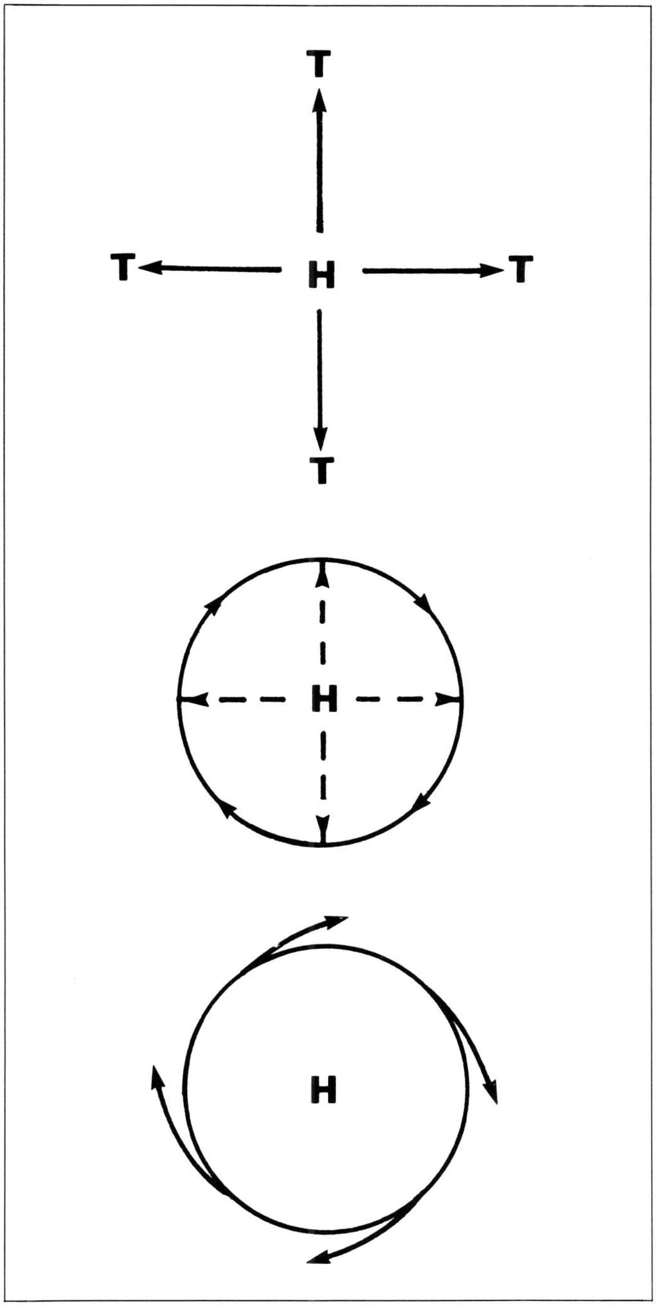

Tiefdruckgebiet angezogen, wechseln die Kurvenrichtung, strömen in Bodennähe in das Tiefdruckgebiet hinein und drehen dort gegen den Uhrzeigersinn.
Die Windrichtung ist also bestimmt durch die Lage der Hoch- und der Tiefdruckgebiete. Als Faustformel gilt für die Nordhalbkugel:

Rücken zum Wind – vorn links das Tief,
hinten rechts das Hoch

Die Oberflächengestalt der Erde kann den Wind zwingen, von seinem Weg abzuweichen und den Weg auf Umwegen fortzusetzen. Talverläufe und Bergbarrieren lenken den Wind um.

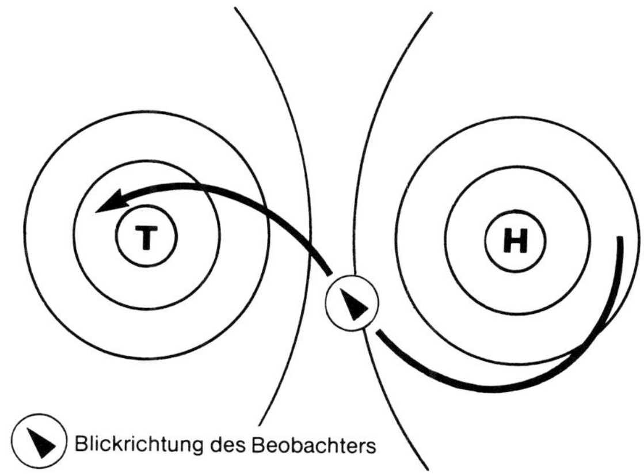

Windgeschwindigkeit

Die Windgeschwindigkeit ist die Schnelligkeit der Luftteilchen gegenüber dem Boden. Sie wird ausgedrückt in km/h, Knoten (knts) und m/sec.

Faustformel für die Umrechnung:	
(knts x 2) – 10%	= km/h
(m/sec. x 4) – 10%	= km/h
m/sec. x 2	= knts

Zum Beispiel:

5 knts x 2 –10%	= 10 – 1 = 9 km/h
4m/sec. x 4 –10%	= 16 – 1,6 = 14,4km/h
4 m/sec. x 2	= 8 knts

Die Windgeschwindigkeit läßt sich aus der Wetterkarte entnehmen, anhand des Isobarenabstandes. Isobaren sind die um ein Hoch oder ein Tief verlaufenden Linien, die jeweils die Orte gleichen Luftdrucks miteinander verbinden. Je größer der Abstand zwischen diesen Linien ist, desto geringer ist das Luftdruckgefälle und damit auch die Windgeschwindigkeit. Umgekehrt weist ein enger Abstand der Isobaren auf ein hohes Luftdruckgefälle hin und damit auf eine hohe Windgeschwindigkeit.
Exaktes Meßgerät für die Windgeschwindigkeit ist der Schalenwindmesser. Zum Abschätzen der Windgeschwindigkeit eignet sich die **Beaufort-Skala**.

Zeichen (knts)	Stärke	Bezeichnung	Geschwindigkeit m/s	km/h	knts	Anhaltspunkte
	0	Windstille	0	0	0	Rauch steigt senkrecht auf
	1	Leiser Zug	0,3	1	1– 3	Als Windhauch fühlbar
	2	Leiser Wind	1,6	6	4– 6	Blättersäuseln
	3	Schwacher Wind	3,4	12	7–10	Blätter und dünne Zweige fächeln
	4	Mäßiger Wind	5,5	20	11–15	Zweige und schlanke Äste wiegen sich
	5	Frischer Wind	8,0	29	16–21	Kräftige Zweige und schwache Bäumchen schwanken
	6	Starker Wind	10,8	39	22–27	Es bläst. Starke Äste schwanken, Wipfel biegen sich, Wind pfeift um Häuser und in Drähten
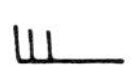	7	Steifer Wind	13,9	50	28–33	Bäume schwanken. Gehen gehemmt
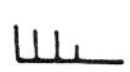	8	Stürmischer Wind	17,2	62	34–40	Zweige werden geknickt. Gegenstemmen beim Gehen

Stellung des Windpfeiles bezeichnet die Windrichtung in Grad, Beispiel:  Wind aus 225° = Südwest.

Foto: Hans Kober

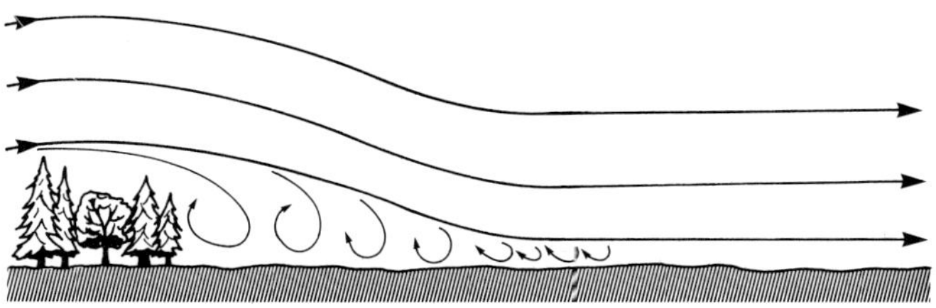

Die Bodenreibung bremst den Wind in Bodennähe.

Faustformel: 500 m über Grund – doppelte Windgeschwindigkeit

Allerdings kann in Ausnahmefällen die Windgeschwindigkeit am Boden größer sein als in hohen Luftschichten. Dies bewirkt besonders der Düseneffekt von Tälern.

Düsenwirkung

Wird der Luftstrom eingeengt, so erhöht sich an der Engstelle – der »Düse« – die Windgeschwindigkeit, wie in einem verengten Wasserlauf. Die Engstelle kann einseitig und doppelseitig sein, vertikal und horizontal, klein- und großräumig.
Berggrate bilden bei Anströmung einseitige, horizontale Engstellen. Die Windgeschwindigkeit dicht über einem Grat kann erheblich höher sein als unter oder vor dem Gipfel.
Taleinschnitte wirken wie großräumige Düsen, die nicht nur die Windgeschwindigkeit erhöhen, sondern auch die Windrichtung ändern können.
Waldkanten, Felsvorsprünge, Häuser und überhaupt dicht überflogene Hindernisse wirken als kleinräumige Düsen, erhöhen die Windgeschwindigkeit und lösen Turbulenz aus.

Achtung!
Die höhere Windgeschwindigkeit an der Düse mindert die Vorwärtsbewegung des Gleitsegels gegenüber dem Boden; bis zum senkrechten Sinkflug oder zur Rückwärtsbewegung, wenn die Windgeschwindigkeit die Eigengeschwindigkeit des Gleitsegels erreicht oder übertrifft.

Turbulenzen

Trifft die Luft auf ein Hindernis, muß sie beim Umströmen ihre Richtung der Hindernisform anpassen. An einem sanft geformten Hindernis kann sie ungestört entlanggleiten. Erfordert dagegen die Form des Hindernisses eine starke Richtungsänderung der umströmenden Luft, dann wird sie in ihrem gleichförmigen Strömungsfluß gestört. Im Störungsbereich geraten die Luftteilchen in uneinheitliche Wirbelbewegungen, wie sie auch in einem Wasserlauf auftreten.

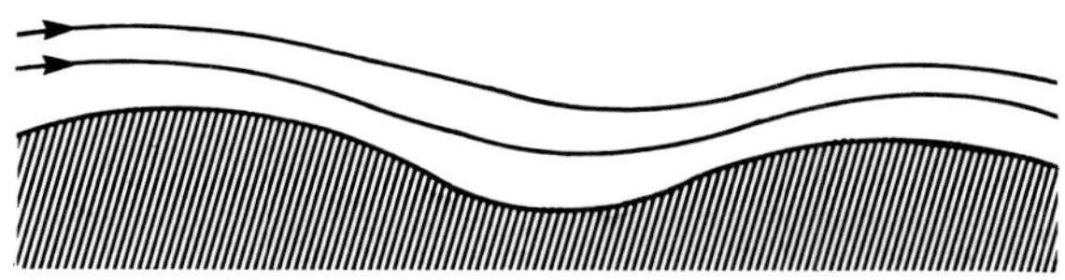

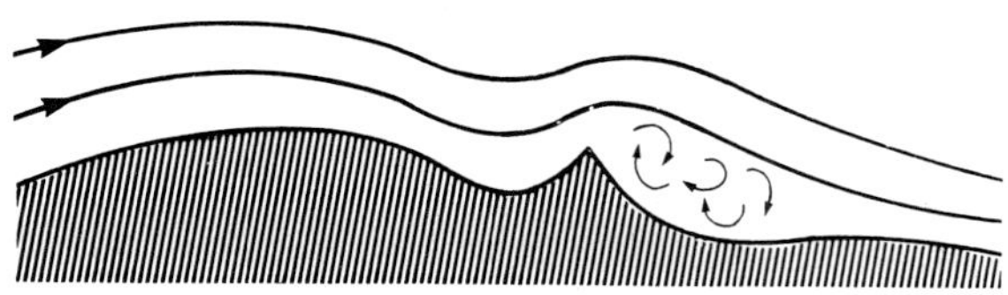

Die räumliche Ausdehnung des verwirbelten Bereichs vergrößert sich mit zunehmender Windgeschwindigkeit. Ebenso wächst die Heftigkeit der Wirbel. Diese Wirbel heißen Turbulenzen.
Die Turbulenzen wirken von unterschiedlichen und nicht vorhersehbaren Richtungen auf das Gleitsegel ein, sie verändern seine Fluglage, verursachen Pen-

delbewegungen und behindern die Korrekturen des Piloten.

In unmittelbarer Bodennähe tritt **Bodenturbulenz** auf, hervorgerufen von Bodenbewuchs und Bodenunebenheiten.

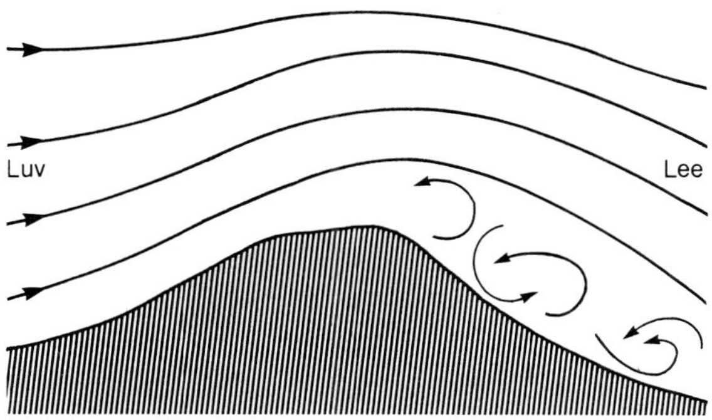

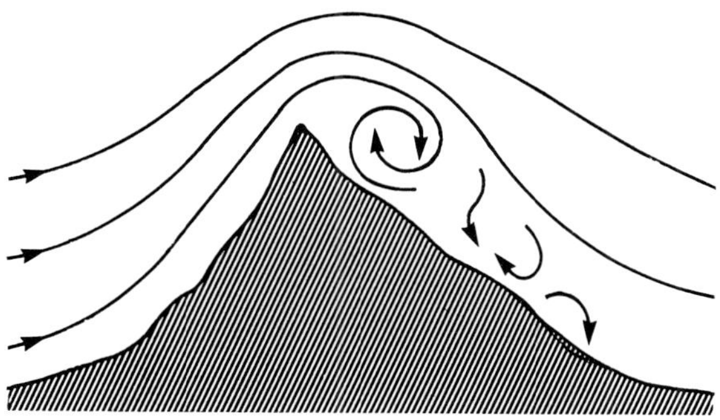

Bei größeren Hindernissen kommt es im Lee, das ist die windabgewandte Seite, zu besonders kräftiger Verwirbelung, genannt **Leeturbulenz**. Diese Turbulenz kann bereits von Bäumen und Häusern ausgelöst werden, am stärksten ausgeprägt ist sie hinter den Berggipfeln.

Bei scharfen Geländeabbrüchen, besonders an Gipfeln und an Klippen, können sich Leewalzen bilden. In solchen Walzen rotiert die Luft großräumig und von Turbulenzen durchsetzt. Leewalzen können auch an seitlich umströmten Hindernissen auftreten, z.B. an kantigen Bergflanken. Die Drehachse der Turbulenz richtet sich dann nach dem Neigungswinkel der Flanke und man spricht von Seitenwalze.

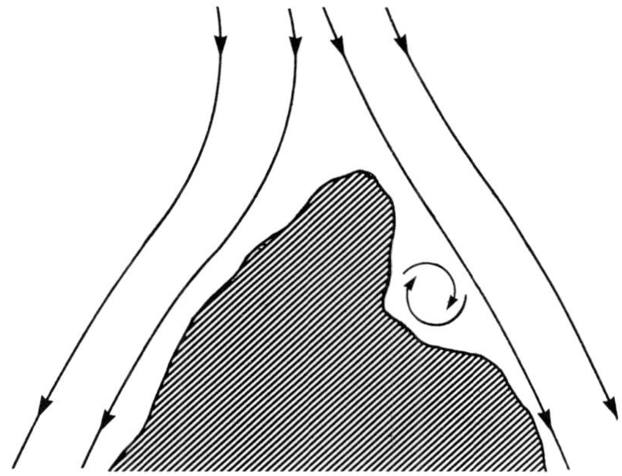

Seitenwalze, Draufsicht

Nicht vom Boden verursacht ist die **Windscherung**. Sie entsteht, wenn benachbarte Luftmassen verschiedene Bewegungsrichtungen haben. An der Scherfläche der beiden Luftmassen entstehen Luftwirbel, deren Heftigkeit von der Richtungs- und Geschwindigkeitsdifferenz der beiden Luftmassen abhängt. Die Windscherung ist nicht anhand von Geländemerkmalen zu erkennen.

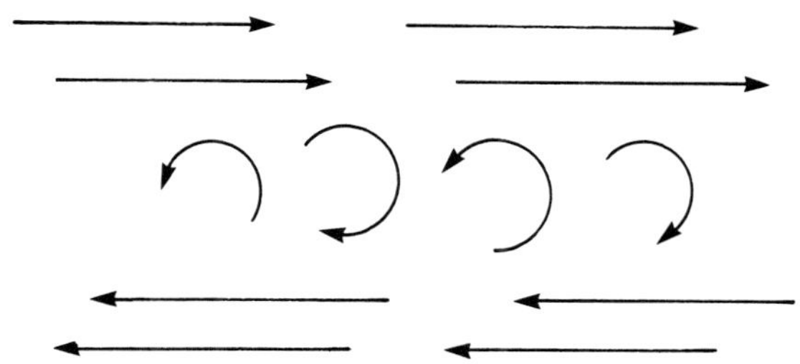

Ebenfalls nicht am Gelände zu erkennen ist der Föhnrotor, der unterhalb der Föhnwellen entsteht, vgl. Kapitel Der Föhn.

Der dynamische Hangaufwind

Wenn der Wind einen Berg überströmt, entsteht Aufwind im Luv, das ist die windzugewandte Seite; im Lee entsteht Abwind. Die Beschaffenheit des Aufwindes hängt – neben der Windgeschwindigkeit – von weiteren Faktoren ab.

◆ Die Beschaffenheit des vorgelagerten Geländes bestimmt die Qualität der anströmenden Luft. Ebenes Gelände, z. B. Meer, ist am günstigsten. Vorgelagerte Hindernisse, besonders Berge, bewirken turbulente Anströmung.

◆ Hat die Luv-Seite nur wenig Breite oder ist sie gar keilförmig, dann teilt sich die Luftströmung und umströmt den Berg überwiegend seitlich. Der Aufwind nimmt entsprechend ab.

◆ Mit der Hanghöhe wächst bei gleichmäßiger Windanströmung die Tiefe und Höhe des Aufwindbandes proportional. Das Anwachsen mindert sich mit zunehmender Anströmgeschwindigkeit.

◆ Mit Vergrößerung der Hangneigung wächst die Aufwindgeschwindigkeit. Das Aufwindband wird dünner. Umgekehrt bieten flache geneigte Berge ein dickeres Aufwindband, freilich auf Kosten der Aufwindgeschwindigkeit.

◆ Die Geländeform entscheidet über die Wirbelbildung im Luv. Zerklüftetes Gelände läßt aufwindmindernde Turbulenzen entstehen.

◆ Ähnlich wie die Geländeform wirkt sich der Geländebewuchs aus. Besonders der Wechsel von Waldflächen und Lichtungen erhöht die Turbulenzbildung und schwächt den Aufwind.

◆ Faustregel: Bester Hangaufwind bei 50 – 100 m Hangabstand.

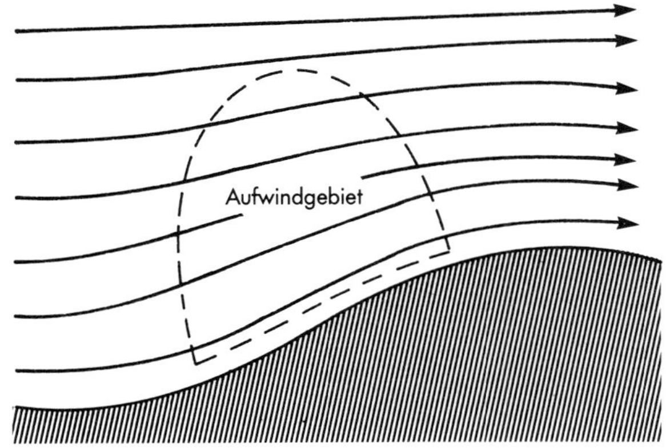

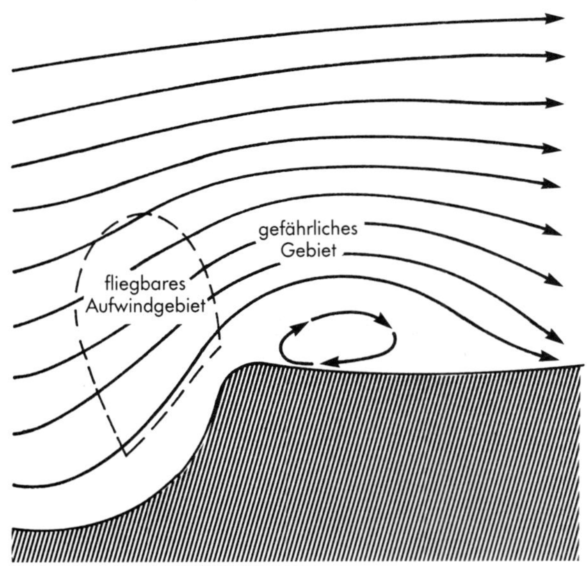

Achtung!

◆ An der Scherfläche zwischen ungestörtem Aufwind und bodennaher Turbulenzzone entsteht am Fluggerät ein Drehmoment in Richtung Hang.
◆ Die Leewalze hinter dem Berggipfel kann Aufwind vortäuschen.

Foto: Klaus Tänzler

- Über dem Gipfel herrscht erhöhte Windgeschwindigkeit, die das Fluggerät in das Lee abtreiben kann.

Hangsegeln, englisch Soaring, ist ohne Höhenverlust möglich, wenn die senkrechte Komponente der Aufwindgeschwindigkeit gleich oder größer der Sinkgeschwindigkeit des Gleitsegels ist.

Der thermische Wind

Außer den globalen Wärmeunterschieden, die zur Entstehung des überregionalen dynamischen Windes führen, gibt es auch regionale Unterschiede bei der Bodenaufheizung, die ein kleinräumiges Windsystem entstehen lassen, den thermischen Wind. Beide Windsysteme überlagern sich. Das System mit mehr Energie setzt sich gegen das schwächere durch. So kann der überregionale Wind die Ausbildung des örtlichen Windsystems ganz verhindern.

See- und Landwind

Der größte Unterschied in der Beschaffenheit der Erdoberfläche besteht zwischen Wasser und Land. Wasser und Boden unterscheiden sich in ihrer Wärmeleitfähigkeit. Der Boden speichert die von der Sonne eingestrahlte Wärme an der Oberfläche und leitet nur einen geringen Teil in die tieferen Bodenschichten weiter. Beim Wasser dagegen sammelt sich die Wärme nicht nur an der Oberfläche, sondern sie dringt auch in tiefere Schichten vor.
Strahlt die Sonne auf Wasser und Land gleichmäßig ein, heizt sich die Landoberfläche schneller auf als die Wasseroberfläche. Die Landoberfläche erwärmt die aufliegende Luftschicht stärker als die Wasseroberfläche. Da warme Luft leichter ist als kalte Luft, steigt die Luft über dem Land auf. Die Luft auf dem Wasser wird als »Ersatz« angezogen, es entsteht der Seewind. Die aufgestiegene Landluft fließt in der Höhe infolge des Luftdruckgefälles zum benachbarten Luftraum über dem Wasser. Dort sinkt die Luft – der Kreislauf ist geschlossen.

Warme Luft ist leicht – kalte Luft ist schwer

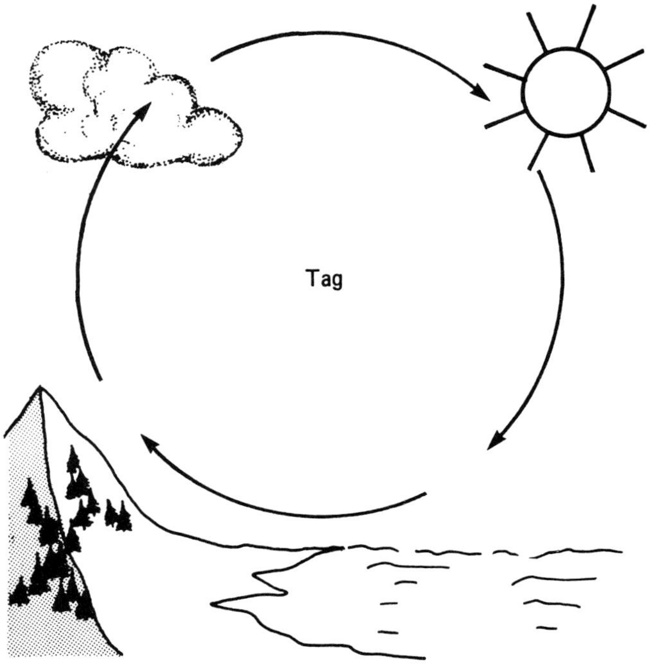

Die Zirkulation reicht tagsüber etwa 50 km landeinwärts mit einer Höhe von etwa 500 m. Die Bodenströmung kann 25 bis 40 km/h erreichen. Die Luft zirkuliert mehrere Male pro Tag. Nach Sonnenuntergang kühlt die Landoberfläche schneller ab als die Wasseroberfläche. Land und Wasser strahlen Oberflächenwärme ab. Während die Landfläche nur wenig Speicherwärme hat, erhält die Wasserfläche Wärmenachschub aus den tieferen Schichten. Es entsteht ein Wärmevorsprung der Wasseroberfläche und der dort aufliegenden Luftschicht. Der Kreislauf kommt in entgegengesetzter Richtung in Gang, es entsteht der Landwind.

Berg- und Talwind

Auch Berg und Tal unterscheiden sich in ihrer Bodenoberfläche. Berghänge sind trockener als Talgründe, denn das Bergwasser fließt ab und durchfeuchtet die Talgründe. Zwar ist der Unterschied zwischen »trocken« und »naß« nicht so ausgeprägt wie zwischen Land und Wasser, dennoch gilt dasselbe Prinzip: Die Hangflächen erwärmen sich schneller als der Talgrund. Zudem wird die Luft am Hang stärker erwärmt als die benachbarte hangfernere Luft. Die Hangluft steigt am Hang entlang auf. Beim Aufstieg erhält sie vom Hang weitere Wärmezufuhr, der Aufwind verstärkt sich. Gleichzeitig zieht die aufsteigende Luft bodennahe Talluft nach.

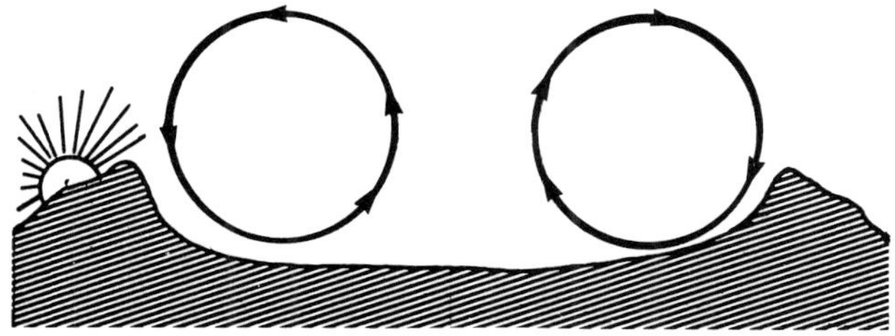

Mit Sonnenuntergang dreht sich der Kreislauf um. Die trockeneren Hangflanken kühlen schneller aus als der Talgrund und kühlen die Luft am Hang. Die Luft sinkt ab, es entsteht Bergwind. Der feuchtere und dadurch wärmespeichernde Talgrund kühlt langsamer ab. Die Talluft wird im Vergleich zur Hangluft leichter und steigt großflächig auf.

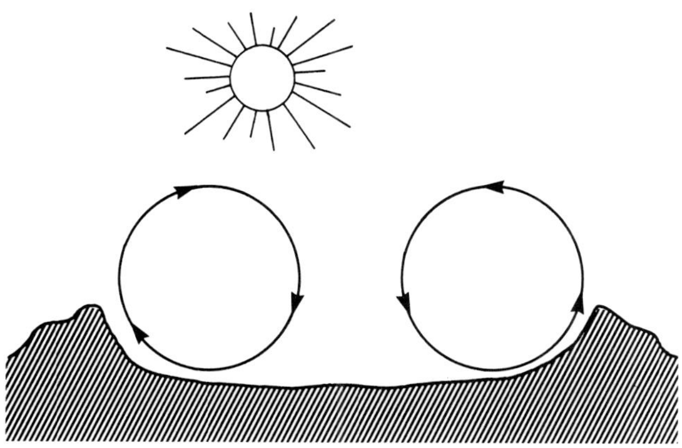

Die am Hang aufsteigende Luft löst sich am Gipfel ab und fließt in der Höhe infolge des Luftdruckgefälles über den Talgrund. Dort sinkt die Luft – der Kreislauf ist geschlossen.

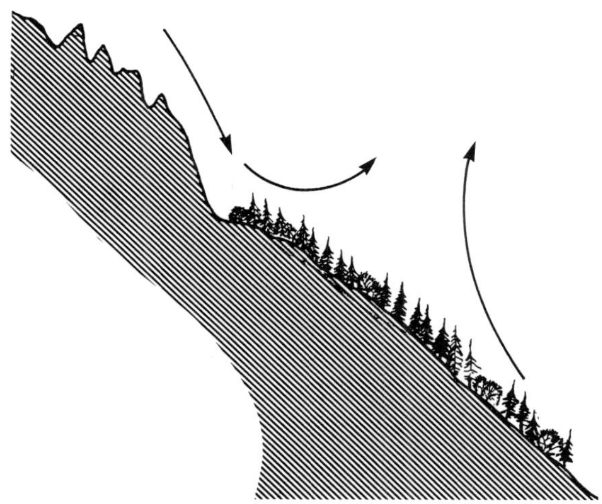

In der Wechselphase von Talwind zum Bergwind setzt das Absinken der Hangluft nicht gleichzeitig an allen Stellen ein. Rasch auskühlende Hangbereiche wie beispielsweise Fels erzeugen bereits Bergwind, während die Luft über wärmespeichernden Hanggebieten, besonders Wald, noch aufsteigen kann.

Die Hangneigung hat beim Berg- und Talwind zusätzliche Bedeutung. Je steiler der Einfallswinkel der Sonneneinstrahlung ist, desto schneller und stärker erwärmt sich der Boden. So sind vormittags Südosthänge mit steiler Hangneigung begünstigt. Mittags haben flache Südhänge und nachmittags steile Südwesthänge die beste Einstrahlung.
Sind die Bergflanken am späten Vormittag soweit erwärmt, daß die Luft über dem gesamten Bergland großräumig aufsteigt, strömt Luft aus dem Flachland

die Täler hinauf. Besonders stark weht der Talwind zwischen Talgrund und ca. 400 m Höhe. Er kann die Eigengeschwindigkeit des Gleitsegels übersteigen.

Vorsicht! Sinkt nach Sonnenuntergang die Luft über dem Bergland ab, strömt sie wieder die Täler hinab ins Flachland. Dieser Talabwind hält an, bis er am nächsten Vormittag durch die neue Hangerwärmung wieder umgedreht wird.

Foto: Michael Weingartner

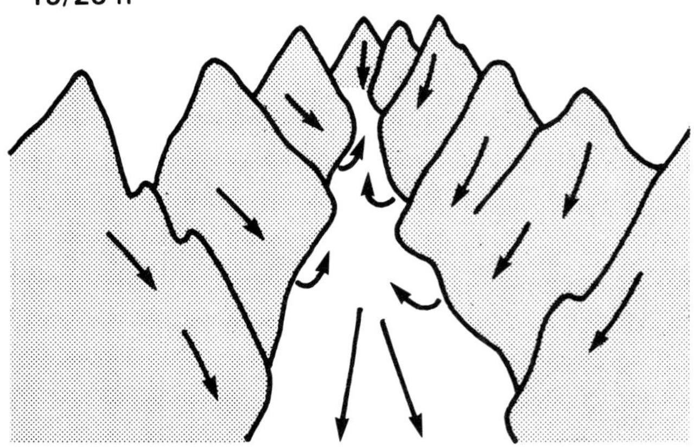

Foto: Klaus Tänzler

Bodenthermik

Verschiedenartiger Bewuchs und unterschiedliche Bodenbeschaffenheit bewirken Erwärmungsunterschiede, die zur Ausbildung von Thermik führen.

- Glatte Bodenoberfläche, z. B. Schneedecke, reflektiert die einfallende Wärmestrahlung größtenteils und es kommt nicht zur Erwärmung des Bodens. Dagegen streut eine rauhe Bodenoberfläche die Bodenstrahlung und der Boden erwärmt sich.
- Starke Wärmeleitfähigkeit des Bodens mindert die Oberflächenerwärmung. Durchfeuchteter Boden hat eine starke Wärmeleitfähigkeit im Gegensatz zu trockenem Boden. Durchlüfteter Boden, z. B. gepflügter Acker, hat geringe Wärmeleitfähigkeit, weil Luft isoliert.
- Nasse Bodenoberfläche oder feuchte Vegetation, z. B. Laubwald, verbrauchen einen großen Teil der Wärmestrahlung für die Verdunstung. Es bleibt wenig zur Erwärmung des Bodens. Beim Nadelwald ist die Verdunstung geringer.
- Windgeschützte Bodenflächen erwärmen sich stärker. Das Aufheizen des Bodens wird nicht durch darüberstreichende Kaltluft gestört.

Die aufgeheizte Bodenoberfläche erwärmt die aufliegende Luft. Erhält die so aufgewärmte bodennahe Luft einen Wärmevorsprung gegenüber der darüberliegenden Luftschicht, will sie aufsteigen. Zunächst bildet sich eine Warmluftblase, die trotz Wärmevorsprung zäh am Boden haften bleibt, bis sie durch einen weiteren Vorgang am Boden abreißt, durch

- Überhitzung der Warmluftblase durch weitere Aufheizung
- akustische Erschütterung der Luftblase
- Wind, der die Blase zerreißt
- Wind, der die Blase an eine Abreißkante drückt.

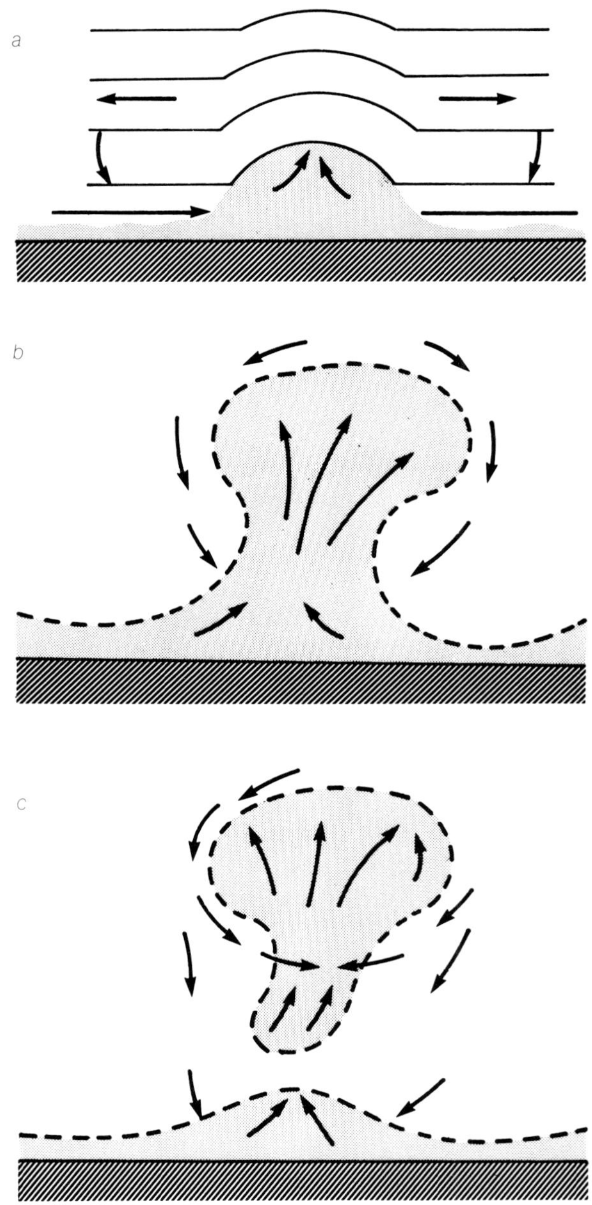

Warmluftblase am Boden (a), Abreißen der Blase (b) und Aufsteigen als Thermik (c)

Als Abreißkanten wirken Geländekanten oder Grenzlinien zwischen stark unterschiedlich temperierten Bodenoberflächen, z. B. Schneegrenze.
Nach dem Abreißen steigt die Blase auf und die Nachbarluft strömt am Boden nach. Ist auch die Nachbarluft wärmer als die darüberliegende Luftschicht, folgt sie dem Aufstiegsweg der Thermikblase. Man spricht von Thermikschlauch oder »Bart«, der solange anhält, bis die bodennahe Warmluft nach oben weggeströmt ist.

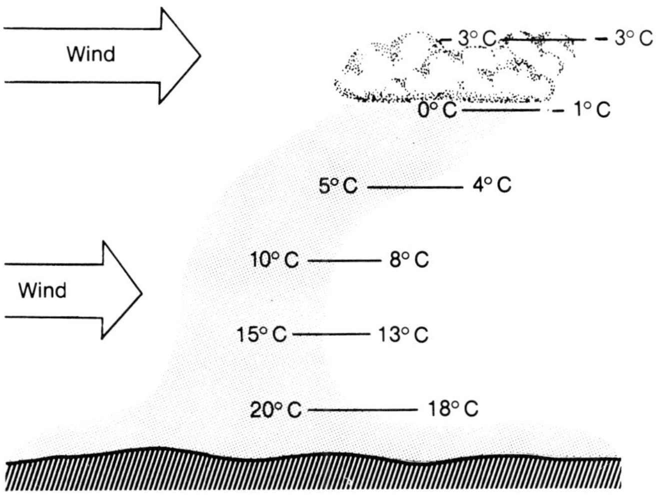

Der Aufstiegsweg der Thermik wird durch die Windrichtung und die Windgeschwindigkeit bestimmt. Die Geschwindigkeit des Aufstiegs und die Aufstiegshöhe hängen von der Temperatur der Umgebungsluft ab. Je größer der Temperaturunterschied ist, desto schneller steigt die Thermik. Der Aufstieg endet in der Höhe, wo die Thermik auf die Temperatur der Umgebungsluft abgekühlt ist. Die Abkühlung erfolgt nicht durch Mischung mit der Umgebungsluft, sondern durch die Ausdehnung beim Aufsteigen und den damit verbundenen Energieverbrauch, pro 100 m um 1 Grad Celsius. Der Thermikschlauch bildet sich in seiner Gestalt unterschiedlich aus und seine räumliche Ausdehnung hängt ab von der Größe der Bodenheizfläche. Bei mehreren Thermikquellen am Boden vereinigen sich die Aufwinde. Daher ist die Thermik in größerer Höhe meist großflächiger als in Bodennähe.

Am Rand des Thermikschlauchs läßt die Aufwindgeschwindigkeit auf Grund der Reibung mit der Umgebungsluft nach. Die Reibung erzeugt in diesem Bereich die Randturbulenzen. Rund um den Thermikschlauch herrscht Abwind, der zum Ausgleich des Druckgefälles die am Boden abziehende Warmluft ersetzt.

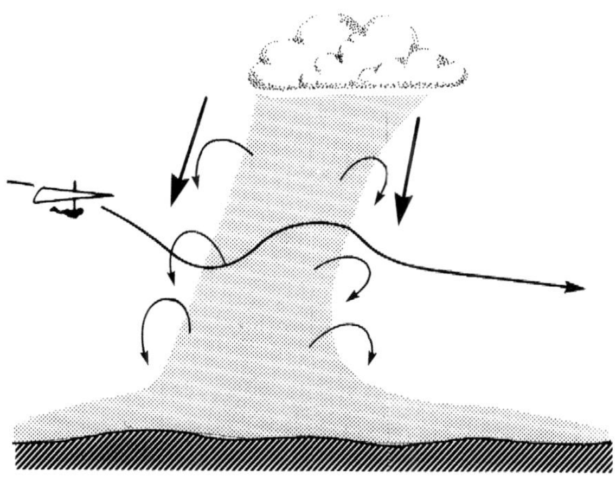

Wolken und Nebel

Wenn der Feuchtigkeitsgehalt der Luft sichtbar wird, spricht man von Wolken oder von Nebel. Die Wolke unterscheidet sich durch größere Wassertröpfchen vom Nebel. Grundsätzlich zu unterscheiden von Wolken und Nebel ist der unsichtbare Wasserdampf, das ist Wasser in Gasform.

Taupunkt

Das Wasser gelangt in die Luft durch Verdunstung. Bei der Verdunstung verwandelt sich Wasser durch Wärmezufuhr vom flüssigen Zustand in gasförmigen Zustand.

Warme Luft kann mehr gasförmiges Wasser in sich aufnehmen als kalte Luft. Hat die Luft die Menge an unsichtbarem Wasserdampf aufgenommen, die sie entsprechend ihrer Temperatur gerade noch halten kann, ist die Luft gesättigt.

Die Sättigung kann auf zweierlei Weise eintreten, durch Zufuhr von Feuchtigkeit bei gleichbleibender Temperatur und durch Abkühlung der Luft bei gleichbleibendem Feuchtigkeitsgehalt. Die Temperatur, bei der Sättigung eintritt, heißt Taupunkt. Die Differenz zwischen der tatsächlichen Lufttemperatur und der Taupunkttemperatur heißt Taupunktdifferenz. Je geringer die Taupunktdifferenz ist, desto eher ist mit Nebel- und Wolkenbildung zu rechnen. Abkühlung der Luft kann durch kalte Unterlage, durch Mischung mit kalter Luft oder durch Aufstieg der Luft entstehen. Aufstieg ist möglich durch Thermik, durch Anstieg am Berg oder durch Aufgleiten auf andere Luftmassen.

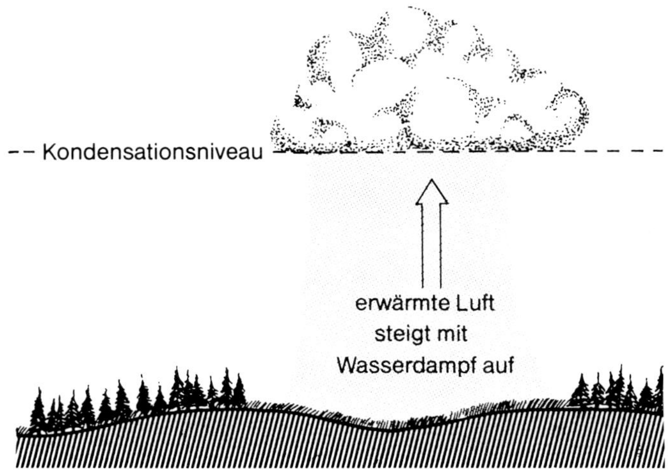

Aufstieg durch Thermik

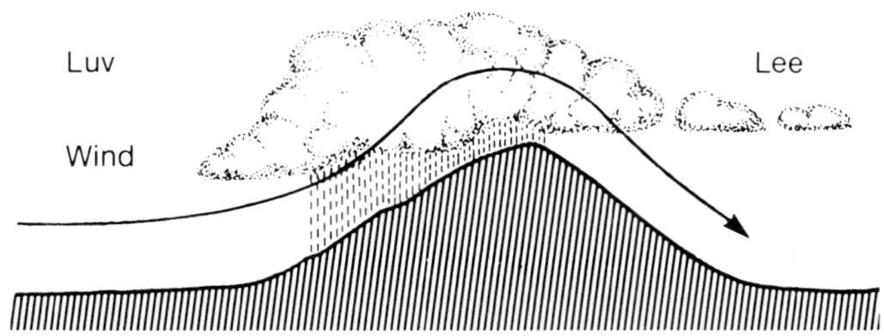

Anstieg zum Berg

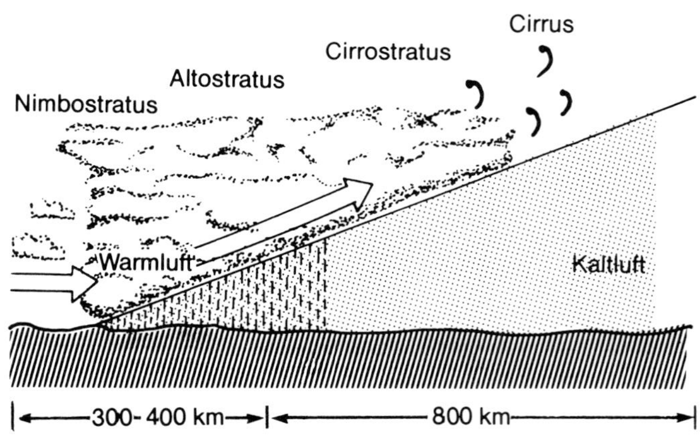

Aufgleiten auf Luftmassen

Kondensation

Bei Erreichen des Taupunktes, d.h. bei Sättigung der Luft, wird der überschüssige Wassergehalt, den die Luft nicht in Gasform halten kann, in Form von sichtbaren Wassertröpfchen (Kondensation) oder Eiskristallen (Sublimation) ausgeschieden. Die Tröpfchen brauchen Kondensationskerne, die Eiskristalle Sublimationskerne. Die Kerne sind feinste Staubpartikel in der Luft. Wolken oder Nebel sind entstanden .
Bei der Kondensation wird Wärme frei, die beim Verdunstungsvorgang aufgenommen worden war. Dies bedeutet, daß die innerhalb von Wolken weiter aufsteigende Luft sich nur etwa halb so stark abkühlt, wie zuvor beim Aufstieg bis zur Wolkenbasis. Der Wärmeverlust bis zur Wolkenbasis beträgt 1 Grad Celsius pro 100 m, in der Wolke nur noch ca. 0,5 Grad pro 100 m.

Niederschlag

Beim Aufstieg der Luft in der Wolke setzt sich die Kondensation fort, die Wassertröpfchen wachsen und gewinnen an Gewicht. Wenn Größe und Gewicht der Tropfen so zugenommen haben, daß der Aufwind in der Wolke die Tropfen nicht mehr transportieren kann, fallen sie aus in Richtung Erdboden. Den Erdboden erreichen die Tropfen nur, wenn sie nicht unterwegs verdunsten. Dies ist abhängig von der Größe der Tropfen, vom Feuchtigkeitsgehalt und der Temperatur der Luftschichten unterwegs und von der Kälte der Tropfen beim Verlassen der Wolke. Faustregel: Bei einer Cumuluswolke muß der Aufstiegsweg soweit reichen, daß der Temperaturverlust beim Aufstieg die Tropfen auf minus 10 Grad unterkühlt.

Gewitter

Zu unterscheiden sind örtliche Wärmegewitter und langgestreckte Frontgewitter. Wärmegewitter entstehen durch Überentwicklung von Thermik, Frontgewitter durch großräumiges Aufeinandertreffen von Kaltluftmassen auf Warmluft.
Entscheidend ist ein großer Temperaturunterschied zwischen Kaltluft und aufsteigender Warmluft. Beim Wärmegewitter muß die nach oben gestaffelte Luftschichtung durchgängig an Temperatur abnehmen. Die Abnahme muß stärker sein als die Temperaturabnahme der aufsteigenden Thermikluft, Labilität. Der Temperaturvorsprung der aufsteigenden Luft gegenüber der Umgebungsluft vergrößert sich, mit der Folge, daß der Aufstieg sich beschleunigt. Innerhalb der Wolke kommt es zu einer weiteren Vergrößerung des Temperaturvorsprungs durch die Kondensationswärme. In der Gewitterwolke erreicht die aufsteigende Luft eine Geschwindigkeit bis 150 km/h, wobei die Geschwindigkeit des Abwindes sich entsprechend erhöht.

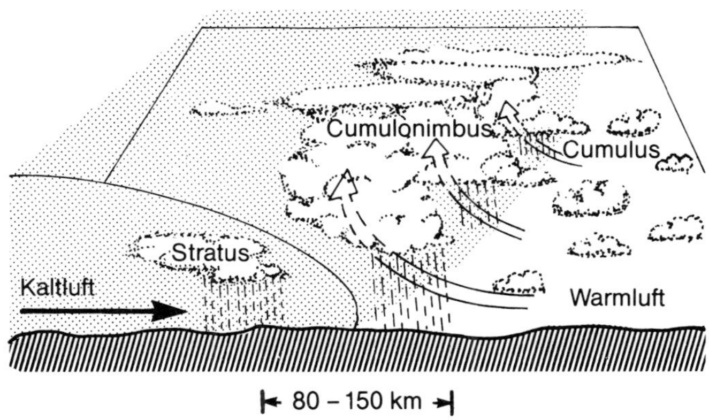

Frontgewitter

Dieses schnelle Steigen und Absinken auf engem Raum führt zu extremer Turbulenzbildung. Die Reibung der Luftteilchen aneinander erzeugt elektrische Aufladungen, die sich durch Blitzschlag von Luftmasse zu Luftmasse oder zwischen Luft und Boden entladen. Die Erhitzung durch den Blitz bewirkt ein schlagartiges Ausdehnen und Zusammenziehen der Luft, den Donner. Wegen der langsameren Ausbreitung der akustischen Wellen ist der Donner vom Beobachter später wahrzunehmen als der Blitz.

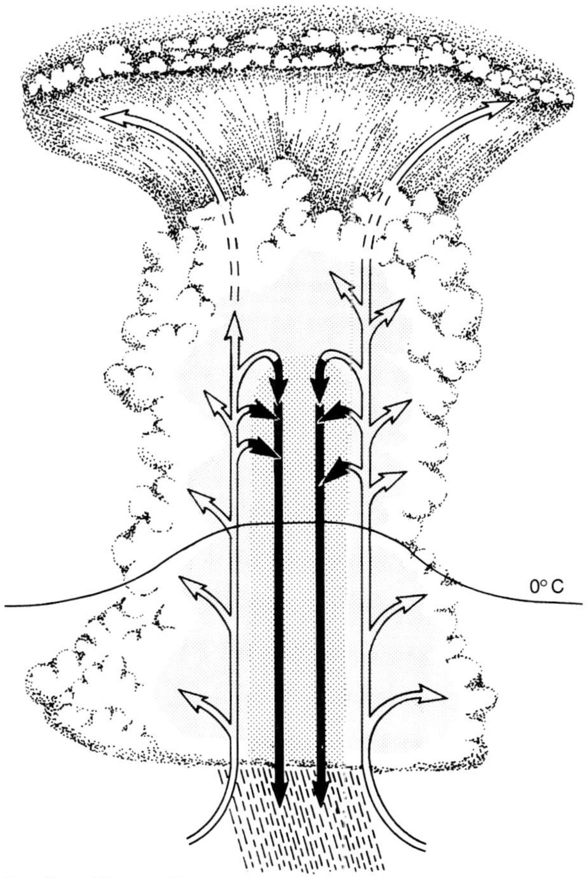

In der Gewitterwolke

Die Ausdehnung der Gewitterwolken kann bis zur Tropopause hochreichen, die eine unüberwindliche Sperrschicht bildet. Die große Höhe führt dazu, daß die mitgeführten Wassertröpfchen gefrieren. Infolge des extremen Auf und Ab in der Gewitterwolke werden die Eiskristalle mehrere Male hinauf- und heruntergerissen. Dabei wachsen ihnen weitere Eisschichten an. Es entstehen in der Gewitterwolke kiloschwere Eiskörper, die erst beim Herabfallen zum Erdboden abtauen. Tauen sie völlig ab, entsteht der großtröpfige Gewitterregen, reicht der Tauvorgang nicht aus, spricht man von Hagel.

Wolkenformen

Zu unterscheiden sind drei Wolkengrundformen.

- Die Haufenwolke, Cumulus, entsteht durch aufsteigende Luft.
- Die Schichtwolke, Stratus, kommt durch großräumige Hebungsvorgänge der Luft zustande.
- Die Wellenwolke, Lenticularis, bildet sich am Wellenberg einer in Schwingung geratenen Luftströmung, siehe Kapitel Föhn.

Cumulus Stratus Wellenwolke

Fällt Niederschlag aus einer Wolke, erhält sie die Zusatzbezeichnung Nimbus oder Nimbo (lateinisch: nimbus, der Regen). Die Gewitterwolke heißt Cumulonimbus und die breitgeschichtete Regenwolke Nimbostratos.

Wolkenstockwerke

Eine weitere Unterscheidung der Wolken erfolgt nach der Höhe der Wolkenbasis, d. h. Wolkenuntergrenze.

- Wolken über 6000 m bestehen aus Eiskristallen und sie erhalten die Vorsilbe Cirrus bzw. Cirro, z. B. Cirrostratos für Schichtwolke in über 6000 m Höhe.
- Mittelhohe Wolken zwischen 2500 und 6000 m erhalten die Vorsilbe Alto, z. B. Altocumulus für Haufenwolke im mittelhohen Bereich.
- Unterhalb 2500m bis zum Boden erhalten die Wolken keine Zusatzsilbe, z. B. Stratos für Schichtwolke unterhalb 2500 m Höhe.

Es gibt Wolken, die sich über mehrere Stockwerke erstrecken, z. B. die Gewitterwolke Cumulonimbus. Da die Basis dieser Wolke unterhalb 2500 m liegt, erhält sie keine weitere Zusatzbezeichnung.

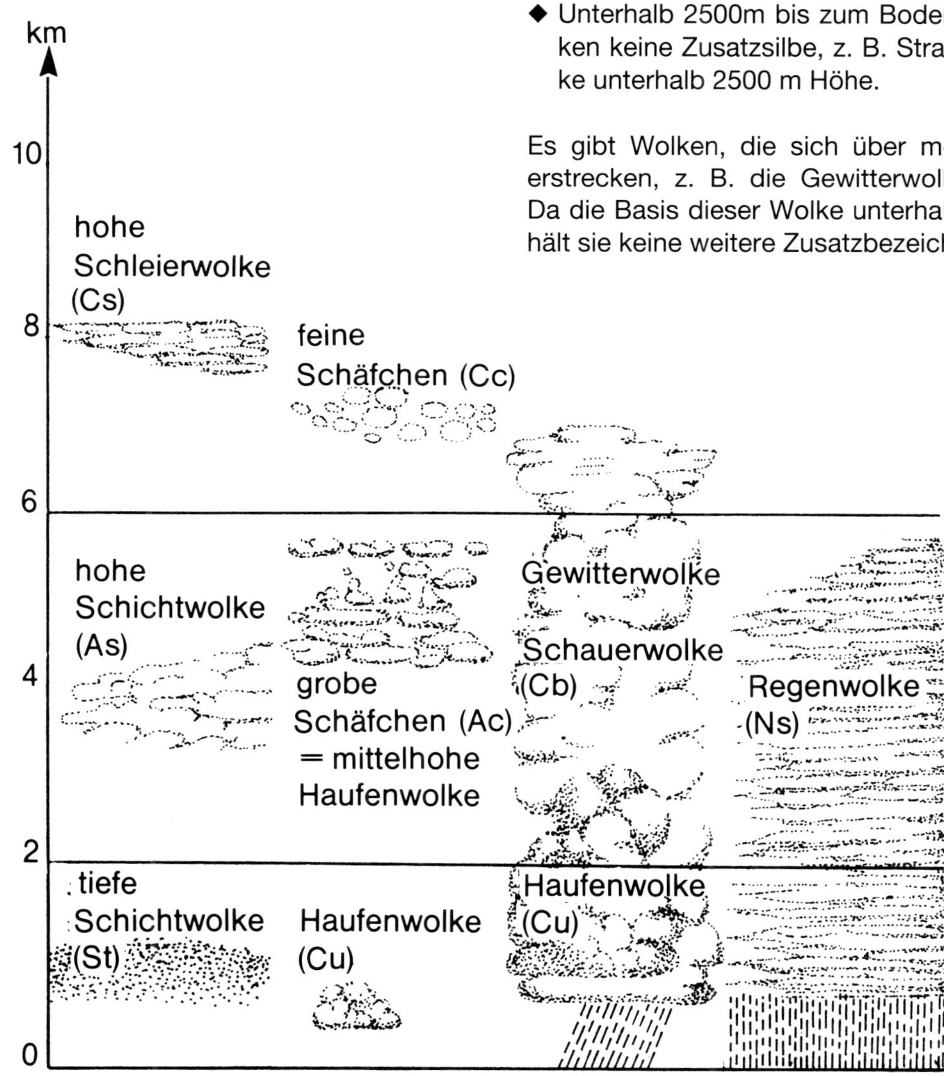

Wetterlagen

Großräumige Druckgebilde mit kontinentalen Ausmaßen bestimmen die Rahmenbedingungen für unser tägliches Wettergeschehen. Das Wetter in Mitteleuropa ist geprägt vom Wechselspiel der Hochdruck- und Tiefdruckgebiete, die meist von Westen her über den europäischen Kontinent wandern.

Das Tief

In den europäischen Breiten strömen feuchte Warmluftmassen äquatorialen Ursprungs an polarer Kaltluft entlang. An der Scherfläche kommt es zu großräumigen Wirbeln, genannt Tief oder Zyklone mit Anhebung der feuchten Warmluft. Die Hebungsvorgänge führen zu großflächiger Schichtbewölkung mit Niederschlag. Vom Zentrum des Tiefdruckgebiets aus erstrecken sich als Tiefdruckausläufer die Warmfront und die Kaltfront. Die Warmfront ist gekennzeichnet durch zunächst hohe und dann absinkende Schichtbewölkung mit auffrischendem Wind und dann ausgiebigem Niederschlag. Die Kaltfront hat eine scharfgezeichnete

Dreidimensionales Bild der Situation rechts (d)

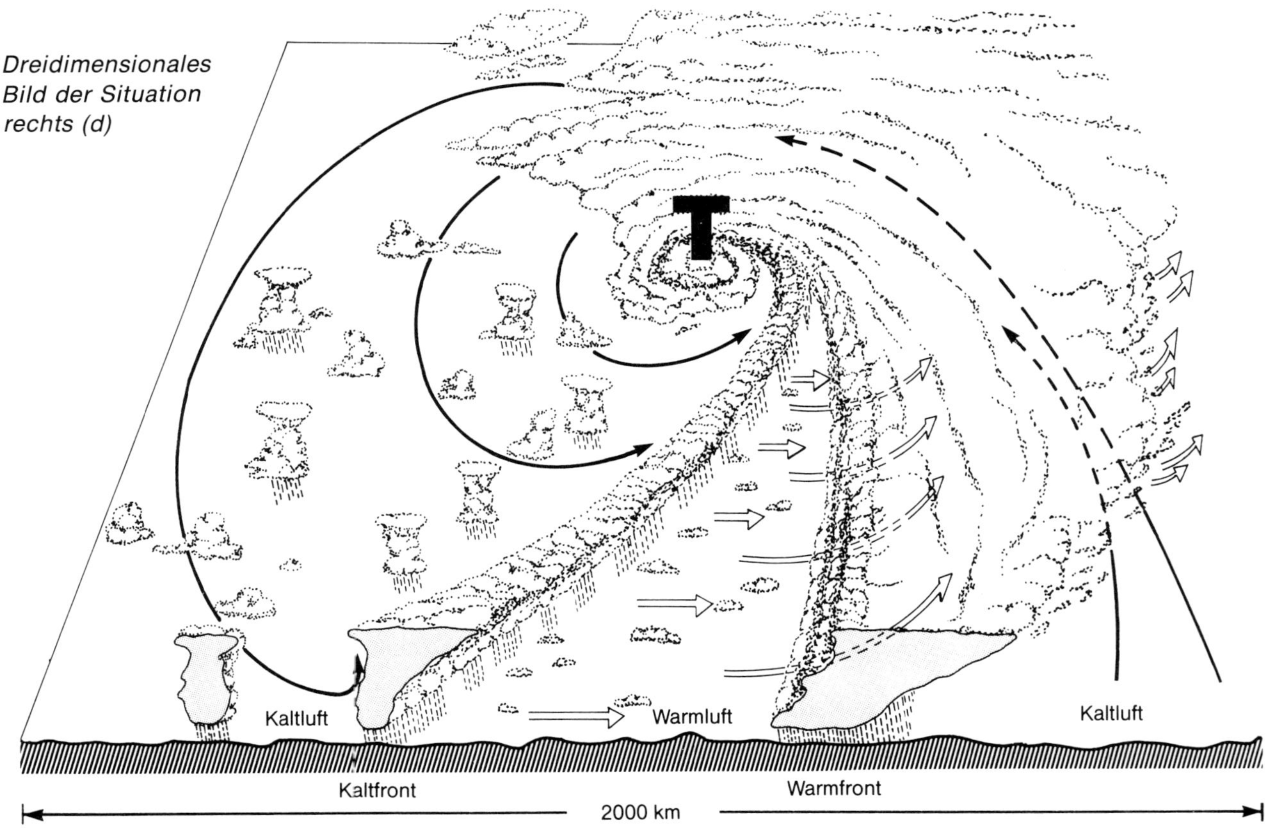

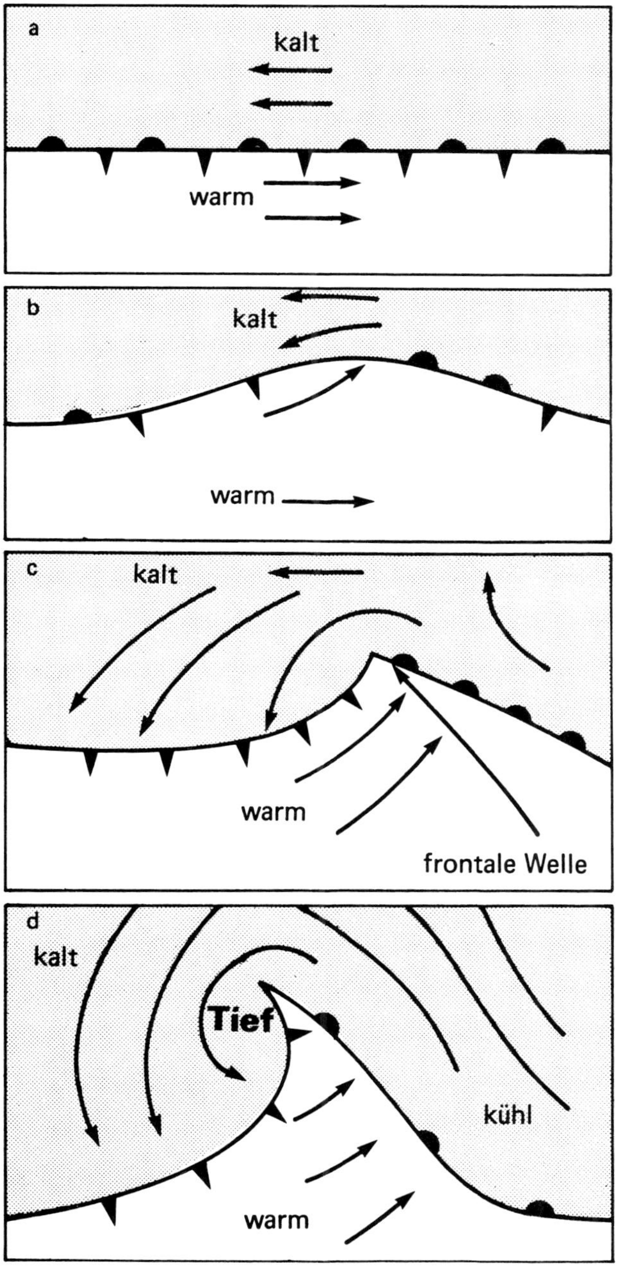

Entstehung eines Tiefs (Draufsicht)

Vorderkante, an der es zu Frontgewittern kommen kann. Begleitet von starken Aufwinden und gefährlichen Turbulenzen sinkt die Wolkenbasis rasch ab und es setzt Niederschlag ein, heftiger, aber kürzer als bei der Warmfront.

Holt die schnellere Kaltfront die langsamere Warmfront ein, Okklusion, treten die Wettererscheinungen beider Fronten gleichzeitig auf.

Das Hoch

Zu unterscheiden ist das Zwischenhoch vom Zentralen Hoch. Das Zwischenhoch mit wechselnden Windverhältnissen ist zwischen zwei Tiefs eingelagert und hält auf Grund seiner Wanderung nicht lange an. Das zentrale Hoch mit schwächeren Winden bleibt meist für mehrere Tage wetterbestimmend. Das Zwischenhoch entsteht wie das Tief an der Scherfläche von Warm- und Kaltluft, Hochdruckkeil. Das zentrale Hoch stammt meist aus dem Hochdruckgürtel, der am Breitengrad der Azoren verläuft, Azorenhoch.

Im Hochdruckgebiet sinkt die Luft großflächig ab und erwärmt sich dabei. Der Absinkvorgang reicht im Hochdruckzentrum bis Bodennähe hinunter. Wo der Absinkvorgang endet, bildet sich die Absinkinversion. Oberhalb der Inversion hat die durch den Absinkvorgang erwärmte und trockene Luft die Wolken aufgelöst und läßt keine neue Wolkenbildung zu. Unterhalb der Inversion kann durch die ungehinderte Sonneneinstrahlung Thermik entstehen. Der Aufstieg der Thermik wird oben begrenzt durch die Inversion, die als Sperrschicht wirkt. Liegt die Sperrschicht ausreichend hoch, können sich unterhalb der Sperrschicht Cumuluswolken bilden.

Der Föhn

Eine spezielle und für Gleitsegler gefährliche Wetterscheinung entsteht an den Alpen, der Föhn. Ein westliches Tief und ein östliches Hoch steuern feuchte Luftmassen aus dem Mittelmeerraum gegen die Alpen. Beim Aufsteigen kühlt die Luft ab und der Wasserdampf kondensiert. Es bildet sich Staubewölkung meist mit Niederschlag. Der Aufstieg auf der Südweite vollzieht sich großenteils innerhalb der Staubewölkung und die Abkühlung beträgt daher nur 0,6 Grad pro 100 m. Der Abstieg der Luft auf die Alpen-

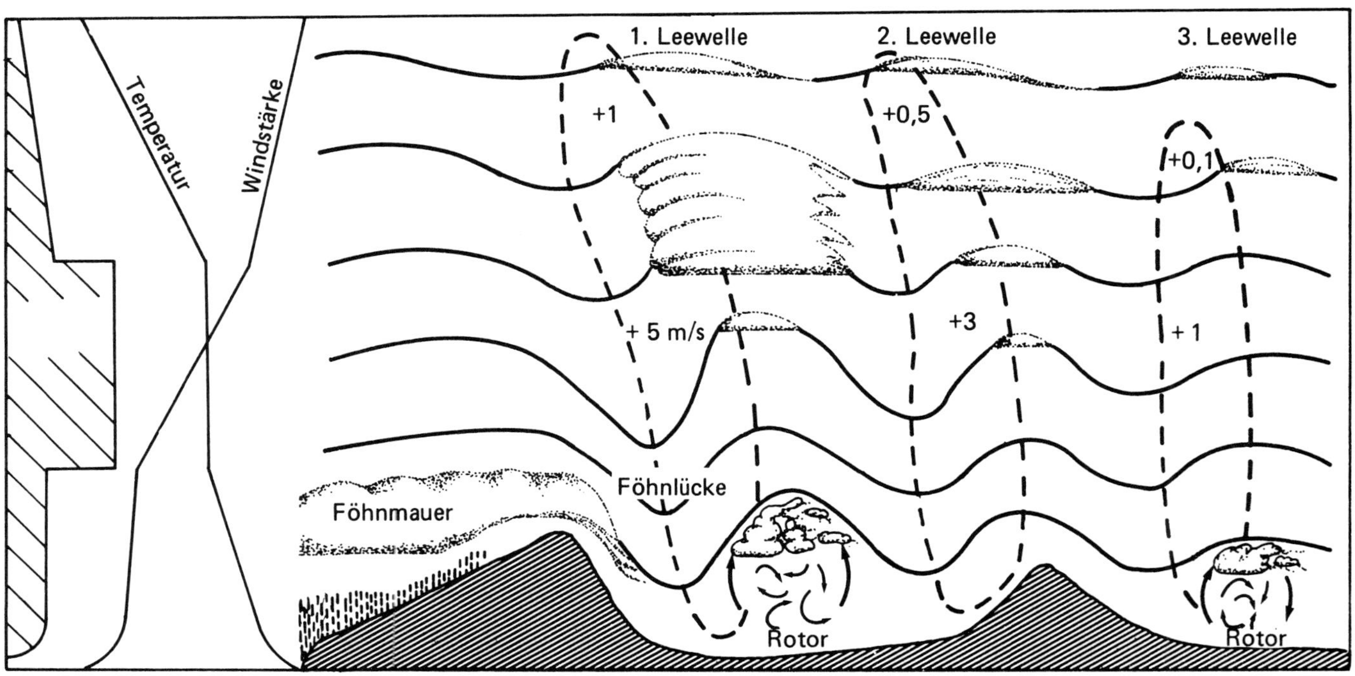

nordseite vollzieht sich außerhalb der Bewölkung. Die Lufttemperatur nimmt beim Abstieg um 1 Grad Celsius pro 100 m zu. Nach ihrem Abstieg auf der Nordseite ist die Luft wärmer als vor ihrem Aufstieg auf der Südseite.

Typisches Kennzeichen für Föhnlagen sind die Linsenwolken Lenticularis. Wenn die Strömung über die Alpen bei hoher Geschwindigkeit in Wellen gerät, kondensieren die Luftteilchen beim Aufstieg am Wellenberg für eine kurze Wegstrecke und es entsteht die ortsfeste Föhnwellenwolke, wegen ihrer Form Linsenwolke genannt. Die Wellenbewegung der Luftströmung erzeugt unterhalb im Talbereich den Föhnrotor, der nicht am Geländeverlauf erkennbar ist und eine zusätzliche Gefahr für Föhnflüge darstellt.

Föhn – Abwind – Turbulenzen

Weiteres Kennzeichen ist die klare, trockene Luft mit guter Fernsicht. Bei den Niederschlägen auf der Alpensüdseite wurden die Staubpartikel als Kondensationskerne von den Regentropfen gebunden und durch das Abregnen aus der Luft herausgewaschen. Die Föhnluft gelangt in gereinigtem Zustand auf die Alpennordseite.

Foto: Klaus Tänzler

Wettervorhersagen

Dienststelle des Deutschen Wetterdienstes	Vorhersage-bereich	Anrufbeantworter			Rundfunk			Bemerkungen
		Telefon-Nummer	Wochen-tag	gewöhn-liche Zeit	Station Progr.	Wochen-tag	Ausstr.-Zeit	
Flugwetterwarte Bremen	Weser Emsgebiet				Bremen 1	SA SO	0730	nach den Nach-richten
Flugwetterwarte Düsseldorf	Nordrhein-Westfalen	0211–11506	täglich	0700 1100 1700				
Wetteramt Essen	Nordrhein-Westfalen				WDR 2	FR	1800	
Flugwetterwarte Frankfurt	Hessen Rheinland-Pfalz Saargebiet	0611–11506	täglich	0800 1200 1800	HR 3 Saarland-welle	täglich	0630	
Flugwetterwarte Hamburg	Schleswig-Holstein / Lüneburger Heide	040–11506	täglich	0630 1100 1600 1900				
Regionale Vorhersage-zentrale Hamburg	Schleswig-Holstein und Niedersachsen				NDR 2	SA SO	0730	Hinweise im Rahmen des Urlaubswetter-berichts FR 22.05
Flugwetterwarte Hannover	Niedersachsen östlich der Weser	0511–11506	täglich	0845 1400 2115				
Flugwetterwarte München	Bayern	089–11506	täglich	0800 1600	BY 2	täglich	0800	nach den Nach-richten
Flugwetterwarte Nürnberg	Bayern	0911–11506	täglich	0730 1730				
Flugwetterwarte Stuttgart	Baden-Württem-berg Pfalz	0711–11506	täglich	0730	SWF 3 S1	SA, SO SA, SO	0755 0805	

Ein ungewohnter Drachen provoziert Flugfehler.

- Die ersten Flüge mit einem fremden Gerät am Übungshang durchführen.

Gefährliche Konstruktionsfehler sind bei musterzugelassenen Geräten nicht zu erwarten. Diese Erwartung setzt voraus:

- Keinesfalls den Segelschnitt oder die Leinenlängen verändern oder andere Modifikationen der Drachenkonstruktion vornehmen.
- Beim Kauf eines gebrauchten Drachens sich vergewissern, daß keine Veränderungen vorgenommen sind.

Jede derartige »Verbesserung« hat unabsehbare Konsequenzen für Aerodynamik und Festigkeit.

Materialschäden und -schwächen zeigen sich meist erst bei Höchst- oder Dauerbelastung:

- Nach jeder Bruchlandung, nach jeder schweren Beanspruchung und nach längerer Benutzungszeit den Drachen genau untersuchen.
- Geknickte, verbogene und angeschlagene Rohre, besonders die Steuerbügelrohre, nicht zurückbiegen, sondern austauschen.
- Verbogene Bolzen und Beschläge nicht zurückbiegen, sondern auswechseln.
- Abspannseile mit Knick, mit Faserriß oder gedehnter Kausche erneuern, Unterverspannungen möglichst alle zwei Jahre.
- Beim Segel besonders auf ausgerissene Ösen achten; beim Gurtzeug auf Ösen, Nähte und Scheuerstellen.
- Den Schirm in den empfohlenen Zeitintervallen lüften, packen und untersuchen. Zusätzlich die Verbindungsleine kontrollieren.
- Den Drachen trocken lagern und ihn besonders bei Transport, Auf- und Abbau schonend behandeln.

Fehlerhafter Aufbau des Drachens beruht vielfach auf mangelndem Checking und Nervosität.

- Sorgfältig und ohne Hetze aufbauen.
- Anweisungen des Herstellers berücksichtigen.
- Insbesondere auf Kauschenverdrehung, Bügelstellung und -verschluß, Segelverdrehung und Winkel der Schränkungsanschläge achten.
- Vorsicht vor Rechts-Links-Verwechslungen.

Foto: Klaus Tänzler

Startplatz und Fluggelände

Geländebedingte Überraschungen sind vermeidbar und ungünstige Geländeverhältnisse kalkulierbar:

- ◆ Der Startplatz muß unbedingt einen gefahrlosen Startabbruch ermöglichen.
- ◆ Die Anlauffläche soll keine Mulden und Hindernisse aufweisen.
- ◆ Beim Schneisenstart ist mit Turbulenzen und Windscherung besonders in Wipfelhöhe zu rechnen.
- ◆ Beim Laufstart im Schnee ist vorher die Anlaufbahn festzustampfen.

Für das gesamte Gelände gilt:

- ◆ Objektiv und neutral das Gelände beurteilen, sich nicht von Fluglust und Meinungsdruck anderer zu Fehlbeurteilungen hinreißen lassen.
- ◆ Den Landeplatz vorher besichtigen und sich dabei vor allem Zäune, Leitungen und andere aus der Luft nur schwer sichtbare Hindernisse genauestens einprägen.
- ◆ Das zu überfliegende Gelände insbesondere nach Leitungen und Seilen absuchen. Materialbahnen haben meist keine Stützen, die Seile heben sich vom Gelände nicht ab!

Persönliche Ausrüstung

Kein Pilot ist gegen Verletzungen gefeit. Ungeeignetes Schuhwerk verursacht Knöchelverletzungen. Die Schuhe sollten

- den Knöchel stützen,
- rutschfeste Sohlen haben.

Hautabschürfungen werden verhindert oder gemindert durch

- feste, körperbedeckende Kleidung,
- Handschuhe.

Besonderer Verletzungsgefahr – Beispiel: Fehlstart und Crash in felsigem Gelände – ist der Kopf ausgesetzt, daher:

Nie ohne Helm fliegen

Der Helm

- soll der Flughelm-Norm oder in der Belastbarkeit einem Motorradhelm entsprechen;
- soll möglichst weite Teile des Kopfes bedecken;
- muß das Sichtfeld freilassen;
- muß die Hörfähigkeit des Piloten gewährleisten.

Foto: Klaus Tänzler

Verhalten in der Natur

Der Schutz von Natur und Landwirtschaft ist den Drachen- und Gleitschirmfliegern als Naturliebhabern ein besonderes Anliegen und dient der Erhaltung der Fluggelände.

1. Fahrgemeinschaften bilden; die Möglichkeiten des öffentlichen Verkehrs nutzen.

2. Informationen über örtliche Schutzgebiete einholen.

3. Beim Anmarsch zum Startplatz stets den gleichen Weg benutzen, das Wild wird sich dann an die »Gäste« gewöhnen.

4. Im Gelände keinen Lärm machen.

5. Vieh und Wild nicht in geringer Höhe überfliegen; grundsätzlich großen Bodenabstand halten.

6. Besondere Rücksicht im Frühjahr und Frühsommer nehmen, in der Zeit der »Kinderstube« im Wald.

7. Erosionsgefährdete Zonen keiner unnötigen Trittbelastung aussetzen, die Pflanzen schonen.

8. Landungen auf ungemähten Weiden und nicht abgeernteten Feldern vermeiden; im Notfall am Rand landen.

9. Den Drachen oder Gleitschirm nicht im hohen Gras zusammenlegen.

10. Zuschauer fernhalten.

11. Keine Abfälle am Start- und Landeplatz liegenlassen.

Foto: Michael Weingartner

Wetterbedingungen

Während der Start- und Landephase ist der Drachen besonders windanfällig.

- ◆ Am Startplatz Windgeschwindigkeit und Windrichtungsanzeiger anbringen.
- ◆ An der Hangkante Vorsicht vor Leewalze.
- ◆ Den Landeplatz mit Windsack oder Windfahne ausstatten, die möglichst vom Startplatz aus bereits erkennbar sind.
- ◆ Nicht mit Rückenwind oder Fallwind starten, keine Starts bei Starkwind, starken Böen oder Turbulenzen; Vorsicht bei Seitenwind.
- ◆ Zwischen den Starts kurz warten wegen turbulenter Wirbel vom vorher gestarteten Drachen.
- ◆ Keinesfalls mit Rückenwind landen, Vorsicht bei Landungen mit Seitenwind.

Während des Fluges muß der Pilot mit überraschenden Windverhältnissen rechnen.

- ◆ Vor dem Start mit Hilfe von Windrichtung, Windgeschwindigkeit, Gelände, Temperatur, Wolken usw. die voraussichtlichen Windverhältnisse im gesamten Luftraum beurteilen und bei der Flugplanung verwerten.
- ◆ Abwindgebiet und Turbulenzzonen meiden.
- ◆ Bei unruhigen Windverhältnissen mit leicht erhöhter Geschwindigkeit fliegen.

Vorsicht! Die Windstärke unten kann stärker sein als oben am Start, die Windrichtung kann anders sein.

Nebel, Wolken und dichter Niederschlag machen den Piloten blind und für andere »unsichtbar«.

Wolkenfenster genügen nicht. Kein Flug ohne dauerhafte Erdsicht.

Gewitter können den Drachen in die Wolke saugen und am Boden turbulenten Starkwind auslösen.

Kein Start bei Gewitterneigung.

Gefährdung anderer

Der Drachenflug bietet für andere Personen nicht nur einen schönen Anblick, sondern stellt auch eine Gefahr dar, die in manchen Fällen zur Verärgerung über »die Drachenflieger« führt.

- ◆ Keine Flüge über oder in unmittelbarer Nähe von Wohngebieten oder Menschenansammlungen, besondere Vorsicht bei Veranstaltungen.
- ◆ Die Nähe stark frequentierter oder mit hoher Geschwindigkeit befahrener Straßen meiden. Jedenfalls die vorgeschriebenen Mindestabstände zu Autobahnen, anderen befahrenen Straßen und Eisenbahnen sowie zu Skipisten, Liften und Bergbahnanlagen einhalten.
- ◆ Start- und Landefläche – eventuell mit Hilfe von Absperrungen und Warntafeln – von Menschen freihalten.
- ◆ Sofort nach der Landung das Gerät aus dem Landebereich entfernen.

Flugplanung

Mangelhafte Flugplanung und -einteilung führt beim Drachenfliegen oft zu unkalkulierbaren Notlandungen.

- ◆ Unbedingt vor dem Start die Flugroute festlegen, unter Berücksichtigung von Geländegefälle und Gerätegleitwinkel, erwarteten und ungünstigen Windverhältnissen, Geländeform, Hindernissen, Not- und Außenlandemöglichkeiten, Flugtechnik des Piloten.
- ◆ Frühzeitig und mit möglichst großer Höhenreserve die Landeeinteilung planen.
- ◆ Geplante Flugroute und Landeeinteilung einhalten.

Hilfeleistung

Vorkehrungen für Unfallrettung und -versorgung:

- ◆ Bei jedem Start sollte eine zur Hilfeleistung bereite und fähige Person anwesend sein.
- ◆ Bei vermißten Piloten sofort die Suche einleiten; nicht bis zum Abend abwarten!
- ◆ An Start- und Landeplatz hat je eine Sanitätsgrundausstattung bereitzuliegen.
- ◆ Jeder Pilot muß mindestens über eine 6-stündige Ausbildung in »Sofortmaßnahmen am Unfallort« verfügen, Fluglehrer über eine 16-stündige Ausbildung in Erster Hilfe.

Foto: Michael Weingartner

Verfassung des Piloten

Das Drachenfliegen stellt hohe Anforderungen an den Kreislauf, an die Konzentrationsfähigkeit und an die Reaktionsfähigkeit, die bloße Muskelkraft ist untergeordnet. Diese Belastungen sind besonders hoch beim Start, in schwierigen Flugsituationen, nach langer Flugdauer und vor der Landung.

Selbst geringfügige körperliche Unpäßlichkeiten können zum Unfall führen.

- Keine Übermüdung vor dem Start.
- Nicht unter Alkohol- oder Medikamenteneinfluß fliegen.
- Persönliche Wetterfühligkeit und Krankheitsnachwirkungen berücksichtigen.
- Erkältungskrankheiten stören den Druckausgleich im Kopf.

Psychische Belastung schränkt die Urteilsfähigkeit ein, führt zu Fehlbeurteilungen, beschränkt die Konzentrations- und Reaktionsfähigkeit. Der Pilot muß sich frei von psychischer Belastung fühlen. Belastungsmöglichkeiten sind

- Beruflicher Streß und Unstimmigkeiten in den persönlichen Beziehungen;
- Zeitnot und Hetze, besonders bei der Flugvorbereitung;
- Massive, oft verdrängte Angstzustände;
- Ärger und Aggressionsgefühle;
- Alkohol-, Medikamenten- und Drogenkonsum;
- Druck von Zuschauern, Fliegerkameraden und anderen Außenstehenden;
- Drang nach Selbstbestätigung;
- Spannungszustand vor dem ersten Höhenflug.

Drachenflieger genießen den Ruf eines besonderen Mutes. Aber: Mutig ist nicht, wer ohne Bedenken oder mit angstnassen Händen an den Start geht. Mut hat, wer nach kritischer Beurteilung aller äußeren Umstände und seines persönlichen Könnens seinen Drachen wieder einpackt. Es zählt nicht der Mut zum Fliegen, sondern der Mut zur richtigen Entscheidung; denn Erwartungen von Zuschauern und anderen Außenstehenden – aber auch der Drang nach Selbstbestätigung – stempeln die richtige Entscheidung zur Feigheit.

Nie gegen eigene Bedenken starten.

Foto: Michael Weingartner

LUFTRECHT

Der Luftraum über der Bundesrepublik Deutschland ist so stark frequentiert wie kaum über einem anderen Staatsgebiet. Liniengesellschaften aus allen Ländern fliegen die deutschen Flughäfen an. Militärflugzeuge der Bundesluftwaffe und der NATO-Streitkräfte kreuzen im Tiefflug über dem ganzen Bundesgebiet. Und die sogenannte Allgemeine Luftfahrt – vor allem der Luftsport mit Motorfliegern, Segelfliegern, Motorseglern, Ballonfahrern, Ultraleichtfliegern, Hängegleitern, Gleitseglern, Fallschirmspringern und Modellfliegern – ist in keinem vergleichbaren Land zahlenmäßig so stark und flächenmäßig so beengt. Um den Luftraum für alle Beteiligten zugänglich zu machen und gleichzeitig ein gefährliches Durcheinander zu vermeiden, gibt es das Luftrecht – zum Schutz der Luftverkehrsteilnehmer und der Bevölkerung.

Die modernen Luftsportarten Ultraleichtfliegen, Hängegleiten und Gleitsegeln haben bei ihrer Entstehung zwischen der Mitte der 70er und dem Ende der 80er Jahre ein fertiges und auf die vorhandenen Luftraumbenutzer zugeschnittenes Rechtssystem angetroffen. Ihre speziellen Bedürfnisse wurden zunächst vom Bundesminister für Verkehr durch Verwaltungsvorschriften mit dem Kernstück »Allgemeinverfügung« geregelt und schließlich 1992 in das allgemeine Luftrecht eingebaut. Diese Entstehungsgeschichte hat die Möglichkeit eröffnet, im Zusammenwirken von Behörden und Pilotenverband neue Wege des Luftrechts zu gehen und in weiten Bereichen mehr Freiheiten zu genießen als die traditionellen Luftsportarten – Beispiele: Unbefristeter Luftfahrerschein, Befreiung von der fliegerärztlichen Tauglichkeitsuntersuchung, Befreiung von der Verkehrszulassung für das Fluggerät, sportliche Selbstverwaltung.

Die Darstellung des Luftrechts in diesem Buch beschränkt sich auf die Bestimmungen, die für den normalen Übungsbetrieb und für die Prüfungsvorbereitung zum beschränkten Luftfahrerschein wichtig sind. Weitergehende Kenntnisse des Luftrechts und der Luftraumgliederung vermitteln die Bücher »Gleitschirmsegeln für Meister« und »Drachenfliegen für Meister«.

Rechtsvorschriften

Das »Luftrecht« ist ein Mosaik aus verschiedenen luftrechtlichen Vorschriften mit Rangfolge: Zuoberst das Luftverkehrsgesetz, dann die Rechtsverordnungen und schließlich die Verwaltungsvorschriften.

Das Luftverkehrsgesetz

Gesetzliche Basis des Luftverkehrs in Deutschland ist das Luftverkehrsgesetz (LuftVG). Zusammen mit den Sprungfallschirmen und Ultraleichtflugzeugen gehören Gleitsegel und Hängegleiter zur Gruppe der »Luftsportgeräte« und sind damit Luftfahrzeuge im Sinne des Luftverkehrsgesetzes.

LuftVG § 1 **[Freiheit des Luftraums; Begriff des Luftfahrzeugs]** (1) Die Benutzung des Luftraums durch Luftfahrzeuge ist frei, soweit sie nicht durch dieses Gesetz und durch die zur Durchführung dieser Gesetze erlassenen Rechtsvorschriften beschränkt wird.

(2) Luftfahrzeuge sind

1. Flugzeuge
2. Drehflügler
3. Luftschiffe
4. Segelflugzeuge
5. Motorsegler
6. Frei- und Fesselballone
7. Drachen
8. Rettungsfallschirme
9. Flugmodelle
10. Luftsportgeräte
11. sonstige für die Benutzung des Luftraums bestimmte Geräte.

□□□

Im Gesetz sind die übergeordneten Grundsätze festgelegt, insbesondere, daß das Gerät der Zulassung bedarf, der Pilot den Luftfahrerschein benötigt, der Gerätehalter eine Haftpflichtversicherung abzuschließen hat und die Fluggelände zugelassen sein müssen.

Rechtsverordnungen

Wichtige Einzelheiten für die Durchführung des Luftverkehrsgesetzes sind in den Rechtsverordnungen geregelt. Im Unterschied zum Gesetz, das vom Deutschen Bundestag zu beschließen ist, werden die Rechtsverordnungen vom Bundesminister für Verkehr erlassen.

Die **Luftverkehrs-Zulassungs-Ordnung (LuftVZO)** ist die zentrale Vorschrift für die Verwaltungsverfahren. Dort ist beispielsweise festgelegt, wer die Musterzulassung für das Gerät und den Luftfahrerschein für den Piloten erteilt. Die technischen und die ausbildungsmäßigen Inhalte sind in speziellen Rechtsverordnungen festgelegt, hauptsächlich in den Bauvorschriften und in der Verordnung für Luftfahrtpersonal.

Die **Luftverkehrs-Ordnung (LuftVO)** beantwortet die Frage, »wie« der Flugbetrieb abzuwickeln ist, beispielsweise wie die Luftfahrzeuge einander auszuweichen haben. Die Luftverkehrs-Ordnung gilt allgemein für alle Luftfahrzeugarten; zusätzliche Regeln enthält die Flugbetriebsordnung für Hängegleiter und Gleitsegel.

Die **Verordnung über Luftfahrtpersonal (LuftPersV)** beschreibt die Ausbildung und Prüfung der Piloten und Fluglehrer, beispielsweise die Mindestflugzahlen und die Zusammensetzung des Prüfungsrats.

Die **Betriebsordnung für Luftfahrtgerät (LuftBO)** befaßt sich mit der Verantwortung des Luftfahrzeughalters für die Betriebstüchtigkeit seines Fluggerätes, beispielsweise für die Ausführung einer Lufttüchtigkeitsanweisung des Beauftragten.

Die **Kostenverordnung der Luftfahrtverwaltung (LuftKostV)** ist die Grundlage für alle Gebühren, beispielsweise für die Pilotenprüfung und die Ausstellung des Luftfahrerscheins.

Weitere Rechtsverordnungen wenden sich an die Hersteller (Prüfungsordnung für Luftfahrtgerät – LuftGerPO, Bauordnung für Luftfahrtgerät – LuftBauO und Bauvorschriften) und an die Flugschulen (Vorschriften für Luftfahrerschulen als Anlage zur LuftVZO).

Verwaltungsvorschriften

Regelungsbedürftige Lücken in den Rechtsverordnungen werden durch Verwaltungsvorschriften geschlossen. Sie können – Beispiel die frühere Allgemeinverfügung – wie eine Gesetzesvorschrift für jedermann gelten.

In den **Ausbildungs- und Prüfungsrichtlinien** bestimmt der Bundesminister für Verkehr die Einzelheiten des Theoriestoffs und des Prüfungsablaufs, beispielsweise mit welcher Prozentzahl richtiger Antworten die Theorieprüfung bestanden ist.

Die **Prüffragenkataloge** enthalten die Fragen und Antwortalternativen, die bei der schriftlichen Theorieprüfung verwendet werden können.

In der **Geländerichtlinie** schreibt der Bundesminister für Verkehr die Beurteilungskriterien für die Zulassung der Fluggelände vor, beispielsweise die Mindeststrecke für die Schleppgelände.

Die **Flugbetriebsordnung für Hängegleiter und Gleitsegel** ergänzt die Luftverkehrsordnung, beispielsweise durch Regelung der Startleitertätigkeit und des Schleppbetriebs. Sie wird vom Beauftragten erlassen.

LuftVO § 21 a **[Flugbetrieb]** □ □ □ (4) Auf Flugplätzen oder Geländen, die ausschließlich dem Betrieb von Luftsportgeräten dienen, gelten die Regelungen der Flugbetriebsordnung für Luftsportgeräte des Beauftragten. □ □ □

Straf- und Bußgeldvorschriften

Als Straftaten sind die schweren und für andere Personen gefährliche Verstöße eingestuft, teils nach dem Strafgesetzbuch, beispielsweise wegen Trunkenheit im Luftverkehr, teils nach dem Luftverkehrsgesetz, beispielsweise wegen Fliegen ohne Luftfahrerschein oder Ausbilden ohne Lehrberechtigung. Zuständig sind Staatsanwalt und Gericht. Straftaten sind mit Freiheits- oder Geldstrafe bedroht.

Unter Ordnungswidrigkeiten fallen die einfacheren Verstöße, wie Benutzung eines Fluggeräts ohne ordnungsgemäße Prüfplakette oder fehlender Versicherungsschutz. Die Ordnungswidrigkeiten sind im Luftverkehrsgesetz und in den einzelnen Rechtsverordnungen aufgelistet und werden mit Bußgeld geahndet.

LuftVG § 58 **[Ordnungswidrigkeiten]** (1) Ordnungswidrig handelt, wer vorsätzlich oder fahrlässig

□ □ □

10. einer auf Grund des § 32 erlassenen Rechtsvorschrift zuwiderhandelt, wenn die Rechtsvorschrift ausdrücklich auf diese Bußgeldvorschrift verweist,

□ □ □

(2) Die Ordnungswidrigkeit □ □ □ kann mit einer Geldbuße bis zu zehntausend Deutsche Mark □ □ □ geahndet werden.

Foto: Josef Stellbauer

Zuständige Stellen

Die Zuständigkeiten in der Luftfahrtverwaltung sind im Luftverkehrsgesetz und in den Rechtsverordnungen festgelegt. Es gibt Bundes- und Länderbehörden, außerdem auf Bundesebene die privatrechtlichen Beauftragten.

Behörden und Dienste

Der **Bundesminister für Verkehr (BMV)** ist die oberste Luftfahrtbehörde in Deutschland. Er hat die Verwaltung der Luftsportgeräte auf die Sportverbände als »Beauftragte« übertragen.

Die **Regierungspräsidien (RP)** der Länder bzw. bei einzelnen Ländern die Minister, Senatoren oder Luftämter sind bei den Luftsportgeräten nur für einzelne Sachbereiche zuständig, beispielsweise für die Erweiterung der Genehmigung eines Segelflugplatzes auf Hängegleiter- und Gleitsegelschlepp.

Das **Luftfahrt-Bundesamt (LBA)** ist dem Bundesminister für Verkehr unmittelbar unterstellt. Als Gleitsegel- oder Hängegleiterpilot kommt man mit dem Luftfahrt-Bundesamt bei einem Unfall in Berührung, außerdem bei einer Ordnungswidrigkeit als Bußgeldbehörde und als Widerspruchsbehörde über Entscheidungen des Beauftragten.

Die **Deutsche Flugsicherung GmbH (DFS)** mit den »Fluglotsen« ist die frühere Bundesanstalt für Flugsicherung in privater Rechtsform und für die Kontrolle des Luftverkehrs zuständig. Sie hat ihre Zentrale in Frankfurt und Dienststellen an den deutschen Flughäfen.

Der **Such- und Rettungsdienst (SAR** = Search and Rescue) ist zu benachrichtigen, wenn ein Luftfahrzeug Hilfe benötigt. Die Alarmierung des SAR-Dienstes erfolgt durch die Flugsicherungsstellen oder durch Rettungsorganisationen wie das Rote Kreuz und die Bergwacht. SAR-Hubschrauber haben meistens eine Aufzugswinde für Bergungen in schwer zugänglichem Gelände an Bord.

Weitere Dienste sind der Flugberatungsdienst (AIS), der Fluginformationsdienst (FIS) und die Flugwetterberatung des Deutschen Wetterdienstes (DWD).

Beauftragter

Für den Bereich Gleitsegeln und Hängegleiten hat der Bundesminister für Verkehr den Deutschen Hängegleiterverband e. V. (DHV) beauftragt.

LuftVG § 31 c **[Beauftragung von Verbänden]** □ □ □

1. Musterzulassung (§ 2),
2. Erteilung der Erlaubnis für Luftfahrtpersonal (§ 4),
3. Erteilung der Erlaubnis für die Ausbildung (§ 5),
4. Erteilung der Erlaubnis zum Starten und Landen außerhalb der genehmigten Flugplätze (§ 25) für nicht motorgetriebene Luftsportgeräte,
5. Aufsicht über den Betrieb von Luftsportgeräten auf Flugplätzen und Geländen, wenn beide ausschließlich dem Betrieb von Luftsportgeräten dienen (§ 29 Abs.1),
6. Erhebung von Kosten nach der Kostenordnung der Luftfahrtverwaltung.

LuftVG § 31 d **[Verfahrensweise des Beauftragten]** □ □ □

(2) Die Beauftragten nach den §§ 31 a und 31 c arbeiten nach den Richtlinien des Bundesministers für Verkehr □ □ □

(3) Die Beauftragten wenden das Verwaltungsverfahrensgesetz, das Verwaltungskostengesetz, das Verwaltungszustellungsgesetz und das Verwaltungsvollstreckungsgesetz an □ □ □

(4) Gegen die Entscheidungen des Beauftragten im

Rahmen seines Auftrags ist der Widerspruch statthaft. Hilft der Beauftragte nicht ab, so entscheidet die Aufsichtsbehörde. In den Fällen der §§ 31 b und 31 c ist die Klage gegen die Bundesrepublik Deutschland, vertreten durch den Beauftragten, zu richten □□□

Der genaue Umfang der Beauftragung ist in den Rechtsverordnungen und in den Verwaltungsvorschriften festgelegt. Der Deutsche Hängegleiterverband als Beauftragter für Hängegleiten und Gleitsegeln ist an diese Bestimmungen gebunden. Die Rechts- und Fachaufsicht über den Beauftragten obliegt dem Luftfahrt-Bundesamt.

In der **Informationsschrift** des Deutschen Hängegleiterverbandes werden für den Gleitsegel- und Hängegleiterpiloten wichtige Nachrichten wie Musterzulassungen und Lufttüchtigkeitsanweisungen veröffentlicht, entsprechend den Nachrichten für Luftfahrer (NfL) für die gesamte Luftfahrt.

Foto: Klaus Tänzler

Fluggerät

Grundsätzlich muß jedes in Deutschland benutzte Fluggerät zugelassen sein. Der luftrechtliche Lebensweg des Gleitsegels und Hängegleiters, des Rettungsgeräts und des Schleppgeräts beginnt mit der Musterprüfung und der Musterzulassung. Die einzelnen Geräte des zugelassenen Musters werden, als Voraussetzung für die Benutzung in Deutschland, der Stückprüfung unterzogen und erhalten die DHV-Gütesiegelplakette. Während der Gebrauchsdauer ist das Gerät in lufttüchtigem Zustand zu halten. Gleitsegel (ohne Gurtzeug) und Schleppwinden bedürfen außerdem der regelmäßigen Nachprüfung. Luftsportgeräte dürfen nur für sportliche Zwecke genutzt werden.

Musterprüfung und Musterzulassung

Die technischen Untersuchungen erfolgen in der Musterprüfung. Bei einem positiven Prüfungsergebnis wird das Muster zum Betrieb zugelassen (Musterzulassung).

LuftVZO § 1 **[Musterzulassungspflicht]** (1) Luftfahrtgeräte, die der Musterzulassung bedürfen, sind
□ □ □
6a. Luftsportgeräte
8a. Rettungsgeräte für Luftsportgerät
9a. Schleppgeräte für Luftsportgerät
□ □ □

LuftVZO § 2 **[Zuständige Stellen für die Musterzulassung]** □ □ □ Die Musterzulassung der Luftsportgeräte wird von dem vom Bundesminister für Verkehr Beauftragten (Deutscher Hängegleiterverband) erteilt.

LuftGerPO § 1 **[Musterprüfpflicht]** (1) Die Verkehrssicherheit (Lufttüchtigkeit) des Luftfahrtgeräts □ □ □ wird durch Prüfungen nach dieser Verordnung festgestellt.
□ □ □

LuftGerPO § 6 **[Zuständige Stellen für die Musterprüfung]** (1) □ □ □ Die umfassende, vereinfachte und ergänzende Musterprüfung von Luftsportgerät werden von den vom Bundesminister für Verkehr Beauftragten durchgeführt.
□ □ □

LuftBauO § 2 **[Grundsätze für die Bauvorschriften]** Das Luftfahrtgerät und jedes seiner Teile müssen so gestaltet und ausgeführt sein, daß sie den besonderen Anforderungen im Hinblick auf die Sicherheit im Luftverkehr genügen und bei bestimmungsgemäßer Verwendung einwandfrei und zuverlässig arbeiten. Zur Erfüllung dieser Anforderungen müssen gewährleistet sein:

1. Sicheres Betriebsverhalten sowie ausreichende Betriebsleistungen und -eigenschaften;
2. ausreichende Festigkeit gegenüber statischen und dynamischen Beanspruchungen;
3. zweckentsprechende Gestaltung und Bauausführung;

□ □ □

LuftVZO § 99 **[Ausländische Luftfahrzeuge]**
□ □ □
(2) □ □ □ Ausländische nichtmotorgetriebene Luftsportgeräte, die von einem deutschen oder von einem ausländischen Staatsangehörigen mit ständigem Wohnsitz in der Bundesrepublik Deutschland betrieben werden, bedürfen der Musterzulassung. □ □ □

LuftBO § 24 **[Betriebsgrenzen für Luftfahrzeuge]**
(1) Ein Luftfahrzeug darf nur in Übereinstimmung mit den im zugehörigen Flughandbuch und in anderen Betriebsanweisungen angegebenen Leistungsdaten und festgelegten Betriebsgrenzen betrieben werden.
□ □ □

Foto: Michael Weingartner

LuftBO § 4 **[Zulässige Betriebszeiten]** (1) Für das Luftfahrtgerät oder seine Teile können von dem Luftfahrt-Bundesamt oder dem vom Bundesminister für Verkehr Beauftragten zulässige Betriebszeiten festgelegt werden, soweit dies zur Gewährleistung eines sicheren Betriebs erforderlich ist.

□□□

LuftGerPO § 13 **[Änderung des zugelassenen Musters]** □□□ (2) □□□ Änderungen eines zugelassenen Luftsportgerätemusters dürfen nur mit Zustimmung des Beauftragten durchgeführt werden. □□□

LuftGerPO § 14 **[Behebung von Mängeln des Musters]** (1) Werden beim Betrieb des zugelassenen Luftfahrtgeräts Mängel des Musters festgestellt, welche die Lufttüchtigkeit beeinträchtigen, ordnet die zuständige Stelle die zur Aufrechterhaltung der Lufttüchtigkeit notwendigen Maßnahmen an.

□□□

LuftVZO § 4 **[Erteilung und Widerruf der Musterzulassung]** (1) Die zuständige Stelle läßt das Muster eines Luftfahrtgeräts durch Erteilung eines Musterzulassungsscheines zu und legt das zugehörige Gerätekennblatt sowie die Betriebsgrenzen fest. Sie gibt die Musterzulassung in □□□ der Informationsschrift des Beauftragten bekannt. Die Musterzulassung kann mit Auflagen verbunden werden; bei nichtmotorgetriebenen Luftsportgeräten kann sie darüberhinaus beschränkt und befristet werden.

(2) Die Musterzulassung ist ganz oder teilweise zurückzunehmen, wenn die Voraussetzungen für ihre Erteilung nicht vorgelegen haben. Sie ist zu widerrufen, wenn die Voraussetzungen für ihre Erteilung nachträglich entfallen sind oder wenn festgestellte Mängel des Musters, welche die Lufttüchtigkeit einschränken, sich nicht durch die nach der Prüfordnung für Luftfahrtgerät zu treffenden Maßnahmen beheben lassen. Der Musterzulassungsschein ist einzuziehen.

Stückprüfung

Die Musterprüfung schützt den Piloten vor Konstruktionsfehlern, die Stückprüfung vor Herstellungsmängeln. Erst durch die Stückprüfung ist gewährleistet, daß der Pilot ein mustergerechtes Gerät erhält.

LuftGerPO § 16 **[Zuständige Stellen für die Stückprüfung]** □ □ □ (2) □ □ □ Die Stückprüfung von Hängegleitern und Gleitsegeln wird von dem Herstellerbetrieb für Luftsportgerät durchgeführt, der hierfür einer Anerkennung durch den Beauftragten bedarf; □ □ □

LuftGerPO § 21 **[Durchführung der Stückprüfung]** □ □ □ (3) In der Stückprüfung ist festzustellen, ob das Luftfahrtgerät mit dem Muster übereinstimmt und lufttüchtig ist, ob die nach dem Gerätekennblatt zu dem Gerät gehörenden Betriebsanweisungen vorhanden sind □ □ □

LuftGerPO § 24 **[Bescheinigung der Stückprüfung]** □ □ □ (5) Die ordnungsgemäße Durchführung der Stückprüfung eines Luftsportgerätes ist für Ultraleichtflugzeuge durch einen Prüfschein, für Hängegleiter und Gleitsegel durch eine Prüfplakette und für Sprungfallschirme durch einen Prüfstempel zu bescheinigen. Darin sind die Lufttüchtigkeit des Luftsportgeräts und die Übereinstimmung mit dem Muster festzustellen. Prüfplakette und Prüfstempel gelten als Prüfschein. Die Prüfplakette wird von dem Beauftragten ausgehändigt. Prüfplakette und Prüfstempel sind an dem Luftsportgerät dauerhaft anzubringen. Satz 1 bis 5 gelten sinngemäß für zugehörende Rettungs- und Schleppgeräte.

Nachprüfung

Äußerlich unbemerkt können Alterung und Verschleiß die Flugeigenschaften und die Festigkeit des Gerätes gefährlich verschlechtern. Die regelmäßigen Nachprüfungen sind wie weitere Stückprüfungen.

LuftGerPO § 26 **[Zweck und Arten der Nachprüfung]** (1) Die Aufrechterhaltung der Lufttüchtigkeit des Luftfahrtgeräts ist in Nachprüfungen festzustellen.
□ □ □

LuftGerPO § 27 **[Nachprüfung in Zeitabständen]**
(1) Das zum Luftverkehr zugelassene Luftfahrtgerät unterliegt in Zeitabständen von 12 Monaten einer umfassenden Nachprüfung, in der festzustellen ist, ob es noch lufttüchtig ist und den im zugehörigen Gerätekennblatt enthaltenen Angaben entspricht (Jahresnachprüfung). Nichtmotorgetriebene Luftsportgeräte unterliegen in Zeitabständen von 24 Monaten einer umfassenden Nachprüfung.
□ □ □
(3) □ □ □ In begründeten Fällen kann der Beauftragte für Hängegleiter und Gleitsegel eine Verlängerung oder Verkürzung des Zeitabstandes nach Absatz 1 Satz 2 gewähren sowie Rettungs- und Schleppgeräte von der Nachprüfpflicht befreien.

Anmerkung: Für Ausbildungs-Gleitsegel ist der Zeitabstand auf 12 Monate verkürzt, für Hängegleiter bis zur erstmaligen Nachprüfung auf 60 Monate verlängert. Rettungsgeräte und Schleppklinken sowie Gurtzeuge als Teil des Fluggeräts sind von der Nachprüfpflicht befreit.

LuftGerPO § 29 **[Angeordnete Nachprüfung]** Werden beim Betrieb des zugelassenen Luftfahrtgeräts Mängel festgestellt, die seine Lufttüchtigkeit beeinträchtigen oder beeinträchtigen können, oder bestehen begründete Zweifel an der Lufttüchtigkeit des Luftfahrtgeräts, kann die zuständige Stelle die Nachprüfung des Luftfahrtgeräts anordnen. □ □ □

LuftGerPO § 30 **[Nachprüfung in besonderen Fällen]** □ □ □ (2) Die Überholung des Luftfahrtgeräts sowie große Reparaturen und große Änderungen unterliegen Nachprüfungen zur Feststellung der Lufttüchtigkeit des Luftfahrtgeräts und der Übereinstimmung mit den im zugehörigen Gerätekennblatt enthaltenen Angaben.

LuftGerP0 § 31 **[Zuständige Stellen für die Nachprüfung]** (1) □ □ □ Die Nachprüfung von Hängegleitern und Gleitsegeln führt der Herstellerbetrieb für Luftsportgerät durch, der hierfür einer Anerkennung durch den Beauftragten bedarf; □ □ □

LuftGerPO § 39 **[Bescheinigung der Nachprüfung]**
(1) Die □ □ □ Nachprüfung □ □ □ (ist) von der nach § 31 für die Nachprüfung zuständigen Stelle in einem Nachprüfschein, für Hängegleiter und Gleitsegel durch Prüfstempel zu bescheinigen. Der Prüfstempel gilt als Nachprüfschein; er wird von dem Beauftragten ausgehändigt und muß dauerhaft angebracht sein. In dem Nachprüfschein und dem Prüfstempel sind die Lufttüchtigkeit und die Übereinstimmung mit den im zugehörigen Gerätekennblatt enthaltenen Angaben festzustellen. Satz 1 bis 3 gelten sinngemäß für zugehörende Rettungs- und Schleppgeräte. □ □ □

Erhaltung der Lufttüchtigkeit

Grundsätzlich ist der Gerätehalter für den betriebssicheren Zustand des Fluggeräts verantwortlich, der Pilot für die sichere Bedienung des Fluggeräts. Entscheidend für den Gerätezustand sind die Instandhaltung mit Wartung, Überholung und Reparaturen und die Befolgung der Lufttüchtigkeitsanweisungen.

LuftBO § 6 **[Wartung]** Bei der Wartung des Luftfahrtgeräts sind durchzuführen:
1. Planmäßige Kontrolle und Arbeiten, die zur Aufrechterhaltung und Überwachung der Lufttüchtigkeit erforderlich sind;
2. nichtplanmäßige zusätzliche Arbeiten und kleine Reparaturen, die zur Behebung angezeigter Beanstandungen oder festgestellter Mängel erforderlich sind und mit einfachen Mitteln ausgeführt werden können. Dazu gehört der Einbau von geprüften Teilen im Austausch gegen überholungs-, reparatur- oder änderungsbedürftige Teile, wenn dies mit einfachen Mitteln möglich ist.

LuftB0 § 7 **[Überholung]** Hat ein Luftfahrtgerät die zulässige Betriebszeit nach § 4 erreicht oder sind bei seinem Betrieb Mängel festgestellt worden, die im Rahmen der Wartung nach § 6 nicht behoben werden können, ist das Gerät ganz oder teilweise zu überholen (Grund- oder Teilüberholung).

LuftBO § 8 **[Große Reparatur]** Hat ein Luftfahrtgerät einen Schaden erlitten, der im Rahmen der Wartung nach § 6 nicht einwandfrei behoben werden kann, ist eine große Reparatur durchzuführen.

LuftBO § 9 **[Durchführung der Instandhaltung]**
□□□
(2) Wer eine Erlaubnis als Luftfahrzeugführer besitzt, kann an einem Luftfahrzeug, dessen Eigentümer oder Halter er ist und das nicht für die gewerbsmäßige

Foto: Klaus Tänzler

Beförderung von Personen oder Sachen verwendet wird, einfache Kontrollen und Arbeiten im Rahmen der Wartung selbst durchführen, wenn er die notwendigen Kenntnisse und Fähigkeiten besitzt. Das gleiche gilt für □□□ Mitglieder von Luftfahrtverbänden und -vereinen. Die Nachprüfungen nach der Prüfordnung für Luftfahrtgerät können zusammengefaßt bei der Jahresnachprüfung durchgeführt werden.
(3) Bei der Instandhaltung sind die von dem Hersteller des Luftfahrtgeräts erstellten Betriebsanweisungen und technischen Mitteilungen zu berücksichtigen.
□□□
(5) Erfordert die ordnungsgemäße Durchführung bestimmter Instandhaltungsarbeiten besondere Kenntnisse und Fähigkeiten, dürfen diese Arbeiten nur von Fachkräften durchgeführt werden, die nachweislich den Anforderungen genügen.
(6) Wer Luftfahrtgerät instandhält, hat der zuständigen Stelle Mängel des Musters, die ihm bei seiner Tätigkeit bekannt werden und welche die Lufttüchtigkeit beeinträchtigen oder beeinträchtigen können, unverzüglich anzuzeigen.

LuftBO § 14 **[Lufttüchtigkeitsanweisung]** (1) Die zuständige Stelle ordnet durch Lufttüchtigkeitsanweisung, die in den Nachrichten für Luftfahrer oder in der Informationsschrift des Beauftragten bekanntgemacht wird, die durchzuführenden Maßnahmen an, wenn sich beim Betrieb des Luftfahrtgeräts Mängel des Musters herausstellen, welche die Lufttüchtigkeit beeinträchtigen.
(2) Ein durch die Lufttüchtigkeitsanweisung betroffenes Luftfahrtgerät darf nach dem in der Lufttüchtigkeitsanweisung angegebenen Termin außer für Zwecke der Nachprüfung nur in Betrieb genommen werden, wenn die angeordneten Maßnahmen ordnungsgemäß durchgeführt worden sind.

LuftBO § 25 **[Verlust der Lufttüchtigkeit]** (1) Werden beim Betrieb des zugelassenen Luftfahrzeugs Mängel festgestellt, die seine Lufttüchtigkeit beeinträchtigen oder beeinträchtigen können, oder bestehen begründete Zweifel an der Lufttüchtigkeit des Luftfahrzeugs, kann die zuständige Stelle das Luftfahrzeug bis zum Nachweis der Lufttüchtigkeit nach den Vorschriften der Prüfordnung für Luftfahrtgerät für luftuntüchtig erklären.
(2) Ein Luftfahrzeug, das luftuntüchtig ist oder von der zuständigen Stelle für luftuntüchtig erklärt worden ist, darf nicht in Betrieb genommen werden. Die Inbetriebnahme für Zwecke der Nachprüfung ist zulässig.
□□□

LuftBO § 26 **[Ausfall von Ausrüstungsteilen]** (1) Sind bei Antritt eines Flugs vorgeschriebene Anlagen, Geräte oder Bauteile der Ausrüstung des Luftfahrzeugs nicht betriebsbereit, darf der Flug nicht durchgeführt werden. □□□

LuftBO § 28 **[Anzeigepflicht]** Der Luftfahrzeughalter hat dem Halter des Luftfahrzeugs die bei dem Betrieb des Luftfahrzeugs festgestellten Mängel des Luftfahrzeugs unverzüglich anzuzeigen.

Eintragung und Kennzeichnung

LuftVZO § 18a **[Luftsportgeräteverzeichnis]**
□□□
(2) Ultraleichtflugzeuge werden für die Verkehrszulassung in das Luftsportgeräteverzeichnis vom Beauftragten eingetragen, Hängegleiter und Gleitsegel auf Antrag.
□□□

Anmerkung: Vorgeschrieben sind Eintragung und Kennzeichnung für Gleitsegel und Hängegleiter nur, wenn das Gerät für Überlandflüge benutzt wird.

LuftVZO § 19 **[Kennzeichen]** (1) Bei der □□□ Eintragung wird dem Luftfahrzeug ein Kennzeichen zugeteilt; □□□

Straf- und Bußgeldvorschriften

LuftVG § 60 **[Straftatbestände]** (1) Wer

1. ein Luftfahrzeug führt, das nicht zum Luftverkehr zugelassen ist, oder als Halter einem Dritten das Führen eines solchen Luftfahrzeugs gestattet,

□□□

wird mit Freiheitsstrafe bis zu zwei Jahren oder mit Geldstrafe bestraft.

(2) Wer die Tat fahrlässig begeht, wird mit Freiheitsstrafe bis zu sechs Monaten oder mit Geldstrafe bis zu einhundertachtzig Tagessätzen bestraft.

GerPO § 46 **[Ordnungswidrigkeiten]** (1) Ordnungswidrig im Sinne des § 58 Abs. 1 Nr.10 des Luftverkehrsgesetzes handelt, wer vorsätzlich oder fahrlässig

1. als Inhaber einer nach dieser Verordnung erteilten Anerkennung

□□□

e) über eine Stückprüfung nach § 24 Abs. 1 oder eine Nachprüfung nach § 39 Abs. 1, 2 oder 4 eine unrichtige Bescheinigung erteilt oder

□□□

4a. als Luftsportgeräteführer ein Gerät führt, an dem die Prüfplakette oder der Prüfstempel nach § 24 Abs. 5 Satz 5 oder 6 oder der Prüfstempel nach § 39 Abs. 1 Satz 2 oder 4 nicht angebracht ist,

5. eine Änderung des zugelassenen Musters entgegen § 13 Abs. 2 Satz 1 nicht vor ihrer Durchführung anzeigt,

□□□

LuftBO § 57 Ordnungswidrig im Sinne des § 58 Abs.1 Nr.10 des Luftverkehrsgesetzes handelt, wer vorsätzlich oder fahrlässig

1. als Halter von Luftfahrtgerät oder Betriebsleiter entgegen

a) § 3 Luftfahrtgerät nicht in einem solchen Zustand erhält oder nicht so betreibt, daß kein anderer gefährdet, geschädigt oder mehr als nach den Umständen unvermeidbar behindert oder belästigt wird;

□□□

d) § 14 Abs. 2 Luftfahrtgerät betreibt, ohne die in der Lufttüchtigkeitsanweisung angeordneten Maßnahmen ordnungsgemäß durchgeführt zu haben;

□□□

a) § 4 Abs. 1 oder Abs. 2 Satz 1 Luftfahrtgerät oder Teile von Luftfahrtgerät über die zulässigen Betriebszeiten hinaus betreibt oder führt;

□□□

c) § 24 Abs. 1 Satz 1 ein Luftfahrzeug nicht in Übereinstimmung mit dem im zugehörigen Flughandbuch oder in anderen Betriebsanweisungen angegebenen Leistungsdaten oder festgelegten Betriebsgrenzen betreibt;

d) § 25 Abs. 2 ein luftuntüchtiges oder für luftuntüchtig erklärtes Luftfahrtgerät in Betrieb nimmt;

□□□

3. als Luftfahrzeugführer entgegen

□□□

c) § 25 Abs. 1 trotz des Ausfalls von Ausrüstungsteilen einen Flug durchführt;

□□□

e) § 28 dem Halter Mängel des Luftfahrzeugs nicht unverzüglich anzeigt;

□□□

8. entgegen § 9 Abs. 6 anzeigepflichtige Mängel der zuständigen Stelle nicht unverzüglich anzeigt;

□□□

Pilot

Jeder Pilot in Deutschland braucht eine »Erlaubnis für Luftfahrer«. In diese Erlaubnis, dokumentiert durch den »Luftfahrerschein für Luftsportgeräteführer«, münden die persönlichen und fachlichen Voraussetzungen, die Ausbildung und die Prüfung. Der Luftfahrerschein – für Gleitsegeln zunächst in beschränkter und dann in unbeschränkter Version – ist zugleich die Basis für die »besonderen Berechtigungen«, beispielsweise die Windenschleppstartberechtigung, die in den Luftfahrerschein bzw. in das zugehörige »Beiblatt F« eingetragen werden. Der Luftfahrerschein ist beim Flugbetrieb mitzuführen – wie beim Autofahren der Führerschein.

Erlaubnispflicht

LuftVG § 4 **[Grundsätze der Erlaubnis für Luftfahrer]** (1) Wer ein Luftfahrzeug führt oder bedient (Luftfahrer) bedarf der Erlaubnis. Die Erlaubnis wird nur erteilt, wenn

1. der Bewerber das vorgeschriebene Mindestalter besitzt,
2. der Bewerber seine Tauglichkeit nachgewiesen hat,
3. keine Tatsachen vorliegen, die den Bewerber als unzuverlässig erscheinen lassen, ein Luftfahrzeug zu führen oder zu bedienen,
4. der Bewerber eine Prüfung nach der Verordnung über Luftfahrtpersonal bestanden hat.

(2) Die Vorschriften des Absatzes 1 sind auf sonstiges Luftfahrtpersonal sinngemäß anzuwenden, soweit seine Tätigkeit auf Grund einer Rechtsverordnung nach § 32 Abs. 1 Nr. 4 erlaubnispflichtig ist.
(3) Die Erlaubnis ist zu widerrufen, wenn die Voraussetzungen nach Absatz 1 nicht mehr vorliegen.
(4) □ □ □ Bei Übungs- und Prüfungsflügen ohne Begleitung von Fluglehrern oder Prüfungsratsmitgliedern bedürfen Luftfahrer keiner Erlaubnis, wenn es sich um Flüge handelt, die von Fluglehrern oder Prüfungsratsmitgliedern angeordnet und beaufsichtigt werden.

LuftVZO § 20 **[Erlaubnispflichtige Personen]** (1) Luftfahrer, die einer Erlaubnis bedürfen, sind
□ □ □
9. Luftsportgeräteführer
□ □ □

Ausbildung

Die Ausbildung darf, unabhängig von der vorgeschriebenen Lehrberechtigung des Fluglehrers, nur in zugelassenen Luftfahrerschulen erfolgen. Anders als in der übrigen Luftfahrt müssen Gleitsegel- und Hängegleiterpiloten ihre Flugtauglichkeit nicht durch ein ärztliches Zeugnis nachweisen, aber sie müssen gesund und flugtauglich sein.

LuftVZO § 23 **[Mindestalter]** □ □ □ (2) Das Mindestalter für den Beginn der Ausbildung beträgt
□ □ □
2. für Führer nichtmotorgetriebener Luftsportgeräte, Windenführer □ □ □ 16 Jahre,
□ □ □
Die zuständige Stelle kann im Einzelfall einen früheren Ausbildungsbeginn zulassen.

LuftVZO § 24 **[Voraussetzungen für die Ausbildung]** (1) Die Ausbildung von Luftfahrtpersonal ist nur zulässig, wenn

1. der Bewerber das Mindestalter nach § 23 besitzt,
2. der Bewerber tauglich ist,
3. keine Tatsachen vorliegen, die den Bewerber als unzuverlässig erscheinen lassen, die beabsichtigte Tätigkeit als Luftfahrtpersonal auszuüben,
4. bei einem minderjährigen Bewerber der gesetzliche Vertreter zustimmt.

Foto: Manfred Zimmermann

(2) Tatsachen, die den Bewerber als unzuverlässig erscheinen lassen, sind insbesondere Trunksucht, Entmündigung, eine erhebliche gerichtliche Bestrafung oder mehrfache rechtskräftig festgestellte erhebliche Verstöße gegen Verkehrsvorschriften.
(3) Dem Ausbildungsleiter müssen vor Beginn der Ausbildung folgende Unterlagen vorliegen:
1. die Geburtsurkunde oder ein Auszug aus dem Familienbuch der Eltern;
2. das Tauglichkeitszeugnis;
3. eine Erklärung über schwebende Strafverfahren und darüber, daß ein Führungszeugnis nach § 28 des Bundeszentralregistergesetzes zur Vorlage bei der zuständigen Stelle beantragt worden ist;
4. bei einem minderjährigen Bewerber eine amtlich beglaubigte Zustimmungserklärung des gesetzlichen Vertreters.

Die für den Ausbildungsbetrieb zuständige Stelle kann Ausnahmen zulassen. □□□ Bewerber um eine Erlaubnis für Hängegleiter- und Gleitsegelführer sind von dem Nachweis der Tauglichkeit befreit; als Vorlage der Unterlagen nach Satz 1 Nr. 1 und Nr. 3 gilt das Vorzeigen eines amtlichen Lichtbildausweises.

LuftPersV § 42 **[Inhalt der Ausbildung]** (1) Fachliche Voraussetzungen für den Erwerb der Erlaubnis für Luftsportgeräteführer sind
1. die theoretische Ausbildung,
2. die Flugausbildung,
3. die erfolgreiche Teilnahme an einer Unterrichtung in Sofortmaßnahmen am Unfallort und
4. die Ausbildung zur Ausübung des Flugfunkdienstes.

Satz 1 Nummer 4 gilt nicht für Hängegleiter- und Gleitsegelführer, sofern sie nicht die Berechtigung zur Benutzung kontrollierten Luftraums erwerben und nicht für Sprungfallschirmführer.
(2) Die theoretische Ausbildung umfaßt □□□ für Hängegleiter- und Gleitsegelführer mindestens 45 Unterrichtsstunden □□□ innerhalb der letzten 12 Monate vor Ablegung der Prüfung nach § 43. Sie erstreckt sich auf die Sachgebiete
1. Luftrecht, Luftverkehrs- und Flugsicherungsvorschriften
2. Navigation oder Freifall
3. Meteorologie
4. Technik
5. Verhalten in besonderen Fällen

(3) Die Flugausbildung umfaßt vor Ablegung der Prüfung nach § 43 für
□□□

2. Hängegleiterführer:
   a) Mindestens 50 Alleinflüge unter Anleitung und Aufsicht eines Fluglehrers mit geringem Bodenabstand und einem Höhenunterschied von nicht mehr als 100 m, davon mindestens 20 Alleinflüge mit mehr als 40 m Höhenunterschied.
   b) Mindestens 30 Alleinflüge unter Anleitung und Aufsicht eines Fluglehrers mit mehr als 100 m Höhenunterschied auf mindestens zwei verschiedenen Geländen, davon zunächst mindestens 10 Alleinflüge mit weniger als 300 m Höhenunterschied und danach mindestens 10 Alleinflüge mit mehr als 400 m Höhenunterschied. Bis zu 20 Alleinflüge können durch die doppelte Anzahl von Alleinflügen mit Schleppstart ersetzt werden.
   c) Mindestens 10 Alleinflüge mit mehr als 30 Minuten Flugdauer auf mindestens zwei verschiedenen Geländen, davon höchstens 5 Alleinflüge mit Schleppstart.

LuftPersV § 42a **[Erleichterungen]** □□□ (2) Bewerber, die eine Erlaubnis für Hängegleiter- oder Gleitsegelführer besitzen, können im Falle des § 42 Abs. 3 Nr. 1a Satz 1 (Ultraleichtfliegen) 10 Alleinflüge, im Falle des § 42 Abs. 3 Nr. 1a Satz 2 5 Alleinflüge durch Flüge als verantwortlicher Hängegleiter- oder Gleitsegelführer ersetzen. Die Flugausbildung nach § 42 Abs. 3 Nr. 1b bis Nr. 1f ist auf schwerkraftgesteuerten Ultraleichtflugzeugen durchzuführen.

(3) Bewerber, die eine Erlaubnis für Gleitsegelführer besitzen, können im Falle des § 42 Abs. 3 Nr. 2b (Hängegleiten) die Hälfte der Alleinflüge durch Flüge als verantwortlicher Führer von Gleitsegeln ersetzen. Die höchstzulässige Anzahl der Alleinflüge mit Schleppstart verringert sich um die Hälfte.

(4) Bewerber, die eine Erlaubnis für Hängegleiter- oder Sprungfallschirme besitzen, können im Falle des § 42 Abs. 3 Nr. 3c (Gleitsegeln) die Hälfte der Alleinflüge durch Flüge als verantwortlicher Führer von Hängegleitern oder Sprungfallschirmen ersetzen. Die höchstzulässige Anzahl der Alleinflüge mit Schleppstart verringert sich um die Hälfte.

LuftPersV § 117 **[Flugauftrag]** (1) Wer eine Erlaubnis □ □ □ erwerben □ □ □ will, darf die notwendigen Alleinflüge nur ausführen, wenn der Fluglehrer hierfür einen Flugauftrag erteilt hat. Dies gilt auch für die Ausbildung in den einzelnen Startarten □ □ □. Der Fluglehrer darf den Flugauftrag nur erteilen, wenn er sich von der Befähigung des Bewerbers überzeugt hat. □ □ □

LuftPersV § 120 **[Nachweis der fliegerischen Voraussetzungen]** (1) □ □ □ Satz 4: Angaben zum Nachweis von Voraussetzungen zum Erwerb □ □ □ einer Erlaubnis oder Berechtigung, die unter der Aufsicht oder in Begleitung eines Luftfahrers zu erfüllen sind, müssen von diesem unter Angabe der Art und Nummer seines Luftfahrerscheins als richtig bescheinigt werden. Der Nachweis der fliegerischen Voraussetzungen kann durch Auszüge aus dem Flugbuch erbracht werden. □ □ □

LuftPersV § 121 **[Nachweis der theoretischen Ausbildung]** (1) Bewerber um eine Erlaubnis oder Berechtigung nach dieser Verordnung haben ein Unterrichtsbuch zu führen, in dem alle Unterrichtsstunden unter Angabe des Sachgebietes und des behandelten Unterrichtsstoffes mit Datum und Dauer sowie Name des Lehrers einzutragen sind. Bei geschlossenen Lehrgängen tritt an Stelle des vom Bewerber zu führenden Unterrichtsbuches ein von der Luftfahrerschule oder der Lehrgangsleitung zu führendes Unterrichtsbuch.

□□□

LuftPersV § 123 **[Flugbuch in der Ausbildung]**
(1) Luftsportgeräteführer haben zum Nachweis der praktischen Voraussetzungen zum Erwerb □□□ einer Erlaubnis oder einer Berechtigung ein Flugbuch zu führen.

□□□

(3) Führer von Hängegleitern und Gleitseglern haben in das Flugbuch Datum, Fluggerät, Fluggelände mit Höhenunterschied, Flugdauer und Art der Übung einzutragen. Im übrigen gelten § 120 Abs. 1 Satz 4 und Satz 5.

□□□

LuftPersV § 126 **[Erleichterungen für Sofortmaßnahmen am Unfallort]** (1) Der Nachweis über die Unterweisung in Sofortmaßnahmen am Unfallort oder Ausbildung in Erster Hilfe kann durch eine Bescheinigung einer fliegerärztlichen Untersuchungsstelle, des Arbeiter-Samariter-Bundes Deutschland, des Deutschen Roten Kreuzes, der Johanniter-Unfallhilfe oder des Malteser-Hilfsdienstes durchgeführt werden.

□□□

Prüfung

LuftPersV § 43 **[Grundsätze für die Prüfung]** (1) Der Bewerber hat in einer theoretischen und praktischen Prüfung nachzuweisen, daß er nach seinem fachlichen Wissen und praktischen Können die an einen Luftsportgeräteführer zu stellenden Anforderungen erfüllt.
(2) Die Prüfung erstreckt sich insbesondere auf
1. die in § 42 Abs. 2 Satz 2 aufgeführten Sachgebiete,
2. die notwendigen Kenntnisse und Fähigkeiten zum Führen und Bedienen von Luftsportgeräten des Musters, auf dem der Bewerber die Prüfung ablegt und
3. das Verhalten bei besonderen Flugzuständen, in Notfällen und bei Unfällen, soweit dies Bestandteil der Flugausbildung nach § 42 Abs. 3 ist.

(3) Der Umfang der theoretischen und praktischen Prüfung zum Erwerb einer eingeschränkten Erlaubnis nach § 44 Abs. 3 verringert sich entsprechend den vorgeschriebenen Beschränkungen.

LuftPersV § 128 **[Durchführung der Prüfungen]**
(1) Die Prüfungen sind vor einem Prüfungsrat abzulegen

□□□

(6) Das Prüfungsergebnis wird mit »bestanden« oder »nicht bestanden« beurteilt; □□□ Bei Nichtbestehen ist eine einmalige Wiederholung zulässig. Der Prüfungsrat oder das beauftragte Prüfungsratsmitglied bestimmt, ob und ggf. mit welchen Auflagen die Prüfung ganz oder zum Teil zu wiederholen ist. Eine weitere Wiederholung ist nur mit Zustimmung der für die Prüfung zuständigen Erlaubnisbehörde (Stelle) zulässig.

□□□

(9) Zwischen dem Zeitpunkt der abgelegten theoretischen Prüfung und dem Zeitpunkt der abzulegenden praktischen Prüfung dürfen nicht mehr als 12 Monate liegen. Teilweise Wiederholungsprüfungen werden auf den Zeitpunkt der Ablegung der Prüfungen nicht angerechnet.

□□□

Erlaubnis und Luftfahrerschein

LuftVZ0 § 22 **[Zuständige Stellen für die Erlaubnis]**
(1) Die Erlaubnis wird
□ □ □
3. für Luftsportgeräteführer, Windenführer für Luftsportgeräte □ □ □ von dem Beauftragten erteilt. Das gleiche gilt für Erweiterungen der Erlaubnis und die Erteilung besonderer Berechtigungen. □ □ □

LuftVZ0 § 25 **[Antrag auf Erteilung der Erlaubnis]**
□ □ □
(2) Dem Antrag sind beizufügen
1. die in § 24 Abs. 3 Nr. 1 bis 4 bezeichneten Unterlagen, □ □ □
2. eine Erklärung über die Staatsangehörigkeit, die auf Verlangen nachzuweisen ist;
3. ein vom Ausbildungsleiter angefertigter Ausbildungsnachweis über die theoretische und praktische Ausbildung;
4. der Nachweis der Vorbildung nach der Verordnung über Luftfahrtpersonal;
5. zwei Paßbilder.

□ □ □

LuftVZO § 26 **[Erteilung der Erlaubnis]** (1) Die zuständige Stelle erteilt die Erlaubnis, wenn die Voraussetzungen des § 24 Abs. 1 sowie die in der Verordnung über Luftfahrtpersonal bestimmten Voraussetzungen erfüllt sind. Hat der nach den Vorschriften der Verordnung über Luftfahrtpersonal bestimmte Prüfungsrat Zweifel an der Eignung des Bewerbers, teilt er der zuständigen Stelle die Gründe hierfür mit. § 24 Abs. 4 Satz 4 (psychologische Beurteilung) gilt sinngemäß.
(2) □ □ □ Der Ausweis (Luftfahrerschein) ist bei Ausübung der erlaubnispflichtigen Tätigkeit mitzuführen.

LuftPersV § 44 **[Umfang der Erlaubnis]** (1) Die Erlaubnis wird durch Aushändigung des Luftfahrerscheins für Luftsportgeräteführer nach Muster 1a, Beiblatt F erteilt.
(2) Die Erlaubnis berechtigt zum Führen von
□ □ □
2. Hängegleitern oder Gleitsegeln für Flüge am Tage,
□ □ □
(3) Die Erlaubnis zum Führen von Hängegleitern oder Gleitsegeln wird auf Flüge in der Umgebung des Fluggeländes beschränkt, wenn nur 20 Unterrichtsstunden nach § 42 Abs. 2 Satz 1 und eine Flugausbildung nach § 42 Abs. 3 Nr. 2a und Nr. 2b oder nach § 42 Abs. 3 Nr. 3a bis Nr. 3c nachgewiesen werden. □ □ □ Die Beschränkungen gelten unbefristet und werden im Beiblatt F eingetragen.
(4) Die unbeschränkte Erlaubnis zum Führen von Hängegleitern oder Gleitsegeln wird nicht vor Ablauf von 12 Monaten seit Erteilung der beschränkten Erlaubnis erteilt.

LuftPersV § 45 **[Gültigkeitsdauer]** (1) Die Erlaubnis wird □ □ □ zum Führen von Hängegleitern und Gleitsegeln unbefristet erteilt.
□ □ □
LuftVZ0 § 29 **[Widerruf, Ruhen und Beschränkung]**
(1) Die Erlaubnis ist von der nach § 22 Abs. 3 oder nach § 22 Abs. 1 Satz 1 Nr. 3 zuständigen Stelle zu widerrufen und der Ausweis einzuziehen, wenn sich Tatsachen dafür ergeben, daß der Inhaber für die erlaubte Tätigkeit ungeeignet ist.
(2) Die Erlaubnis ist ferner zu widerrufen und der Ausweis einzuziehen, wenn der zuständigen Stelle Tatsachen bekannt werden, die Zweifel an dem ausreichenden praktischen Können oder fachlichen Wissen des Inhabers der Erlaubnis rechtfertigen, und wenn eine von ihr angeordnete Überprüfung entweder verweigert wird oder ergibt, daß der Inhaber der Erlaubnis ein ausreichendes praktisches Können oder fachliches Wissen nicht mehr besitzt.
(3) An Stelle des Widerrufs kann das Ruhen der Erlaubnis auf Zeit oder eine Nachschulung mit anschließender Überprüfung angeordnet oder die Erlaubnis auf eine bestimmte Betätigung in der Luftfahrt beschränkt werden, wenn dies ausreicht, um die Sicherheit und Ordnung des Luftverkehrs aufrechtzuerhalten. Das Ruhen der Erlaubnis kann auch in Fällen erheblicher Gefahr für die Sicherheit und Ordnung des Luftverkehrs bis zur Feststellung des weiteren ausreichenden praktischen Könnens oder fachlichen Wissens nach Absatz 2 angeordnet werden, wenn der zuständigen Stelle Tatsachen bekannt werden, die erkennen lassen, daß der Inhaber der Erlaubnis das ausreichende praktische Können oder fachliche Wissen nicht mehr besitzt. Der über die Erlaubnis ausgestellte Ausweis ist für die Zeit des Ruhens der Erlaubnis einzuziehen und im Falle der Beschränkung zu berichtigen oder durch einen neuen Ausweis zu ersetzen.

Besondere Berechtigungen

Die Erlaubnis für Luftfahrer ist die luftrechtliche Basis für das »normale« Fliegen. Aufbauend auf dieser Basis kann der Pilot zusätzlich die besonderen Berechtigungen erwerben. Bei einem Widerruf der Erlaubnis erlöschen automatisch auch die besonderen Berechtigungen. Allerdings können sie unabhängig von der Erlaubnis widerrufen oder beschränkt werden.

LuftPersV § 84 **[Schleppberechtigung]** □ □ □ (4) Luftsportgeräteführer bedürfen zum Schleppen von Hängegleitern oder Bannern mit Ultraleichtflugzeugen, zum Schleppen von Hängegleitern oder Gleitsegeln mit Winden und zur Durchführung von Schleppstarts hinter Ultraleichtflugzeugen und an Winden einer Berechtigung.

□ □ □

LuftPersV § 84a **[Passagierflugberechtigung]** (1) Luftsportgeräteführer bedürfen für Passagierflüge oder für Passagiersprünge einer Passagierflugberechtigung.

□ □ □

LuftVZO § 30 **[Lehrberechtigung]** □ □ □ (3) Die praktische Ausbildung darf nur von Personen vorgenommen werden, die hierfür eine Lehrberechtigung besitzen. Die Lehrberechtigung wird nach den Vorschriften der Verordnung über Luftfahrtpersonal erteilt.

Foto: Michael Weingartner

Foto: Klaus Tänzler

Luftfahrerschulen

In Deutschland ist bereits der Ausbildungsbetrieb für Luftfahrer erlaubnispflichtig, unabhängig davon, daß auch jeder einzelne im Ausbildungsbetrieb tätige Fluglehrer die Lehrberechtigung besitzen muß.

LuftVG § 5 **[Ausbildungserlaubnis; Fluglehrer]**
(1) Wer es unternimmt, Luftfahrer auszubilden, bedarf unbeschadet der Vorschrift des Absatzes 3 der Erlaubnis. Die Erlaubnis kann mit Auflagen verbunden und befristet werden.
(2) Die Erlaubnis ist zu versagen, wenn Tatsachen die Annahme rechtfertigen, daß die öffentliche Sicherheit oder Ordnung gefährdet werden kann oder der Bewerber oder seine Ausbilder persönlich ungeeignet sind; ergeben sich später solche Tatsachen, so ist die Erlaubnis zu widerrufen. Die Erlaubnis kann außerdem widerrufen werden, wenn sie länger als ein Jahr nicht ausgenutzt worden ist.
(3) Die praktische Ausbildung darf nur von Personen vorgenommen werden, die eine Lehrberechtigung nach der Verordnung über Luftfahrtpersonal besitzen (Fluglehrer).

LuftVZO § 30 **[Erlaubnispflicht für die Ausbildung]**
(1) Die Ausbildung von Luftfahrern darf nur in Ausbildungsbetrieben (Luftfahrerschulen) durchgeführt werden, die dafür eine Erlaubnis besitzen.
□□□

LuftVZO § 31 **[Zuständige Stellen]** (1) Die Erlaubnis wird
□□□
2. für Luftfahrerschulen, soweit sie Luftsportgeräteführer ausbilden, von dem Beauftragten □□□ erteilt.
□□□

LuftVZO § 36 **[Aufsicht]** (1) Die zuständige Stelle führt die Aufsicht über den Ausbildungsbetrieb. □□□

Foto: Charlie Jöst

Foto: Klaus Tänzler

Straf- und Bußgeldvorschriften

LuftVG § 60 **[Straftatbestände]** (1) Wer

□□□

2. ein Luftfahrzeug ohne die Erlaubnis nach § 4 Abs. 1 führt oder bedient oder als Halter eines Luftfahrzeugs die Führung oder das Bedienen Dritten, denen diese Erlaubnis nicht erteilt ist, gestattet,

3. praktische Flugausbildung ohne eine Lehrberechtigung nach § 5 Abs. 3 erteilt,

□□□ wird mit Freiheitsstrafe bis zu zwei Jahren oder mit Geldstrafe bestraft.

(2) Wer die Tat fahrlässig begeht, wird mit Freiheitsstrafe bis zu sechs Monaten oder mit Geldstrafe bis zu einhundertachtzig Tagessätzen bestraft.

LuftVG § 58 **[Ordnungswidrigkeiten]** (1) Ordnungswidrig handelt, wer vorsätzlich oder fahrlässig

□□□

2. es unternimmt, ohne die Erlaubnis nach § 5 Abs. 1 Luftfahrer auszubilden,

□□□

LuftVZO § 108 Ordnungswidrig im Sinne des § 58 Abs. 1 Nr. 10 des Luftverkehrsgesetzes handelt, wer vorsätzlich oder fahrlässig

□□□

6. als Angehöriger des Luftfahrtpersonals
   a) entgegen § 26 Abs. 2 Satz 4 den erforderlichen Ausweis (Luftfahrerschein) □□□ nicht mitführt;

□□□

LuftPersV § 134 Ordnungswidrig im Sinne des § 58 Abs. Nr. 10 des Luftverkehrsgesetzes handelt, wer vorsätzlich oder fahrlässig

1. ohne Berechtigung nach □□□ § 84 Abs. 1 oder Abs. 4, § 84 a Abs. 1, □□□, § 97 Abs. 1 oder Abs.4 □□□ eine dort bezeichnete Tätigkeit ausübt,

2. entgegen § 117 Abs. 1 Satz 1, 2 oder 3 □ □ □ einen Alleinflug durchführt,
3. entgegen § 117 Abs. 1 Satz 4 □ □ □ einen Flugauftrag erteilt,

□ □ □

5. entgegen □ □ □ § 121 Abs. 1 ein Unterrichtsbuch oder entgegen § 123 Abs. 2 bis 4 ein Flugbuch oder Sprungbuch nicht, nicht richtig oder nicht vollständig führt □ □ □,
6. entgegen § 123 □ □ □ in Verbindung mit § 120 Abs. 1 Satz 4 unrichtige Angaben eines Bewerbers in einem Flugbuch oder Sprungbuch als richtig bescheinigt □ □ □

Foto: Klaus Tänzler

Fluggelände

Alle bemannten Luftfahrzeuge brauchen für Starts und Landungen grundsätzlich einen nach § 6 LuftVG genehmigten Flugplatz. Für Starts und Landungen außerhalb von Flugplätzen ist eine vereinfachte Erlaubnis nach § 25 LuftVG erforderlich. In der luftrechtlichen Entwicklung der Luftsportgeräte ist aus der Ausnahme die Regel geworden, d. h. nahezu alle Gleitsegel- und Hängegleitergelände fallen unter § 25, nur wenige besitzen die Genehmigung nach § 6.

Die Erlaubnis nach § 25 LuftVG (Außenstart- und -landeerlaubnis) wird vom Deutschen Hängegleiterverband erteilt, wenn das Gelände nur für Gleitsegeln und Hängegleiten genutzt wird. Für die Erteilung der Flugplatzgenehmigung nach § 6 LuftVG ist die Luftfahrtbehörde des Landes zuständig, ebenso für die zusätzliche Erlaubnis nach § 25 für Gleitsegeln und Hängegleiten auf einem Motor-, Segel- oder Ultraleichtfluggelände.

Bis etwa April 1996 gilt übergangsweise für die Gelände, die nicht fortgesetzt und ausschließlich oder hauptsächlich für den Betrieb der Hängegleiter und Gleitsegel benutzt werden und deshalb unter § 25 LuftVG fallen, die Erlaubnisfiktion der früheren Allgemeinverfügung des Bundesministers für Verkehr.

LuftVG § 6 **[Genehmigung von Flugplätzen]** (1) Flugplätze (Flughäfen, Landeplätze und Segelfluggelände) dürfen nur mit Genehmigung angelegt oder betrieben werden. □ □ □ Die Genehmigung kann mit Auflagen verbunden und befristet werden.
(2) Vor Erteilung der Genehmigung ist besonders zu prüfen, ob die geplante Maßnahme den Erfordernissen der Raumordnung und Landesplanung entspricht und ob die Erfordernisse des Naturschutzes und der Landschaftspflege □ □ □ angemessen berücksichtigt sind. Ist das in Aussicht genommene Gelände ungeeignet oder rechtfertigen Tatsachen die Annahme, daß die öffentliche Sicherheit oder Ordnung gefährdet wird, ist die Genehmigung zu versagen. Ergeben sich später solche Tatsachen, so kann die Genehmigung widerrufen werden.
□ □ □

LuftVZO § 54 **[Segelfluggelände]** (1) Segelfluggelände sind Flugplätze, die für die Benutzung durch Segelflugzeuge und nichtselbststartende Motorsegler bestimmt sind.
(2) Die Genehmigung zur Anlage und zum Betrieb eines Segelfluggeländes kann auf die Benutzung durch □ □ □ Luftsportgeräte und Luftfahrzeuge, soweit diese bestimmungsgemäß zum Schleppen von □ □ □ Hängegleitern □ □ □ Verwendung finden, erstreckt werden. Die Erstreckung erfolgt auf Antrag des Antragstellers der Genehmigung oder bei bereits erteilter Genehmigung auf Antrag des Halters des Segelfluggeländes. Im übrigen bleibt § 15 Luftverkehrs-Ordnung unberührt.

LuftVG § 25 **[Außenstart- und -landeerlaubnis]** (1) Luftfahrzeuge dürfen außerhalb der für sie genehmigten Flugplätze nur starten und landen, wenn der Grundstückseigentümer oder sonst Berechtigte zugestimmt und die Luftfahrtbehörde eine Erlaubnis erteilt hat. □ □ □ Die Erlaubnis □ □ □ kann allgemein oder im Einzelfall erteilt, mit Auflagen verbunden und befristet werden.

(2) Absatz 1 gilt nicht, wenn

1. der Ort der Landung infolge der Eigenschaften des Luftfahrzeugs nicht vorausbestimmbar ist oder
2. die Landung aus Gründen der Sicherheit oder zur Hilfeleistung bei einer Gefahr für Leib oder Leben einer Person erforderlich ist. Das gleiche gilt für den Wiederstart nach einer solchen Landung mit Ausnahme des Wiederstarts nach einer Notlandung.

In diesem Falle ist die Besatzung des Luftfahrzeugs verpflichtet, dem Berechtigten über Namen und Wohnsitz des Halters, des Luftfahrzeugführers sowie des Versicherers Auskunft zu geben; bei einem unbemannten Luftfahrzeug ist sein Halter zu entsprechender Auskunft verpflichtet. Nach Erteilung der Auskunft darf der Berechtigte den Abflug oder die Abbeförderung des Luftfahrzeugs nicht verhindern.

(3) Der Berechtigte kann Ersatz des ihm durch den Start oder die Landung entstandenen Schadens nach den sinngemäß anzuwendenden §§ 33 bis 43 beanspruchen.

LuftVO § 15 **[Zuständige Stellen für die Erlaubnis]**
(1) □□□ Starts und Landungen von Hängegleitern und Gleitsegeln außerhalb der für sie genehmigten Flugplätze bedürfen der Erlaubnis des Beauftragten. Die Erlaubnis schließt Schleppstarts von Hängegleitern und Gleitsegeln ein und kann mit Auflagen verbunden werden.

□□□

(3) Die zuständige Stelle kann von dem Antragsteller den Nachweis der Zustimmung des Grundstückseigentümers oder der sonstigen Berechtigten verlangen. Sie hat die Naturschutzbehörden zu beteiligen.

Allgemeinverfügung IV. 3. 2 **[Erlaubnisfiktion]**
Die Erlaubnis nach § 25 LuftVG für Starts und Landungen von Gleitflugzeugen und Hängegleitern in einer Entfernung von mehr als 3 km von der Begrenzung eines Flugplatzes oder außerhalb von einem Wohngebiet gilt als erteilt, wenn die technischen Voraussetzungen und betrieblichen Forderungen □□□ dieser Allgemeinverfügung und die betrieblichen Festlegungen der vom Bundesminister für Verkehr anerkannten Stelle durchgeführt sind. Die Zustimmungspflicht des Grundstückseigentümers nach § 25 Abs. 1 LuftVG bleibt unberührt. Satz 1 gilt nicht für Schleppstarts mit einer Schlepphöhe von 150 m (500 Fuß) und mehr über Grund oder Wasser.

Straf- und Bußgeldvorschriften

LuftVG § 60 **[Straftatbestände]** (1) Wer

□□□

4. als Führer eines Luftfahrzeugs entgegen § 25 Abs. 1 Satz 1 oder Satz 2 Nr. 1 startet oder landet,

□□□

wird mit Freiheitsstrafe bis zu zwei Jahren oder mit Geldstrafe bestraft.

(2) Wer die Tat fahrlässig begeht, wird mit Freiheitsstrafe bis zu sechs Monaten oder mit Geldstrafe bis zu einhundertachtzig Tagessätzen bestraft.

LuftVG § 58 **[Ordnungswidrigkeiten]** (1) Ordnungswidrig handelt, wer vorsätzlich oder fahrlässig □□□

9. sich der Pflicht zur Auskunfterteilung nach § 25 Abs. 2 entzieht,

□□□

11. den schriftlichen vollziehbaren Auflagen einer Erlaubnis nach □□□ § 25 Abs. 1 □□□ zuwiderhandelt,

□□□

LuftVO § 43 Ordnungswidrig im Sinne des § 58 Abs. 1 Nr. 10 des Luftverkehrsgesetzes handelt, wer vorsätzlich oder fahrlässig

□□□

19 a. entgegen § 15 Abs. 1 Satz 3 ohne Erlaubnis startet oder landet;

□□□

Luftraum

Luftsportgeräte dürfen in kontrollierte Lufträume, Flugbeschränkungs- und Luftsperrgebiete nur unter besonders geregelten Voraussetzungen einfliegen.

Kontrollierte Lufträume

- Kontrollbezirk (CTA)
- Kontrollzone (CTR)
- CVFR-Gebiet (neu ICAO-C)
- Nahverkehrsbereich (TMA)

Flugbeschränkungsgebiete

- Flugbeschränkungsgebiet (ED-R)
- Gefahrengebiet (ED-D)
- zeitweilig reservierter Luftraum (TRA, neu in der ED-R)

Luftsperrgebiete (ED-P) gibt es derzeit in der Bundesrepublik Deutschland nicht.

Militärisches Tiefflugsystem

- 500-ft-Tiefflugband zwischen 500 ft (ca. 150 m) und 1500 ft (ca. 1000 m) über GND fast im gesamten Bundesgebiet
- 250-ft-Tieffluggebiete bis 250 ft (ca. 80 m)

Der gesamte Luftraum ist außerdem nach der international einheitlichen **ICAO-Luftraumklassifizierung** unterteilt. Die ICAO-Lufträume A bis E sind kontrolliert, G ist unkontrolliert, F besteht mit Sonderregelungen vorübergehend für die GUS-T'uppen.

Die wichtigsten Lufträume und Gebiete sind in der **ICAO-Luftfahrtkarte** (Maßstab 1 : 500 000) – jedes Jahr neu herausgegeben von der Deutschen Flugsicherung GmbH – zeichnerisch dargestellt und in den beiden »Meister-Büchern« unter dem Sachgebiet Luftraumgliederung ausführlich erläutert.

LuftVG § 62 **[Luftgebietsverletzung]** (1) Wer als Führer eines Luftfahrzeuges den Anordnungen über Luftsperrgebiete und Gebiete mit Flugbeschränkungen zuwiderhandelt, wird mit Freiheitsstrafe bis zu

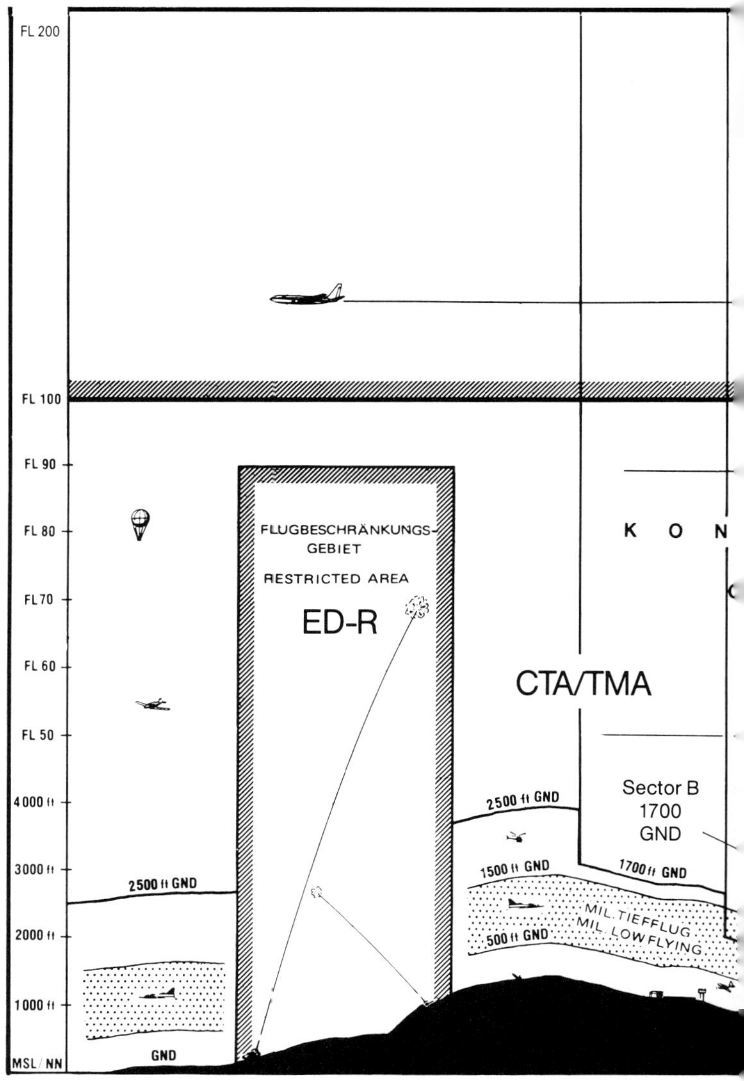

zwei Jahren oder mit Geldstrafe bestraft, wenn die Tat nicht in anderen Vorschriften mit schwererer Strafe bedroht ist.

(2) Wer die Tat fahrlässig begeht, wird mit Freiheitsstrafe bis zu sechs Monaten oder mit Geldstrafe bis zu einhundertachtzig Tagessätzen bestraft.

LuftVO § 43 **[Ordnungswidrigkeiten]** Ordnungswidrig im Sinne des § 58 Abs. 1 Nr. 10 des Luftverkehrsgesetzes handelt, wer vorsätzlich oder fahrlässig

□□□

17. entgegen § 10 Abs. 3 (kontrollierter Luftraum) einen untersagten Flug □□□ ausführt;

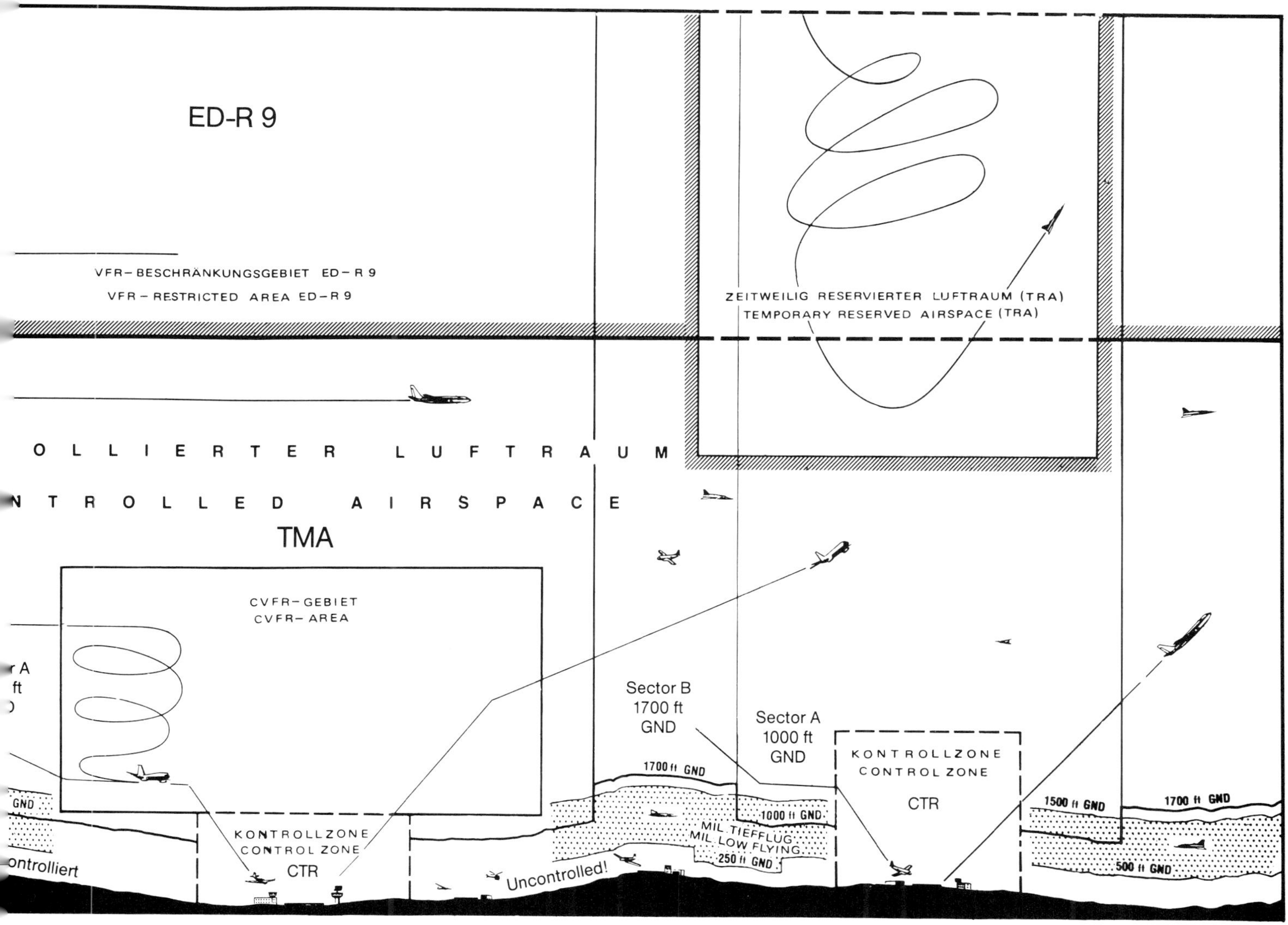

Flugbetrieb

Der Flugbetrieb richtet sich weitgehend nach den Vorschriften der Luftverkehrs-Ordnung, die für alle Luftfahrzeuge gleichermaßen gilt. Ergänzende Regeln für Gleitsegel und Hängegleiter sind in der Flugbetriebsordnung für Hängegleiter und Gleitsegel festgelegt.

Allgemeine Regeln

LuftVO § 1 **[Grundregeln für das Verhalten im Luftverkehr]** (1) Jeder Teilnehmer am Luftverkehr hat sich so zu verhalten, daß Sicherheit und Ordnung im Luftverkehr gewährleistet sind und kein anderer gefährdet, geschädigt oder mehr als nach den Umständen unvermeidbar behindert oder belästigt wird.
(2) Der Lärm, der bei dem Betrieb eines Luftfahrzeugs verursacht wird, darf nicht stärker sein, als es die ordnungsgemäße Führung oder Bedienung unvermeidbar erfordert.
(3) Wer infolge des Genusses alkoholischer Getränke oder anderer berauschender Mittel oder infolge geistiger oder körperlicher Mängel in der Wahrnehmung der Aufgaben als Führer eines Luftfahrzeuges behindert ist, darf kein Luftfahrzeug führen.

Anmerkung: Die Promille-Grenzen liegen im Luftverkehr erheblich niedriger als im Straßenverkehr. Bereits ab 0,7 ‰ BAK begeht der Pilot eine Straftat nach § 216 Strafgesetzbuch wegen absoluter Fluguntüchtigkeit, ab 0,4 ‰ BAK eine bußgeldpflichtige Ordnungswidrigkeit wegen relativer Fluguntüchtigkeit.

LuftVO § 3 **[Verantwortung des Luftfahrzeugführers]** (1) Der Luftfahrzeugführer hat das Entscheidungsrecht über die Führung des Luftfahrzeugs. Er hat die während des Flugs, bei Start und Landung und beim Rollen aus Gründen der Sicherheit notwendigen Maßnahmen zu treffen.
(2) Der Luftfahrzeugführer hat dafür zu sorgen, daß die Vorschriften dieser Verordnung und sonstiger Verordnungen über den Betrieb von Luftfahrzeugen sowie die in Ausübung der Luftaufsicht zur Durchführung des Flugs ergangenen Verfügungen eingehalten werden.

LuftPersV § 97a **[Vertrautmachen mit Luftsportgeräten]** Ein Luftsportgeräteführer muß sich vor Antritt eines Fluges mit einem Luftsportgerät, das er bisher nicht oder innerhalb der letzten 24 Monate nicht geführt oder bedient hat, in einer Luftfahrerschule oder durch einen Fluglehrer vertraut machen. Das theoretische und praktische Vertrautmachen hat sich auf den Aufbau und die Ausrüstung, auf die Führung und Bedienung des Luftsportgerätes im Normalflug und in besonderen Flugzuständen sowie auf das Verhalten in Notfällen und bei Unfällen zu erstrecken. Der Beauftragte kann allgemein oder im Einzelfall Ausnahmen zulassen. □□□

Sicherheitsausrüstung

LuftBO § 3 **[Kopfschutz, Rettungsgerät]**
□□□
(2) Luftsportgeräte dürfen nur mit einem zugelassenen Rettungsgerät betrieben werden. Luftsportgeräteführer und Fluggast müssen einen geeigneten Kopfschutz zur Abwehr von Verletzungen bei Unfällen oder sonstigen Störungen tragen. Der Beauftragte kann Ausnahmen zulassen. Absatz 1 bleibt unberührt.

Anmerkung: Für die Pflicht, ein Rettungsgerät mitzuführen, hat der Deutsche Hängegleiterverband als Beauftragter bei Flügen mit einem ständigen Abstand von weniger als 50 m über Grund eine Ausnahme zugelassen, siehe Flugbetriebsordnung.

Ebenfalls in der Flugbetriebsordnung ist das Mitführen einer **Rettungsschnur** mit einer Mindestlänge von 30 m und einer Mindestzerreißfestigkeit von 50 kp vorgeschrieben. Diese Rettungsschnur ermöglicht nach einer Baumlandung dem Piloten, Bergungsseile und anderes Rettungsmaterial heraufzuziehen.

Foto: Klaus Tänzler

Flugvorbereitung

LuftBO § 3a **[Umfang der Flugvorbereitung]** (1) Bei der Vorbereitung des Flugs hat der Luftfahrzeugführer sich mit allen Unterlagen und Informationen, die für die sichere Durchführung des Flugs von Bedeutung sind, vertraut zu machen und sich davon zu überzeugen, daß das Luftfahrzeug und die Ladung sich in verkehrssicherem Zustand befinden, die zulässige Flugmasse nicht überschritten wird, die vorgeschriebenen Ausweise vorhanden sind und die erforderlichen Angaben über den Flug im Bordbuch, soweit es zu führen ist, eingetragen werden.

□□□

(3) Ein Flug führt über die Umgebung eines Flugplatzes hinaus (Überlandflug), wenn der Luftfahrzeugführer den Verkehr in der Platzrunde nicht mehr beobachten kann.

LuftVO § 24 **[Prüfung der Flugvorbereitung und Ausweise]** Auf Verlangen der für die Wahrnehmung der Luftaufsicht zuständigen Personen oder Stellen hat

1. der Luftfahrzeugführer nachzuweisen, daß er den Flug ordnungsgemäß vorbereitet hat,
2. das Luftfahrtpersonal die vorgeschriebenen Ausweise, insbesondere die Scheine und Zeugnisse für die Besatzung und das Luftfahrzeug, zur Prüfung auszuhändigen.

Anmerkung: Spezielle Kriterien für das Flugwetter sind in der Flugbetriebsordnung festgelegt.

Sichtflugregeln

Die Mindestbedingungen für die Sicht müssen beim Start und während des gesamten Fluges eingehalten sein, das heißt, daß bei unbeständigen Wolkenlöchern nicht geflogen werden darf.

LuftVO § 29 **[Flüge im unkontrollierten Luftraum]**
1) Flüge nach Sichtflugregeln außerhalb des kontrollierten Luftraums in Höhen von weniger als 900 m (3000 Fuß) über Grund oder Wasser sind □ □ □ so durchzuführen, daß

1. der Luftfahrzeugführer Erdsicht und eine Flugsicht von mindestens 1,5 km hat und
2. das Luftfahrzeug Wolken nicht berührt.

□ □ □

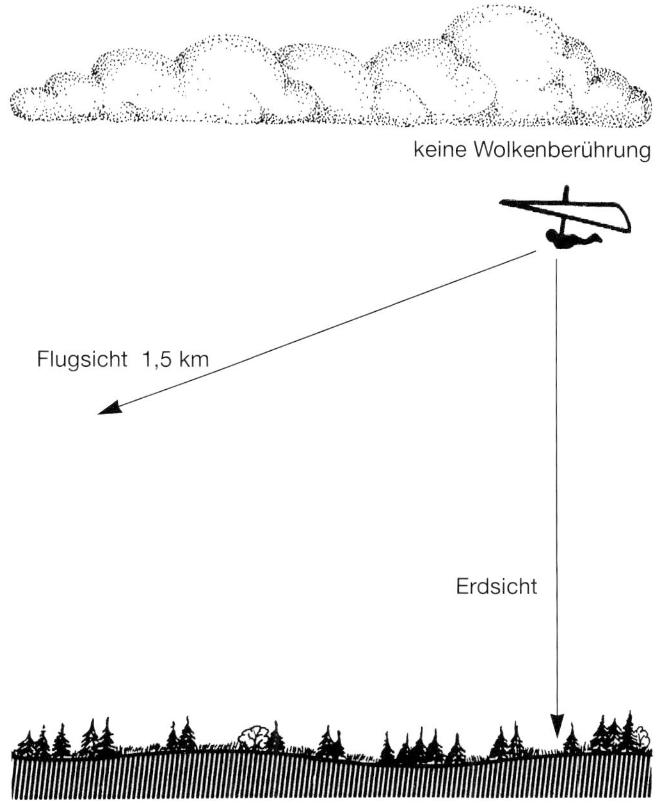

Verhalten im Flug

LuftVO § 6 **[Sicherheitsmindesthöhe]** (1) Die Sicherheitsmindesthöhe darf nur unterschritten werden, soweit es bei Start und Landung notwendig ist. Sicherheitsmindesthöhe ist die Höhe, bei der weder eine unnötige Lärmbelästigung im Sinne des §1 Abs.2 noch im Falle einer Notlandung eine unnötige Gefährdung von Personen und Sachen zu befürchten ist, mindestens jedoch über Städten, anderen dichtbesiedelten Gebieten und Menschenansammlungen eine Höhe von 300 m (1000 Fuß) über dem höchsten Hindernis in einem Umkreis von 600 m, in allen übrigen Fällen eine Höhe von 150 m (500 Fuß) über Grund oder Wasser. Segelflugzeuge, Hängegleiter, Gleitsegel und Ballone können die Höhe von 150 m auch unterschreiten, wenn die Art ihres Betriebes dies notwendig macht und eine Gefahr für Personen und Sachen nicht zu befürchten ist.
(2) Brücken und ähnliche Bauten sowie Freileitungen und Antennen dürfen nicht unterflogen werden.
□□□

LuftVO § 12 **[Vermeidung von Zusammenstößen]**
(1) Der Luftfahrzeugführer hat zur Vermeidung von Zusammenstößen zu Luftfahrzeugen sowie anderen Fahrzeugen und sonstigen Hindernissen einen ausreichenden Abstand einzuhalten. Im Fluge, ausgenommen bei Start und Landung, ist zu einzelnen Bauwerken oder anderen Hindernissen ein Mindestabstand von 150 m einzuhalten. § 6 Abs. 1 bleibt unberührt. Satz 2 gilt nicht für Segelflugzeuge, Hängegleiter, Gleitsegel und bemannte Freiballone; □□□

LuftVO § 13 **[Ausweichregeln]** (1) Luftfahrzeuge, die sich im Gegenflug einander nähern, haben, wenn die Gefahr eines Zusammenstoßes besteht, nach rechts auszuweichen.
(2) Kreuzen sich die Flugrichtungen zweier Luftfahrzeuge in nahezu gleicher Höhe, so hat das Luftfahrzeug, das von links kommt, auszuweichen. Jedoch haben stets auszuweichen:

1. motorgetriebene Luftfahrzeuge, die schwerer als Luft sind, den Luftschiffen, Segelflugzeugen, Hängegleitern, Gleitsegeln und Ballonen;
2. Luftschiffe den Segelflugzeugen, Hängegleitern, Gleitsegeln und Ballonen;
3. Segelflugzeuge, Hängegleiter, Gleitsegel den Ballonen;
4. motorgetriebene Luftfahrzeuge den Luftfahrzeugen, die andere Luftfahrzeuge oder Gegenstände erkennbar schleppen.

Motorsegler, deren Motor nicht in Betrieb ist, gelten bei Anwendung der Ausweichregeln als Segelflugzeuge.
(3) Überholt ein Luftfahrzeug ein anderes, so hat das überholende Luftfahrzeug, auch wenn es steigt oder sinkt, den Flugweg des anderen zu meiden und seinen Kurs nach rechts zu ändern. Ein Luftfahrzeug überholt ein anderes, wenn es sich dem anderen von rückwärts in einer Flugrichtung nähert, die einen Winkel von weniger als 70 Grad zu der Flugrichtung des anderen bildet. □□□
(4) Luftfahrzeugen im Endteil des Landeanflugs und landenden Luftfahrzeugen ist auszuweichen.
(5) Von mehreren einen Flugplatz gleichzeitig zur Landung anfliegenden Luftfahrzeugen, die schwerer als Luft sind, hat das höher fliegende dem tiefer fliegenden Luftfahrzeug auszuweichen. Jedoch haben motorgetriebene Luftfahrzeuge, die schwerer als Luft sind, anderen Luftfahrzeugen in jedem Fall auszuweichen. Ein tiefer fliegendes Luftfahrzeug darf ein anderes Luftfahrzeug, das sich im Endteil des Landeanflugs befindet, nicht unterschneiden oder überholen.
(6) Ein Luftfahrzeug darf erst starten, wenn keine Gefahr eines Zusammenstoßes besteht.

Foto: Günter Kozeny

(7) Ein Luftfahrzeug hat einem anderen Luftfahrzeug, das erkennbar in seiner Manövrierfähigkeit behindert ist, auszuweichen.
(8) Ein Luftfahrzeug, das nach den Absätzen 1 bis 5 und 7 nicht auszuweichen oder seinen Kurs zu ändern hat, muß seinen Kurs und seine Geschwindigkeit beibehalten, bis eine Zusammenstoßgefahr ausgeschlossen ist.
(9) Die Vorschriften über die Ausweichregeln entbinden die beteiligten Luftfahrzeugführer nicht von ihrer Verpflichtung, so zu handeln, daß ein Zusammenstoß vermieden wird. Ein Luftfahrzeug, das nach den Absätzen 2 bis 5 und 7 einem anderen Luftfahrzeug ausweichen oder dessen Flugweg meiden und seinen Kurs ändern muß, darf das andere Luftfahrzeug nur in einem Abstand überfliegen, unterfliegen oder vor diesem vorbeifliegen, der eine Gefährdung oder Behinderung dieses Luftfahrzeugs ausschließt.

Anmerkung:
Weitere Abstands- und Ausweichregeln speziell für Gleitsegel und Hängegleiter sind in der Flugbetriebsordnung festgelegt.

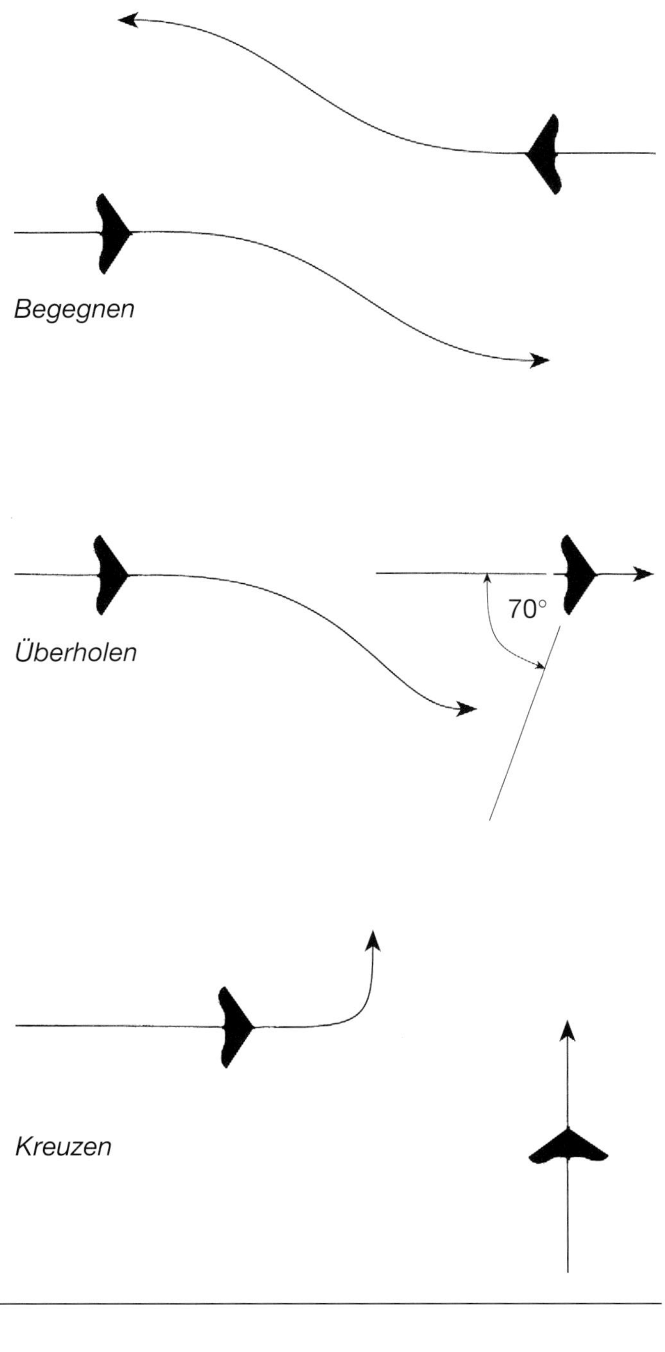

Foto: Günter Kozeny

Foto: Klaus Tänzler

Betriebliche Besonderheiten

LuftVO § 7 **[Abwerfen von Gegenständen]** (1) Das Abwerfen oder Ablassen von Gegenständen oder sonstigen Stoffen aus oder von Luftfahrzeugen ist verboten. Dies gilt nicht für Ballast in Form von Wasser oder feinem Sand, für Treibstoffe, Schleppseile, Schleppbanner und ähnliche Gegenstände, wenn sie an Stellen abgeworfen oder abgelassen werden, an denen eine Gefahr für Personen oder Sachen nicht besteht.
□□□

LuftVO § 8 **[Kunstflug]** (1) □□□ Kunstflüge mit Luftsportgeräten sind nicht erlaubt.

Anmerkung: Kunstflug sind Flugzustände mit einer Neigung von mehr als 60 Grad um die Quer- oder Längsachse oder mit gegenläufiger Flügelanströmung (z.B. Trudeln). Die besondere Gefährlichkeit des Kunstfluges ist hauptsächlich technischer Art: Die technischen Prüfungen der Geräte beschränken sich auf die normalen Fluglagen. Kunstflug kann zum Versagen eines jeden Gerätes führen und ist deshalb auch eine unzulässige Überschreitung der Gerätebetriebsgrenzen.

LuftVO § 9 **[Reklameflüge]** □□□ (4) Reklameflüge, bei denen die Reklame nur in der Beschriftung des Luftfahrzeugs besteht, bedürfen keiner Erlaubnis.
(5) Flüge zur Reklame mit akustischen Mitteln sind verboten.

LuftVO § 14 **[Wolkenflug]** □□□ Wolkenflüge mit Luftsportgeräten sind nicht erlaubt.

LuftVO § 33 **[Flüge bei Nacht]** □□□ Als Nacht gilt der Zeitraum zwischen einer halben Stunde nach Sonnenuntergang und einer halben Stunde vor Sonnenaufgang. Flüge nach Sichtflugregeln bei Nacht mit Luftsportgeräten □□□ sind nicht erlaubt.

Foto: Klaus Tänzler

LuftVO § 34 **[Such- und Rettungsflüge]** Bei Flügen mit Such- und Rettungseinsatz oder zur Hilfeleistung bei einer Gefahr für Leib und Leben einer Person kann von den §§ 28 bis 33 abgewichen werden.

LuftVZO § 74 **[Luftfahrtveranstaltungen]** □ □ □ (4) Luftfahrtveranstaltungen, an denen nur Flugmodelle, Hängegleiter oder Gleitsegel teilnehmen, die nicht der Verkehrszulassungspflicht unterliegen, bedürfen nicht der Genehmigung.

Für **Passagierflüge** muß der Pilot eine besondere Berechtigung besitzen, und das Gerätemuster muß für den doppelsitzigen Betrieb zugelassen sein.

Schleppflüge erfordern ebenfalls eine besondere Berechtigung für Pilot und Windenführer und die entsprechende Musterzulassung. Schlepp hinter Ultraleichtflugzeugen ist mit Hängegleitern gestattet, mit Gleitsegeln nicht.

Motorgetriebene Gleitsegel und Hängegleiter sind Ultraleichtflugzeuge. Sie unterliegen den für Ultraleichtflugzeuge geltenden Vorschriften.

Foto: Charlie Jöst

Foto: Klaus Tänzler

Betriebsstörungen und Unfälle

Anders als im Straßenverkehr besteht in der Luftfahrt ein engmaschiges System für die Gefahren- und Unfallmeldung und für die Signalgebung. Die Unfallverhütung steht im Vordergrund.

LuftVO § 20 **[Gefahrenmeldung]** Der Luftfahrzeugführer hat Beobachtungen über Gefahren für den Luftverkehr unverzüglich der für ihn zuständigen Flugverkehrskontrollstelle zu melden. Die Meldungen sollen alle Einzelheiten enthalten, die für die Gewährleistung der Sicherheit des Luftverkehrs wesentlich sind.

LuftVO § 21 **[Signale]** □ □ □ (2) Die Signale □ □ □ der Anlage 2 sind nur für die darin beschriebenen Zwecke anzuwenden; andere Signale □ □ □, die hiermit verwechselt werden können, dürfen nicht verwendet werden.

□ □ □

Anlage 2 zu § 21 LuftVO – § 1 **[Wahl der Signale]** Der Führer eines Luftfahrzeugs darf in einer Notlage jedes verfügbare Mittel benutzen, um sich bemerkbar zu machen, seinen Standort bekanntzugeben und Hilfe herbeizurufen.

Anlage 2 zu § 21 LuftV0 – § 2 **[Notsignale]** Die folgenden, entweder zusammen oder einzeln gegebenen, Signale bedeuten, daß schwere und unmittelbare Gefahr droht und daß sofortige Hilfe angefordert wird:

1. Ein durch Tastfunk oder auf andere Art gegebenes Signal, das aus der Gruppe SOS(··· --- ··· des Morsealphabets) besteht;
2. ein durch Sprechfunk gegebenes Signal, das aus dem gesprochenen Wort »MAYDAY« besteht;
3. einzeln und in kurzen Zeitabständen abgefeuerte rotleuchtende Raketen oder Leuchtkugeln;
4. ein Leuchtfallschirm mit rotem Licht.

LuftVO § 5 **[Anzeige von Flugunfällen und sonstigen Störungen]** □ □ □ (2) Störungen bei dem Betrieb eines Luftfahrzeugs, bei denen eine Person getötet oder schwer verletzt worden ist oder ein Luftfahrzeug einen schweren Schaden erlitten oder verursacht hat, hat der Luftfahrzeugführer, bei dessen Behinderung □ □ □ der Halter des Luftfahrzeugs □ □ □ unverzüglich der nächst erreichbaren Polizeidienststelle zur Weiterleitung an die Luftfahrtbehörde des Landes □ □ □ anzuzeigen. □ □ □

(3) Absatz 2 findet auch auf Störungen Anwendung, die sich bei dem Betrieb eines deutschen Luftfahrzeugs außerhalb des Geltungsbereichs dieser Verordnung ereignet haben; die Anzeige ist jedoch unmittelbar an das Luftfahrt-Bundesamt zu erstatten. □ □ □

(4) Die Anzeigen nach den Absätzen 1 bis 3 sollen enthalten:

a) Namen und derzeitigen Aufenthalt des Anzeigenden,
b) Ort und Zeit der Störung,
c) Art, Muster und Kenn- und Rufzeichen des Luftfahrzeugs,
d) Namen des Halters des Luftfahrzeugs,
e) Zweck des Flugs, Start- und Zielflugplatz,
f) Namen des Luftfahrzeugführers,
g) Anzahl der Besatzungsmitglieder und Fluggäste,
h) Umfang des Personen- und Sachschadens,
i) Darstellung des Störungsablaufes.

(5) Störungen bei dem Betrieb von Luftsportgeräten hat der Halter des Luftsportgerätes innerhalb von drei Tagen dem Luftfahrt-Bundesamt und dem vom Bundesminister für Verkehr Beauftragten schriftlich anzuzeigen. Absatz 2 findet Anwendung mit der Maßgabe, daß an die Stelle der Luftfahrtbehörde des Landes der Beauftragte tritt. Die Absätze 3 und 4 bleiben unberührt.

Anmerkung: Als schwere Verletzungen beim Gleitsegeln gelten Knochenbrüche – außer Finger, Zehe und Nasenbein – und andere Verletzungen, die zu einem stationären Krankenhausaufenthalt von mehr als 48 Stunden führen. Unter schwerem Schaden am Fluggerät ist Totalschaden zu verstehen.

Aufsicht

LuftVG § 29 **[Luftaufsicht]** (1) Die Abwehr von Gefahren für die Sicherheit des Luftverkehrs sowie für die öffentliche Sicherheit oder Ordnung durch die Luftfahrt (Luftaufsicht) ist Aufgabe der Luftfahrtbehörden und der für die Flugsicherung zuständigen Stellen. Sie können in Ausübung der Luftaufsicht Verfügungen erlassen. □□□

Anmerkung: Auf Flugplätzen und Geländen, die ausschließlich dem Betrieb von Hängegleitern und Gleitsegeln dienen, obliegt die Aufsicht dem Deutschen Hängegleiterverband und dem Geländehalter. Einzelheiten der Aufsicht sind in der Flugbetriebsordnung für Hängegleiter und Gleitsegel festgelegt.

Foto: Klaus Tänzler

Flugbetriebsordnung

Auszug aus der übergangsweisen Fassung

Abschnitt I: Flugvorbereitung

□□□

5. Bei Flügen mit einem ständigen Abstand von weniger als 50 m über Grund muß ein Rettungsgerät nicht mitgeführt werden.

6. Der Pilot hat eine Rettungsschnur mit einer Mindestlänge von 30 m und einer Mindestzerreißfestigkeit von 500 N (ca. 50 kp) mitzuführen.

7. Der Start darf nur erfolgen, wenn Windrichtung und Windgeschwindigkeit einen gefahrlosen Flug zulassen. Ein Start darf nicht erfolgen, wenn die höchste Windgeschwindigkeit am Startplatz 2/3 der höchsterfliegbaren oder höchstzulässigen Geschwindigkeit des Fluggerätes übersteigt.

   Die Windverhältnisse müssen erwarten lassen, daß der Pilot den nächstgelegenen ordnungsgemäßen Landeplatz (nicht Notlandefläche) zuverlässig erreicht. Dabei sind die Geländeverhältnisse, das Fluggerät und das Leistungsvermögen des Piloten zu berücksichtigen.

   Bei stark turbulenten Windverhältnissen darf nicht gestartet werden. Je höher die Windgeschwindigkeit ist, desto turbulenzfreier muß die Flugstrecke sein.

□□□

Abschnitt II: Startleiter

1. Der Startleiter wird vom Flugplatzhalter (Geländehalter) bestellt.

2. Der Startleiter muß den Befähigungsnachweis (Luftfahrerschein F) für Hängegleiter, Gleitsegel oder Gleitflugzeuge besitzen.□□□

3. Der Startleiter ist für das gesamte Fluggebiet zuständig, also auch für verschiedene Startstellen am gleichen Flugplatz (Fluggelände). Seine Entscheidungen sind vorrangig.

4. Wenn ein Startleiter anwesend ist, so darf nur nach ausdrücklicher Startfreigabe durch den Startleiter gestartet werden.

□□□

5. Erläßt der Startleiter ein generelles Startverbot, so darf auch bei seiner Abwesenheit niemand starten, solange der Grund für das Startverbot fortbesteht.

□□□

9. Die Startfreigabe durch den Startleiter entbindet den Piloten nicht von seiner persönlichen Sorgfaltspflicht. Der Pilot startet auf eigene Gefahr und in eigener Verantwortung. □□□

10. Weitergehende Auflagen von Behörden und Geländehalter sind vorrangig.

Abschnitt III: Allgemeine Flugregeln

1. Als senkrechter und waagrechter Sicherheitsabstand ist einzuhalten
   - 100 m zu Autobahnen;
   - 50 m zu allen anderen Straßen mit Fahrverkehr und zu Eisenbahnlinien;

- 50 m zu Skipisten, Liften und Bergbahnanlagen, sofern diese in Betrieb sind.

Diese Mindestabstände gelten auch für die Landung. Weitergehende Abstandsvorschriften sind vorrangig.

□ □ □

4. □ □ □ Vor dem Einleiten der Kehre ist besonders darauf zu achten, daß keine anderen Luftfahrzeuge auf demselben Kurs und in derselben Höhe nachfolgen.

5. Bei einer Begegnung am Hang ist der Pilot ausweichpflichtig, der den Hang zur linken Seite hat.

6. Anfliegende, abfliegende oder kreuzende Fluggeräte weichen den Fluggeräten aus, die sich im Hangaufwind oder im Thermikkreis befinden. Geradeausfliegende Fluggeräte weichen den kreisenden Fluggeräten aus.

7. Die Drehrichtung in der Thermik wird von dem Fluggerät bestimmt, das sich zuerst in der Thermik befindet.

8. Das langsamer steigende Fluggerät weicht dem schneller steigenden aus.

9. Der Landeanflug setzt sich zusammen aus Position, Gegenanflug, Queranflug und Endanflug, eingeordnet in den übrigen Flugbetrieb. Wenn die örtlichen Verhältnisse nicht entgegenstehen, ist die Drehrichtung links.

□ □ □

11. Gelände- und flugplatzbezogene spezielle Flugregeln sind zu beachten.

12. bei Notfällen mit möglichem Hubschraubereinsatz ist der Luftraum um das Unfallgebiet weiträumig freizuhalten.

□ □ □

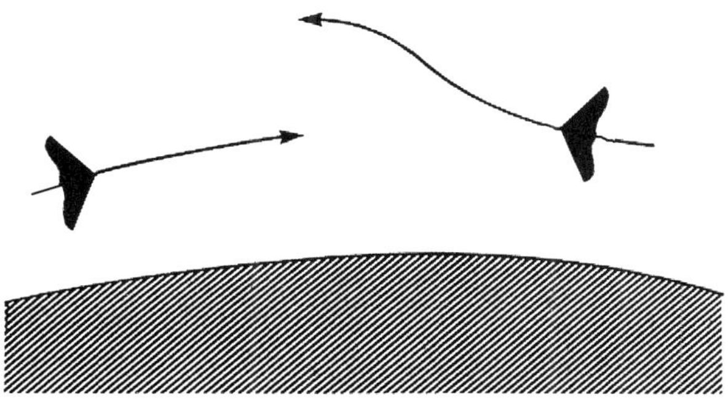

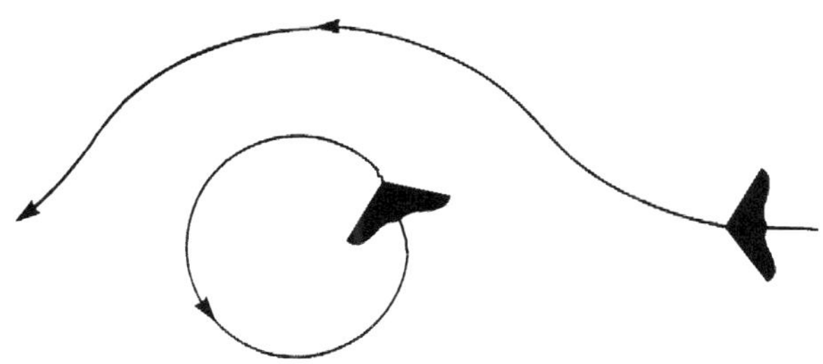

Straf- und Bußgeldvorschriften

LuftVG § 59 **[Luftverkehrsgefährdung]** (1) Wer als Führer eines Luftfahrzeugs oder als sonst für die Sicherheit Verantwortlicher durch grob pflichtwidriges Verhalten gegen eine im Rahmen der Luftaufsicht erlassene Verfügung (§ 29) verstößt und dadurch Leib oder Leben eines anderen oder fremde Sachen von bedeutendem Wert gefährdet, wird mit Freiheitsstrafe bis zu fünf Jahren oder mit Geldstrafe bestraft.
(2) Wer die Tat fahrlässig begeht, wird mit Freiheitsstrafe bis zu zwei Jahren oder mit Geldstrafe bestraft.

LuftVG § 58 **[Ordnungswidrigkeiten]** (1) Ordnungswidrig handelt, wer vorsätzlich oder fahrlässig
1. den im Rahmen der Luftaufsicht (§ 29) erlassenen Verfügungen zuwiderhandelt,

□□□

LuftVO § 43 Ordnungswidrig im Sinne des § 58 Abs. 1 Nr.10 des Luftverkehrsgesetzes handelt, wer vorsätzlich oder fahrlässig
1. als Teilnehmer am Luftverkehr entgegen § 1 Abs.1 sich so verhält, daß ein anderer gefährdet, geschädigt oder mehr als nach den Umständen unvermeidbar behindert oder belästigt wird;
2. entgegen § 1 Abs. 2 Lärm bei dem Betrieb eines Luftfahrzeugs verursacht, der stärker ist, als es die ordnungsgemäße Führung oder Bedienung unvermeidbar erfordert;
3. entgegen § 1 Abs. 3 ein Luftfahrzeug führt oder als anderes Besatzungsmitglied tätig wird, obwohl er infolge des Genusses alkoholischer Getränke oder anderer berauschender Mittel oder infolge geistiger oder körperlicher Mängel in der Wahrnehmung seiner Aufgabe behindert ist, wenn die Tat nicht in den §§ 315 a und 316 des Strafgesetzbuchs mit Strafe bedroht ist;

□□□

5. einer Vorschrift des § 3 über die Pflichten des Luftfahrzeugführers zuwiderhandelt;
6. entgegen § 3 a Abs. 1 oder 2 die Flugvorbereitung nicht oder nicht ordnungsgemäß durchführt;
7. einer Vorschrift des § 4 Abs. 2, § 28 Abs. 1, 2 oder 4, § 29 Abs. 1 oder 2, § 31 Abs. 1, 2 oder 4, § 32 oder § 33 über Flüge nach Sichtflugregeln zuwiderhandelt;

□□□

10. als Halter, Führer oder anderes Besatzungsmitglied entgegen § 5 Abs. 1, 2, 3 oder 5 Störungen bei dem Betrieb eines Luftfahrzeugs nicht, nicht rechtzeitig oder nicht ordnungsgemäß anzeigt;
11. entgegen § 6 Abs. 1 die Sicherheitsmindesthöhe unterschreitet oder entgegen § 6 Abs. 2 Brücken oder ähnliche Bauten, Freileitungen oder Antennen unterfliegt;
12. entgegen § 7 Abs. 1 Gegenstände oder sonstige Stoffe abwirft oder abläßt;
13. entgegen § 8 Kunstflüge ausführt;
14. entgegen § 9 Abs. 1, 2 oder 5 Schlepp- oder Reklameflüge ausführt;

□□□

18. einer Vorschrift des § 12 oder § 19 Abs. 1 zur Vermeidung von Zusammenstößen zuwiderhandelt;
19. eine Ausweichregel des § 13 nicht befolgt;

□□□

24. entgegen § 20 Satz 1 eine Beobachtung über eine Gefahr für den Luftverkehr nicht, nicht unverzüglich oder nicht ordnungsgemäß meldet;
25. einer Vorschrift des § 21 über Signale und Zeichen zuwiderhandelt;

□□□

LuftBO § 57 Ordnungswidrig im Sinne des § 58 Abs. 1 Nr. 10 des Luftverkehrsgesetzes handelt, wer vorsätzlich oder fahrlässig
2. als Halter von Luftfahrtgerät, Betriebsleiter oder Luftfahrzeugführer
a_o) entgegen § 3 Abs. 2 Satz 1 ein Luftsportgerät ohne zugelassenes Rettungsgerät betreibt;

□□□

7a. entgegen §3 Abs. 2 Satz 2 keinen geeigneten Kopfschutz trägt;

□□□

Haftung und Versicherung

Das Haftungs- und Versicherungsrecht im Luftverkehr ist ähnlich dem im Straßenverkehr. Gekennzeichnet ist dieses Rechtsgebiet durch verschärfte Haftungs- und Versicherungsbestimmungen, wobei – und darin liegt ein Unterschied zum Straßenverkehr – auch Gleitsegel und Hängegleiter als motorlose Luftfahrzeuge unter diese verschärften Bestimmungen fallen.

Verschuldens- und Gefährdungshaftung

Wer schuldhaft – nämlich fahrlässig oder vorsätzlich – einen Schaden verursacht, hat nach dem Bürgerlichen Gesetzbuch (BGB) dem Geschädigten den Schaden zu ersetzen. Diese Ersatzpflicht gilt für alle Lebensbereiche, für Familie, Freizeit, Beruf, Straßenverkehr und auch den Luftverkehr. Ersatzpflichtig ist immer der Schuldige (Verschuldenshaftung), im Luftverkehr normalerweise der Pilot. Umgekehrt entfällt die Verschuldenshaftung, wenn ein Verschulden fehlt. Dies ist im Luftverkehr denkbar, wenn beispielsweise der Pilot überraschend ohnmächtig wird und einen Unfall mit Drittschaden verursacht. Gäbe es nur die Verschuldenshaftung, würde in diesem Beispiel der Geschädigte leer ausgehen.

Dem Geschädigten bleibt jedoch ein zweiter Ersatzanspruch gegen den Halter des beteiligten Luftfahrzeuges. Diese Ersatzpflicht des Halters heißt Gefährdungshaftung oder Haftung aus der Betriebsgefahr. Sie besteht auch dann, wenn ein Verschulden nicht vorliegt. Der Gesetzgeber hat sie besonders für den Kraftfahrzeug- und den Luftverkehr geschaffen, weil von den Autos und den Luftfahrzeugen für die Allgemeinheit eine besondere Gefahr ausgeht, der die bloße Verschuldenshaftung nicht gerecht wird.

Verschuldens- und Gefährdungshaftung können für denselben Sachverhalt nebeneinander bestehen. Der

Geschädigte hat den Ersatzanspruch jedoch nur einmal – auf den höheren der beiden Anspruchsbeträge.

LuftVG § 33 **[Ersatzpflicht des Halters und des Benutzers]** (1) Wird beim Betrieb eines Luftfahrzeugs durch Unfall jemand getötet, sein Körper oder seine Gesundheit verletzt oder eine Sache beschädigt, so ist der Halter des Luftfahrzeugs verpflichtet, den Schaden zu ersetzen. □ □ □ Wer Personen zu Luftfahrern ausbildet, haftet diesen Personen gegenüber nur nach den allgemeinen gesetzlichen Vorschriften.

(2) Benutzt jemand das Luftfahrzeug ohne Wissen und Willen des Halters, so ist er an Stelle des Halters zum Ersatz des Schadens verpflichtet. Daneben bleibt der Halter zum Ersatz des Schadens verpflichtet, wenn die Benutzung des Luftfahrzeugs durch sein Verschul-

den ermöglicht worden ist. Ist jedoch der Benutzer vom Halter für den Betrieb des Luftfahrzeugs angestellt oder ist ihm das Luftfahrzeug vom Halter überlassen worden, so ist der Halter zum Ersatz des Schadens verpflichtet; die Haftung des Benutzers nach den allgemeinen gesetzlichen Vorschriften bleibt unberührt.

Haftungsgrenzen

Wenn Verschuldenshaftung vorliegt, gibt es keine Haftungshöchstgrenzen. Wenn beispielsweise bei einem Luftfahrzeugunfall der Schaden 3,5 Mio. DM beträgt, dann hat der schuldige Pilot für 3,5 Mio. DM zu haften. Dagegen ist die Gefährdungshaftung der Höhe nach begrenzt.

LuftVG § 37 **[Haftungshöchstbeträge]** (1) Der Ersatzpflichtige haftet für die Schäden aus einem Unfall

a) – bei Flugmodellen bis 20 Kilogramm Höchstgewicht,

– bei anderen Luftfahrzeugen, soweit sie nicht durch Verbrennungsmotor angetrieben werden können, bis 750 Kilogramm Gewicht

bis zu 2,5 Millionen Deutsche Mark.

□□□

(2) Die Höchstsumme des Schadensersatzes für jede verletzte Person beträgt 500 000 Deutsche Mark.

□□□

Foto: Michael Weingartner

Versicherungspflicht

Zunächst ist der Haftpflichtige stets persönlich ersatzpflichtig, sei es als Pilot auf Grund Verschuldenshaftung oder als Halter auf Grund Gefährdungshaftung oder er haftet auf Grund von Gefährdungs- und Verschuldenshaftung, wenn – wie im Gleitsegelsport üblich – der Pilot mit dem Halter identisch ist. Der Geschädigte kann sich also unmittelbar an den Piloten bzw. Halter wenden. Er riskiert freilich, daß dort nicht genügend Geld zu holen ist.
Deshalb hat der Gesetzgeber die Gefährdungshaftung zusätzlich dadurch abgesichert, daß er Versicherungspflicht für die Schadensfälle aus der Gefährdungshaftung vorgeschrieben hat. Jeder Halter eines Kraftfahrzeugs oder Luftfahrzeugs ist verpflichtet, dafür eine Haftpflichtversicherung abzuschließen. Obwohl die Versicherungspflicht sich auf die Gefährdungshaftung des Halters beschränkt, ist in den Versicherungsverträgen zwischen Halter und Haftpflichtversicherer üblicherweise auch die Verschuldenshaftung des berechtigten Piloten mitversichert.

LuftVG § 43 **[Haftpflichtversicherung]** (1) Zur Sicherung der in diesem Unterabschnitt genannten Schadensersatzforderungen ist der Halter des Luftfahrzeugs verpflichtet, □ □ □ eine Haftpflichtversicherung abzuschließen.
□ □ □

LuftVZO § 103 **[Versicherungsnachweis]** □ □ □ (5) Die zuständige Stelle kann jederzeit die Vorlage des Versicherungsscheins und den Nachweis über die Zahlung des letzten Beitrags verlangen. Bei dem Betrieb von Luftfahrzeugen, die nicht der Verkehrszulassung nach § 6 bedürfen, ist als Versicherungsnachweis eine Bescheinigung des Versicherers mitzuführen, aus der Umfang und Dauer des Versicherungsschutzes ersichtlich sind. Liegt Gruppenversicherung vor, kann die Bescheinigung mit Ermächtigung des Versicherers vom Versicherungsnehmer ausgestellt werden, wobei der Name und die Anschrift des Versicherers anzugeben sind. Die Bescheinigung ist den zuständigen Stellen auf Verlangen vorzuzeigen.
Wenn keine Versicherung abgeschlossen ist, tritt keine Versicherung für den Halter und den Piloten ein und beide sind persönlich ersatzpflichtig. Wer ein Fluggerät »ohne Wissen und Willen des Halters« benutzt, hat keinen Versicherungsschutz, auch nicht von seiner eigenen Versicherung. Wenn den Geschädigten ein Mitverschulden trifft, beispielsweise bei einer Kollision, so mindert sich der Ersatzanspruch entsprechend dem Grad des Mitverschuldens.

LuftVZO § 108 **[Ordnungswidrigkeiten]** Ordnungswidrig im Sinne des § 58 Abs. 1 Nr. 10 des Luftverkehrsgesetzes handelt, wer vorsätzlich oder fahrlässig
□ □ □
5. als Führer eines Luftfahrzeuges entgegen
   □ □ □
   d) § 103 Abs. 5 Satz 2 die Bescheinigung über die Haftpflichtversicherung beim Betrieb des Luftfahrzeugs nicht mitführt;
   □ □ □

DHV-anerkannte Hängegleiterflugschulen

Usedomer Fliegerclub e. V.
Jörg Papenhausen
Waldstraße 47/Frankowiak
17449 Karlshagen

Drachenflugschule Frank Seide
Frank Seide
Ottogerd-Mühlmann-Str. 7
07743 Jena
0 36 41/425726

Sportfliegerschule Dresden
Edward Lenzen
Karl-Liebknecht-Straße 30
01109 Dresden
0221/438342

Drachenflieger-Club Berlin e.V.
Ulrich Clasen
Winfriedstraße 3
14169 Berlin
030/8115103

Drachenflugschule Tom Schulz
Thomas Schulz
Trabener Straße 67
14193 Berlin
030/8919410, Fax 030/8916996

Flugschule Lukas Bader
Lukas Bader
Roonstraße 1
14163 Berlin
030/8024884

Hamburger Drachenflugschule
Helmut Wilms
Ahrensburger Straße 119 B
22045 Hamburg
040/6681914

Drachenflugschule Kiel
Heino Glüsing
Alte Lübecker Chaussee 25
24113 Kiel
0431/697823

Drachenfliegerclub Weser e. V.
Peter Obermeier
Alb.-Dürer-Straße 11 a
28209 Bremen
0421/3478492

Die Aeronauten
Ralf Schauwacker
Reuterstraße 9 – 17
28217 Bremen
0421/384607

Drachenflugschule Bremen-Worpswede e. V.
Steffen Bockstaller
Bergstraße 9
27726 Worpswede
04792/7507

Norddeutsche Drachenflugschule
Alfred Kuhnert
Mittelstraße 6
30890 Barsinghausen
05035/574

Flugschule Pegasus
Michael Nobel
Raabestraße 4
31167 Bockenem
05067/5499

Drachenflugschule Solling
Vito Baeumer
Benderweg 36
37586 Dassel
05562/423 und 05561/2048

Drachenflugschule Goslar
Werner Musiol
Friesenstraße 12
38640 Goslar
05321/18899, Fax 05321/41764

Reinhold's Drachenflugschule
Reinhold Schöttler
Waldecker Straße 33
34508 Willingen
05632/6534

Drachensport Gerlich & Co. GmbH
Robert Treumann
Welleringhausen 28
34508 Willingen/Welleringhausen
05632/5198, Fax 05632/1080

Willinger FS Strucl & Lenze GbR
Elmar Lenze
Zur Hoppecke 12
34508 Willingen
05632/69830, Fax 05632/4199

Uwe's Drachenflugschule
Uwe Widzgowski
Schröcker Straße 43
35043 Marburg
06424/5099

Drachenflugschule Battenberg
Jürgen Hansmeyer
Sudetenstraße 10
35066 Frankenberg
06451/21911

A. Schulze-Oechtering Flugsport GmbH
Albert Schulze-Oechtering
Hackfurthstraße 50
46244 Bottrop
02045/83269, Fax 02045/82740

DFC Hochsauerland e.V.
Eric Baltussen
Neue Heimat 16
45359 Essen
0201/691398

Vestischer Drachenflieger Verein
Kurt Pfeiffer
Saturnweg 20
45770 Marl
02365/59712

Flugschule Mundorf Vogel
Götz Vogel
Lange Straße 26
33790 Halle
05201/666262, Fax 05201/666364

Drachenflugschule + Shop Werther
Udo Wilhelm
Schwarzer Weg 2 – 4
33824 Werther
05203/1475

Drachenflug-Center Peter Bork
Peter Bork
Herzog-Ferdinand-Straße 61
32425 Minden
0571/43083, Fax 0571/43084

Drachenflugschule Oberberg
Arno Gröbner
Cosimastraße 2
51674 Wiehl
02262/92430

Drachenflugschule Theo Neuhalfen
Theo Neuhalfen
Kleiststraße 1
53639 Königswinter
02244/81231

Drachenflugschule Rheinland-Vulkaneifel
Stefan Mühl
Zum Moor 5
56767 Mosbruch
02692/8288

Drachenflugschule Saar-Mosel
Paul Loch
Bergstraße 14
54518 Platten
06535/1047

Luftsportzentrum Vulkaneifel
Joachim Jung
Gartenstraße 16
54550 Daun
06592/10185, Fax 8639

Westdeutsche Drachenflugschule
Elmar Müller
Talstraße 12 – 14
59955 Winterberg
02981/6640

Flugschule Bergstraße-Odenwald
Karl-Heinz Teichmann
Kronberger Straße 9
63128 Dietzenbach
06074/41697

Drachenflugschule Feldberg Hochtaunus
Josef Ernst
Breslauer Straße 2
65232 Taunusstein
06128/8190

Drachenflugschule Koblenz
Engelbert Schwanke
Kaubstraße 5
65391 Lorschhausen
06726/1055, Fax 06726/2258

Taunus Drachenflieger e.V.
Alfred Geiss
Gartenstraße 8
65779 Kelkheim

EXIL-Deutsche Drachenflugschule
Michael Sattler
Bahnhofstraße 22
65551 Limburg

Flugcenter Wasserkuppe
Karl Werner Stockert
Obernhausen 48 a
36129 Gersfeld
06654/7548

Drachenflugschule Vogelsberg-Taunus
Dieter Schäfer
Gartenstraße 2
55758 Vollmersbach
06781/31770

Drachenflugschule Saar
Helmut Bonertz
Schneiderstraße 19
66687 Wadern-Wadrill
06871/4859

Drachenflugschule Hartmut Andres
Hartmut Andres
Bliesweg 2
66424 Homburg
06848/1555

Flugschule UL-Centrum Süd/West
Horst Storzum
Schillerstraße 18
67246 Dirmstein
06238/2739

Thermikgeier Flugschule
Manfred Laudahn
Werderstraße 26
69120 Heidelberg
06221/402464

Flugschule Sunrise Weiheim
Kai Ehrenfried
Untergasse 27
69469 Weinheim
06201/182911

Drachenflugschule Rhein-Main-Neckar
Heinz-Jürgen Weise
Hauptstraße 61
69488 Birkenau
06201/34626, Fax 06201/34168

Luftikus, Eugens Flugschule
Eugen Köninger
Hartwaldstraße 65 B
70378 Stuttgart
0711/537928

Drachenflugschule Remstal
Hans-Peter Seibold
Silcherweg 16
73655 Plüderhausen
07181/84625

DC Donzdorf e. V.
Edmund Abele
Hauptstraße 61
73033 Göppingen

Drachenflugschule Karlheinz Rasp
Karlheinz Rasp
Lindenstraße 15
75433 Maulbronn
07043/7533

Flugschule Frank
Wilfried Frank
Fasanenweg 8
71522 Backnang
07191/65475

HB Drachensport
Hermann Brodbeck
Christian-Schubart-Straße 17
74544 Michelbach
0791/41151

Drachenfliegerverein Spaichingen e.V.
Walter Probst
Silcherstraße 20
78549 Spaichingen
07424/6172

Drachenflugschule Rottweil
Walter Albert
Alemannenstraße 11
78628 Rottweil
0741/21956

Flugschule Göppingen
Klaus Irschik
Zeppelinstraße 3
73105 Dürnau
07164/12021, Fax 07164/12029

Flugschule Tübingen
Günther Koch
Alberstraße 3
72074 Tübingen
07071/81144

Drachen-Schule Albatros
Hans-Jürgen Klose
Grießstraße 9
72820 Sonnenbühl
07128/463

Flamingo-Flugschule
Ludwig Thalhofer
Auchtertstraße 22
72639 Neuffen
07025/6196

Drachenflugschule
Nordschwarzwald
Paul Nyczka
Ellmendinger Straße 11 a
76227 Karlsruhe
0721/402568, Fax 0721/496477

Drachenfliegerverein
Windeck Falken e. V.
Peter Huber
Schützenstraße 4
77886 Lauf
07841/1505

Deltaschule Hochschwarzwald
Wolfgang Maier
Bräunlinger Straße 4
78199 Bräunlingen
07707/754

Drachenflugschule
Schwarzwald-Baar
Helmut Hils
Wiesenweg 2/1
78089 Unterkirnach
07721/51509

Drachenflugschule Radolfzell
Stanko Petek
Mägdebergstraße 3
78315 Radolfzell
07732/2728, Fax 07732/2306

Drachenflugschule Horst Steidl
Horst Steidl
Halde 43
88636 Illmensee
07558/660

Drachenflugzentrum Freiburg
Gerhard Hölzenbein
Scheffelstraße 45
79102 Freiburg
0761/77568, Fax 0761/77568

Flugschule Aerotec
Harald Huber
Flaunserstraße 19
79252 Stegen
07661/61735

Drachenflugschule Dreyeckland
Roland Lantzsch
Schauinslandstraße 16
79224 Umkirch
07665/8278

Drachenflugschule Erwin Zipfel
Erwin Zipfel
In der Gumm 3
79215 Elzach
07682/8279, Fax 07682/6192

Drachenflugschule Detlev Eilers
Detlev Eilers
Simonswälder Straße 118
79261 Gutach
07685/1061

Skymaster
Walter Wagner
Friedrichstraße 7
79677 Schönau
07673/8511, Fax 07673/8590

Drachenflugschule Ulm
Ernst Unfried
Eichenweg 13
89180 Berghülen
07344/7284, 07344/7284

d' schwoba schwäbische drachenflieger
Albert Gräter
Heinrich-Hammer-Straße 21
89155 Erbach
07305/7145

Drachenflugschule Ostalb-Heidenheim
Fritz Christandl
Fuchssteige 67
89518 Heidenheim
07321/45425, Fax 07321/40959

Drachenflugschule Hermann Kolenc
Hermann Kolenc
Alte Schulstraße 49
88400 Biberach
07351/2727

Bayer. Drachenflugschule Garmisch
Wolf Schneider
Nockherstraße 3
81541 München
089/482141

Münchner Drachenflugschule
Willi Kravanja
Balanstraße 13
81669 München
089/4486848

Drachenflugschule Fritz Kurz
Fritz Kurz
Ahornring 7
82024 Taufkirchen
089/6122250

Drachenflugschule Zugspitze
Peter Kratz
Birkenweg 4
82442 Saulgrub
08845/8104

Drachenflugschule Spieler GmbH
Gerhard Spieler
Am Trifthof 57
82362 Weilheim
0881/7657, Fax 0881/8644

Drachenflugschule Sepp Singhammer
Sepp Singhammer
Längentalstraße 11
83646 Wackersberg
08042/4800

Drachenflugschule Lenggries
Franz Bruckschlegl jun.
Keilkopfstraße 6
83661 Lenggries
08042/3254, Fax 08042/3323

Take off Flugschule am Tegernsee
Rüdiger Stolz
Berg 6
83700 Rottach-Egern
08022/6111

Flugschule Speidel GmbH
Reinhold Speidel
Sudelfeldstraße 81
83098 Brannenburg
08034/8990

DFC Hochries-Samerberg
Rudolf Bürger
Obereck 7
83122 Samerberg
08032/8134

Aerosport Drachenflugschule GmbH
Hans Bausenwein
Grafenstraße 26
83098 Brannenburg
08034/1034, Fax 08034/3384

Drachenflugschule Chiemsee
Georg Steffl
Neuwies 34
83236 Übersee
08642/383

Flugzentrum Ruhpolding
Gebhard Holzner
Brander Straße 41
83324 Ruhpolding
08663/668, Fax 08663/776

Flugschule und Hanggliding-Service
Franz Wenig
Richard-Voß-Straße 73
83471 Schönau am Königssee
08652/2363

Erding-Landshuter Gleitsegelschule
Johann Zieglgruber
Neulehen 6
84434 Kirchberg
08762/5723

Rudi's Drachenflugschule
Rudi Zeininger
Luitpoldinger Ring 53
94474 Vilshofen
08541/2911

Regensburger Drachenflugschule
Ingo Westerboer
Waldweidenweg 11
93053 Regensburg
0941/97274

Drachenflugschule Regensburg
Wilhelm Pantenburg
Brunnensteg 7 c/o Ossig
93055 Regensburg
0941/400499

Airsport M. Fröhler
Michael Fröhler
Zechenweg 6
93051 Regensburg
0941/947404, Fax 0941/990213

Drachenflugschule Andi Meissl
Andi Meissl
Riesengebirgstraße 8
93073 Neutraubling
09401/3812, Fax 09401/80445

UL-Schleppschule Schönleber
Ernst Schönleber
Tremmelhausen
93186 Pettendorf
09404/8473

Aerosport Altmühltal
Lorenz Fritz
Hauptstraße 54
92345 Dietfurt
08464/8477

Drachenflugschule Jura
Reinhard Pöppl
Auf der Hohen Straße 14
92345 Dietfurt
08464/8211

Drachenflugschule Regental
Reiner Schellenburg
Am Vogelherd 2
93426 Roding-Strahlfeld
09461/3528, Fax 09461/1648

Nova-Air Drachenflugschule
Gary Elhart
Augustinumstraße 10
91438 Bad Windsheim
09841/1039, Fax 09841/5685

Drachenflugschule Mittelfranken
Wigbert Rippert
Weidenweg 40
91154 Roth
09171/3302

Drachenflugschule Cumulus
Friedrich Schröder
Gartenstraße 20
91177 Thalmässing
09173/9641

Airborn
Kurt Ufer
Wotanstraße 3
95445 Bayreuth
0921/26697

Drachenflugschule Nordbayern
Anton Juri
Weizbühl 3 2
95497 Goldkronach
09273/8588

Drachen- und Ultraleichflugschule Dolmar
Jürgen Schlütter
Huttenstraße 7
97072 Würzburg
0931/75153, 0037/6684/6102

Drachenflugausbildung
Ernst Köhler
Röntgenstraße 5 / Lorenz
86343 Königsbrunn
08231/7081

Flugschule Bussard
Josef Grund
Schweizerhof 1
86877 Walkertshofen
08239/7420

Delta Sportflugschule Starek
Vaclav Starek
Albert-Schweitzer-Straße 54
87700 Memmingen
08331/82746

Ostallgäuer Fliegerschule
Hans E. Hoschka
Xaver-Martin-Straße 1
87616 Marktoberdorf
08342/4450

Aktiv Flugsport und Freizeit GmbH
Andreas Dowidat
Alemannenweg 5
87645 Schwangau
08362/81796, Fax 08362/8708

Flugschule Tegelberg
Mathias Krug
Haldenweg 3
87672 Roßhaupten
08367/598, Fax 08367/1026

Flugschule Oberallgäu
Fritz Bunz
Hüttenberg 2
87527 Sonthofen
08321/86290

Flugschule F. K.
Frank Kranzusch
Hofener Straße 12
87527 Sonthofen
08321/88335

Drachenschule
Jürgen Rohrmeier
Jürgen Rohrmeier Salzweg 37
87527 Sonthofen
08321/9328

Westallgäuer Drachenflugschule
Klaus Hörburger
Allmannsried 181
88175 Scheidegg
08381/6265

Drachenflugschule Aufwind
Rainer Krockenberger
Am Dachstein Nr. 52
A-8972 Ramsau
0043- 3687/81880

Intern . Drachenflugzentrum
Millau
Hans-Jürgen Deweß Cabrieres
F- 12520 Aguessac
0033-65/598444,
Fax 0033-65/65597255

Register

M

N

O

P

Q

R

S

T

U

V

W

Z

LIVORNO
PISA
FIRENZE
SPEZIA
RAPALLO
GENOVA
BOLOGNA
MODENA
REGGIO EMILIA
FERRARA
PARMA
ALESSANDRIA
PIACENZA
MANTOVA
CREMONA
PO
PAVIA
VERCELLI
VERONA
NOVARA
MILANO
VICENZA
LAGO DI GARDA
BRESCIA
RECOARO
GARDONE RIV.
ISEO
BERGAMO
RIVA
COMO
LECCO
VARESE
TRENTO
BELLAGIO
LAGO DI COMO
LUGANO
STRESA
LAGO MAGGIORE
MADONNA DI CAMPIGLIO
APRICA
SONDRIO
TIRANO
BELLINZONA
ASCONA
LOCARNO
DOMODOSSOLA
CHIAVENNA
BORMIO
SOLDA
PONTRESINA
ST. MORITZ
MADESIMO
SAMEDAN
MERANO
AIROLO
ANDERMATT
OBERGURGL
DAVOS
AROSA
SCUOL TARASP
DISENTIS
GRINDELWALD
NAUDERS
KLOSTERS
CHUR
FLIMS
SOLDEN
GALTÜR
ISCHGL
ENGELBERG
ALTDORF
BAD RAGAZ
GLARUS
LANDECK
ST. ANTON
SCHRUNS
SCHWYZ
VADUZ
LIECHTENSTEIN
ZÜRS
LECH
BLUDENZ
EINSIEDELN
LUZERN